西北实业公司管理体系研究

刘惠瑾 著

中国社会科学出版社

图书在版编目（CIP）数据

西北实业公司管理体系研究 / 刘惠瑾著 . —北京：中国社会科学出版社，2022.9
ISBN 978 - 7 - 5227 - 0865 - 2

Ⅰ.①西… Ⅱ.①刘… Ⅲ.①企业管理—管理体系—研究—山西—民国 Ⅳ.①F279.296

中国版本图书馆 CIP 数据核字（2022）第 166259 号

出 版 人	赵剑英	
责任编辑	孔继萍	高　婷
责任校对	冯英爽	
责任印制	郝美娜	

出　　版	中国社会科学出版社	
社　　址	北京鼓楼西大街甲 158 号	
邮　　编	100720	
网　　址	http://www.csspw.cn	
发 行 部	010 - 84083685	
门 市 部	010 - 84029450	
经　　销	新华书店及其他书店	
印　　刷	北京君升印刷有限公司	
装　　订	廊坊市广阳区广增装订厂	
版　　次	2022 年 9 月第 1 版	
印　　次	2022 年 9 月第 1 次印刷	
开　　本	710×1000　1/16	
印　　张	18.5	
字　　数	294 千字	
定　　价	108.00 元	

凡购买中国社会科学出版社图书，如有质量问题请与本社营销中心联系调换
电话：010 - 84083683
版权所有　侵权必究

前　言

　　西北实业公司于 1933 年 8 月组建运营，至 1937 年已成为全国有影响力的企业集团，无论企业规模、资本额还是年产值在全国均占有一席之地，无论产品质量、技术工艺还是运营管理在当时均较为先进。其为提高山西民众生活水平、提升军队装备水平、抵抗日军侵略均做出过重大贡献。作为民国时期重要的地方企业集团，在其所处时代扮演了重要角色，其既是山西近代化的推进器，亦是阎锡山旧政权的续命汤。西北实业公司的产生不是偶然的，它是阎锡山"造产救国"、割据自守抱负的实现途径，它既顺应了谋求发展、抵御外辱的时代之需，又充分利用了晋省得天独厚的自然资源和区位优势。对西北实业公司治理与管理体系的系统梳理，不仅可以丰富中国近代企业史的研究，而且在山西转型发展、高质量发展的当下，对完善现代企业制度，改善现代企业治理体系与治理效能具有重要意义。

　　本书共分十一个部分。绪论介绍了本书研究的背景与意义，国内外研究现状，研究的思路与方法，对"西北实业公司"、"治理"与"管理"等概念进行了界定，介绍了本书所使用的文献资料，指出了本研究的难点和创新之处。其后分十章阐述西北实业公司的创建发展、治理与管理。

　　第一章是西北实业公司创建的背景及发展史。西北实业公司充分利用了山西丰富的煤铁等自然资源和得天独厚的区位优势。阎锡山在中原大战兵败之时，适时提出"造产救国"，利用手中政权整顿金融秩序、实行统制经济、广泛延揽人才，利用"公司"制度打造属于自己的工业帝国。西北实业公司的发展经历了筹备时期、分组建厂时期、总管理处时期、公司集权经营时期、新记西北实业公司时期以及西北实业建设公司时期等6个阶段。

第二章介绍了独特的企业治理模式，即"四会"治理模式。阎锡山将当时组建起来的各类事业统称为"山西省人民公营事业"，利用股份有限公司模式进行统一治理，其中包括西北实业公司、山西省银行、同蒲铁路等。"四会"即山西省人民公营事业督理委员会、董事会、监察会及各县监进会。"四会"治理模式之特点在于既采借了股份有限公司相互监督、相互制约之手段，又实现了阎锡山个人高度集权之目的。山西省人民公营事业日常管理机构为董事会，董事会注重对自身的管理，规范了工作制度、财务制度及盈余分配等。

第三章为西北实业公司之组织结构与人员构成。西北实业公司大部分时期实行集中统一管理，因而下属各厂财务、业务等均归公司统筹。公司本部拥有庞大的管理机构，包括总务处、工业处、矿业处、电业处、营业处、会计处等。下属各工厂一般采用三级管理模式，即厂长之下设课（室），课（室）之下设股（部）的管理模式。从人员来看，西北实业公司员工总人数呈现不断增长态势，其各部分高级管理人员多数具有较高学历、甚至具有留学经历。

第四章讲述了西北实业公司对员工之管理。管理之核心在于对人的管理，因而本部分也是本书重点之一。从员工的招聘、培训、组织、工作、考核等各个环节，公司均制定有详尽的办法。公司对于员工招聘具有较高门槛，而且员工必须经历较长的见习期。公司通过筹办职业学校、举办培训班等方式培养熟练工人。公司通过成立互助团实行工农合一、强迫员工服役编队、强迫员工参战助战、制定严格的战时工作纪律、出台防共"肃伪"方案等措施加强员工的组织管理。针对职员工作，从办公规则与程序、会议与会文会稿、缮发文件及归档调卷、到离职调迁到年终考核都制定有详细的管理办法。对于工人，制定了工作规则、出台服役及优待办法，战前为了加大生产还有专门的特殊政策。而留用日本人是阎锡山冒天下之大不韪之举，阎锡山截留在西北实业公司的日本人大多是一些技术人员，公司对该部分日本人及其家属进行规范管理、登记发证，同时给予特殊的生活待遇。

第五章是西北实业公司的薪酬福利管理。公司成立福利委员会，建立各类福利设施，成立员工消费合作社，低价配售粮食和生活用品，对工伤及退休员工给予抚恤，为职员办理人寿保险，制定员工就医用药办法，对员工进行个别访谈，成立西北俱乐部，为职员发制服，为特殊人群配牛奶，给女工孕假，规范婚丧公份减轻员工负担，筹办期刊等，可谓十分周全。然而，一些福利仅仅停留于制度层面，并没有真正落实，而且随着阎锡山政权的覆亡，原有的福利也随之消失，甚至连配发基本食粮都捉襟见肘了。

第六章是西北实业公司之财务管理。抗日战争前，公司仅从实践操作层面规范了会计科目与账形。抗日战争胜利后，公司全面采用现代会计制度，规定会计基本标准，详列会计科目，规范会计凭证，明确簿籍报表，规范资产管理，规范出纳及会计交代，同时要求下属工厂也做到财会规范管理。公司实行预算结算与决算制度，以保障资金的安全运行。公司实行严格的成本控制制度，可谓面面俱到、事无巨细，规定各厂之纯利润除工资与分红外，其余皆上缴公司。

第七章是西北实业公司之物资与工程管理。公司从采购、仓储、销售、防护等环节加强对物资的管理。公司出台京津沪采办处规则、门市部营业规则、物料购买包装运输及验收办法、销售成品办法、仓库管理职责与办法以及成立稽查队，规范物资管理、加强物资防护。同时公司十分注重废坏料品的收集与利用。对于公司各类工程，出台工程管理办法，要求有关方面制定工程计划与工程合约。

第八章是西北实业公司的生产业务管理。阎锡山政府在1945年接收各工厂后，要求各工厂恢复重建，拿出自给办法并制订生产计划。年终各工厂要对一年来的工作作出汇报，未完成任务之工厂须做出检讨与说明，超额完成任务之工厂会得到奖励。公司部分工厂对于本厂非核心之工程有时采取包工形式，或包给本厂工人或包给厂外工人。公司及各厂注重对业务进行检查与指导。

第九章介绍了西北实业公司的技术与品牌管理。有主动的原因亦有被动的因素，公司非常注重技术革新，成立技术委员会，对各类发明与改良根据贡献大小给予一定的奖励。一些工厂采用了新技术取得良好的效果。公司注重树立品牌并维护品牌，对冒牌产品借助政权力量进行严厉查处。

第十章是西北实业公司对各环节之督查。公司成立了工作责任化督进会，时时处处对公司各个方面进行监督检查，发现问题及时反馈、及时纠正。同时，公司掀起了"向下看"运动，对公司的防共"肃伪"、严密管理、节约开支、奖进技术及提高工作热情等方面制定有详尽的实施方案。此外，公司注重对会计账簿的检查，从账簿的保管、记账方式到制度执行、职责划分等方面进行检查与督导。

  本书改编自本人的博士论文，因理论水平有限，必然存在诸多不妥之处，还望学界同人多提宝贵意见。

目 录

绪 论 ……………………………………………………………… (1)
    一 研究背景与意义 ………………………………………… (1)
    二 国内外研究现状 ………………………………………… (5)
    三 研究思路与方法 ………………………………………… (13)
    四 概念及时间界定 ………………………………………… (14)
    五 运用的资料 ……………………………………………… (15)
    六 研究难点与创新之处 …………………………………… (17)

第一章 西北实业公司的创建背景及其发展史 ………………… (19)
  第一节 西北实业公司创建背景 …………………………… (19)
    一 自然资源丰富 …………………………………………… (19)
    二 山西政局相对稳定 ……………………………………… (21)
    三 工业生态趋"暖" ………………………………………… (23)
    四 统制经济兴起 …………………………………………… (26)
    五 金融秩序向好 …………………………………………… (28)
    六 企业基础初备 …………………………………………… (30)
    七 公司制度确立 …………………………………………… (32)
    八 人才积聚 ………………………………………………… (34)
  第二节 西北实业公司发展史 ……………………………… (36)
    一 筹备时期(1932年1月至1933年7月) ……………… (36)
    二 分组建厂时期(1933年8月至1935年8月) ………… (37)
    三 总管理处时期(1935年8月至1936年夏) …………… (39)

四　公司集权经营时期(1936年夏至1937年9月)……(40)
　　五　新记西北实业公司时期(1937年9月至
　　　　1945年8月)……………………………………(42)
　　六　西北实业建设公司时期(1945年8月至
　　　　1949年4月)……………………………………(43)
　小结…………………………………………………………(47)

第二章　独特的企业治理模式………………………………(49)
　第一节　山西省人民公营事业………………………………(49)
　　一　山西省人民公营事业简史……………………………(49)
　　二　山西省人民公营事业的管理机构……………………(51)
　　三　山西省人民公营事业资本情形………………………(54)
　第二节　山西省人民公营事业的"四会"治理模式…………(58)
　　一　山西省人民公营事业的治理模式……………………(58)
　　二　"四会"治理模式与家族公司、股份有限公司之比较………(61)
　第三节　山西省人民公营事业董事会的内部管理…………(66)
　　一　董事会办事规则………………………………………(66)
　　二　董事会职员考核办法…………………………………(69)
　第四节　山西省人民公营事业的财务管理…………………(70)
　　一　规定会计科目…………………………………………(70)
　　二　实行收支公开制度……………………………………(71)
　第五节　山西省人民公营事业的盈余分配及奖惩…………(75)
　　一　盈余分配………………………………………………(76)
　　二　奖励与惩戒……………………………………………(76)
　小结…………………………………………………………(79)

第三章　西北实业公司的组织结构与人员构成………………(80)
　第一节　组织结构……………………………………………(80)
　　一　总务处…………………………………………………(80)
　　二　工业处…………………………………………………(85)

  三 矿业处 …………………………………………………… (86)
  四 电业处 …………………………………………………… (88)
  五 营业处 …………………………………………………… (89)
  六 会计处 …………………………………………………… (91)
  七 下属工厂管理结构 ……………………………………… (92)
 第二节 人员构成 ……………………………………………… (93)
  一 不同时期公司各类人员数量 …………………………… (93)
  二 部分课室及工厂人员构成 ……………………………… (94)
 小结 …………………………………………………………………… (96)

第四章 西北实业公司的员工管理 ………………………………… (97)
 第一节 人员招聘与技术培训 ………………………………… (97)
  一 人员招聘 ………………………………………………… (97)
  二 筹办职业学校 …………………………………………… (99)
  三 举办训练班 ……………………………………………… (100)
 第二节 员工组织管理 ………………………………………… (102)
  一 成立互助团实行工农合一 ……………………………… (102)
  二 强迫员工服役编队 ……………………………………… (103)
  三 强迫员工参战助战 ……………………………………… (105)
  四 制定严格的战时工作纪律 ……………………………… (106)
  五 保证与连环保证 ………………………………………… (108)
 第三节 职员工作管理 ………………………………………… (108)
  一 办公规则与程序 ………………………………………… (109)
  二 会议与会文会稿 ………………………………………… (111)
  三 缮发文件及归档调卷 …………………………………… (112)
  四 到离职与调迁 …………………………………………… (113)
  五 年终考核 ………………………………………………… (114)
 第四节 工人特殊管理 ………………………………………… (115)
  一 工人工作规则 …………………………………………… (116)
  二 服役及优待 ……………………………………………… (119)

三　太原解放前特殊政策 …………………………………………（121）
　第五节　日籍人员管理 ……………………………………………（122）
　　一　登记发证 ………………………………………………………（122）
　　二　规范管理 ………………………………………………………（123）
　　三　特殊待遇 ………………………………………………………（124）
　小结 ……………………………………………………………………（126）

第五章　西北实业公司的薪酬福利管理 ……………………………（127）
　第一节　福利委员会 ………………………………………………（127）
　　一　福利委员会制度 ………………………………………………（127）
　　二　公司福利设施概况 ……………………………………………（129）
　第二节　员工消费合作社 …………………………………………（133）
　　一　员工消费合作社章程 …………………………………………（133）
　　二　员工入股办法 …………………………………………………（134）
　　三　食品配售办法 …………………………………………………（135）
　第三节　员工抚恤 …………………………………………………（136）
　　一　职员抚恤规则 …………………………………………………（136）
　　二　工人抚恤规则 …………………………………………………（137）
　第四节　寿险医疗及个别访谈 ……………………………………（139）
　　一　参加人寿保险 …………………………………………………（139）
　　二　住院与就医 ……………………………………………………（140）
　　三　个别访谈 ………………………………………………………（141）
　第五节　员工薪酬情况 ……………………………………………（141）
　　一　抗日战争前薪酬高、差距大 …………………………………（142）
　　二　抗日战争后每况愈下 …………………………………………（142）
　　三　太原解放前捉襟见肘 …………………………………………（145）
　第六节　其他福利措施 ……………………………………………（149）
　　一　成立西北俱乐部 ………………………………………………（149）
　　二　发制服配牛奶给孕假 …………………………………………（149）
　　三　规范婚丧公份 …………………………………………………（150）

四　筹办期刊 …………………………………………… (151)
　小结 ……………………………………………………… (152)

第六章　西北实业公司的财务管理 ……………………… (153)
　第一节　抗日战争前规范科目与账形 ………………… (153)
　　一　建立会计规程草案 ………………………………… (153)
　　二　规范科目与账形 …………………………………… (154)
　第二节　抗日战争后采用现代会计制度 ……………… (155)
　　一　规定会计基本标准 ………………………………… (155)
　　二　详列会计科目 ……………………………………… (156)
　　三　规范会计凭证 ……………………………………… (158)
　　四　明确簿籍报表 ……………………………………… (159)
　　五　规范资产管理 ……………………………………… (161)
　　六　规范出纳及会计交代 ……………………………… (162)
　　七　加强现金管理 ……………………………………… (163)
　　八　下属工厂规范财务管理 …………………………… (164)
　第三节　公司的预算结算与决算 ……………………… (166)
　　一　预算规程 …………………………………………… (166)
　　二　决算规程 …………………………………………… (169)
　　三　月算与结算 ………………………………………… (170)
　第四节　公司的成本管理 ……………………………… (172)
　　一　成本会计制度 ……………………………………… (172)
　　二　诸多环节之成本控制 ……………………………… (176)
　第五节　公司的利润分配 ……………………………… (180)
　　一　红利分配办法 ……………………………………… (180)
　　二　制造厂红利分配办法 ……………………………… (181)
　小结 ……………………………………………………… (182)

第七章　西北实业公司的物资与工程管理 ……………… (183)
　第一节　采购与销售 …………………………………… (183)

一　京津沪采办处规则 …………………………………… (183)
　　二　门市部营业规则 ……………………………………… (185)
　　三　物料购买包装运输及验收 …………………………… (187)
　　四　销售成品办法 ………………………………………… (190)
第二节　仓储管理 …………………………………………………… (194)
　　一　仓库之接管 …………………………………………… (195)
　　二　营业处第三课对各仓库之管理 ……………………… (196)
　　三　各仓库责任 …………………………………………… (200)
　　四　仓库考查团职责 ……………………………………… (201)
第三节　废坏物料利用 ……………………………………………… (201)
　　一　废坏物料收集办法 …………………………………… (202)
　　二　废料收集利用专门会议 ……………………………… (204)
第四节　厂区物资稽查防护 ………………………………………… (206)
　　一　成立稽查队 …………………………………………… (206)
　　二　值日值宿预防火灾 …………………………………… (207)
　　三　保卫仓库办法 ………………………………………… (208)
第五节　工程管理 …………………………………………………… (209)
　　一　工程管理办法 ………………………………………… (209)
　　二　工程计划 ……………………………………………… (210)
　　三　工程合约 ……………………………………………… (213)
小结 …………………………………………………………………… (215)

第八章　西北实业公司的生产业务管理 …………………………… (216)
第一节　各厂自给办法及生产计划 ………………………………… (216)
　　一　各厂自给办法 ………………………………………… (216)
　　二　各厂生产计划 ………………………………………… (219)
第二节　生产检讨及奖励 …………………………………………… (229)
　　一　生产报告 ……………………………………………… (229)
　　二　业务检讨 ……………………………………………… (230)
　　三　业绩奖励 ……………………………………………… (233)

第三节　包工制度 ……………………………………………… (238)
　　第四节　业务检查与指导 ………………………………………… (242)
　　小结 ……………………………………………………………… (243)

第九章　西北实业公司的技术与品牌管理 ……………………… (244)
　　第一节　成立各类技术委员会 …………………………………… (244)
　　　一　成立技术委员会 ………………………………………… (244)
　　　二　成立工矿业技术奖进委员会 …………………………… (246)
　　　三　成立事务技术委员会 …………………………………… (246)
　　　四　个别工厂成立技术研究会 ……………………………… (247)
　　第二节　发明改良的奖励 ………………………………………… (247)
　　　一　山西省工矿业技术奖进委员会奖励办法 ……………… (247)
　　　二　兵工制造奖励办法 ……………………………………… (248)
　　第三节　部分工厂的技术改造 …………………………………… (249)
　　　一　西北制纸厂技术革新 …………………………………… (249)
　　　二　榆次芒硝之冷冻法处理 ………………………………… (249)
　　　三　西北火柴厂生产合理化建议 …………………………… (251)
　　第四节　品牌管理 ………………………………………………… (255)
　　小结 ……………………………………………………………… (256)

第十章　西北实业公司的综合督查 ……………………………… (257)
　　第一节　成立工作责任化督进会 ………………………………… (257)
　　　一　督进会组织及工作计划 ………………………………… (257)
　　　二　督进会专题会议 ………………………………………… (258)
　　　三　督进会临时动议 ………………………………………… (262)
　　第二节　推行"向下看"运动 …………………………………… (265)
　　　一　"向下看"实施总方案 ………………………………… (265)
　　　二　"肃伪"与严密管理实施方案 ………………………… (266)
　　　三　节约开支、奖进技术与提高情绪实施方案 …………… (267)
　　第三节　会计账簿检查 …………………………………………… (268)

小结 …………………………………………………………（271）

结　语 …………………………………………………………（272）

参考文献 ………………………………………………………（274）

致　谢 …………………………………………………………（282）

绪 论

一 研究背景与意义

（一）研究的背景

1. 山西经济有待改善

中华人民共和国成立后，山西发展定位相继被确定为工业基地、能源基地、能源重化工基地等。山西在原有基础上扩建、兴建了一大批工厂，涉及煤炭、钢铁、电力、化工、机械等重工业。改革开放以来，随着相关行政管制的放开，煤炭价格飙升，越来越多的资本集中到煤炭行业，造成了山西工业一煤独大的情形。在山西煤炭发展鼎盛的2008年，全省矿井总数达到2598座，办矿主体达到2200多个。[①] 2012年，山西煤炭产量9.13亿吨，煤炭工业增加值3711亿元，占全省地区生产总值的31%，煤炭工业对全省经济的贡献率56.6%，拉动工业经济增长6.7个百分点。[②] 山西经济发展过度依赖煤炭。当全球经济疲软、能源价格暴跌的时候，山西经济必然遭到沉重打击。早在1999年，山西省委七届九次会议明确提出用10年时间解决全省经济结构不合理问题，但由于能源的暴利及资本本身的逐利性，使得山西转型效果并不明显。2015年、2016年，山西经济增速排名均处在全国末流。2017—2020年增速有所提升，但经济总量仍居于平均水平以下。山西经济转型的关键在于经济结构的调整，无论是传统产业还是新兴产业，治理体系和治理效能的提升是关

[①] 《山西经济年鉴》编辑委员会：《山西经济年鉴·2013》，山西经济出版社2014年版，第2页。

[②] 《山西经济年鉴》编辑委员会：《山西经济年鉴·2013》，山西经济出版社2014年版，第117页。

键所在。

2. 山西近代工业建设成败提供宝贵经验

近代山西在经济建设、社会建设等方面取得了不俗的成绩，甚至被称为"模范省"。在工业方面，山西最突出的成就就是建成了西北实业公司，在短短几年的时间里，就建起了这一规模宏大的企业集团。在集团内部，企业之间形成较为系统的产业链。企业集团的迅速建立、企业类型的布局、资本的迅速筹集、经营管理人才的选用、集团内部的管理方式等方面都有值得借鉴的地方。而企业在经营后期，被反动政权裹挟，服务于反人民的内战，最终导致与反动政权一起土崩瓦解，这样的教训值得反思。因而，本书着眼于西北实业公司的治理与管理，真实再现其历史，发现其优劣，希望能为当前工业发展提供借鉴，为当前经济转型尽绵薄之力。

3. 企业史研究逐渐兴起

改革开放以来，为了服务于经济建设，尤其是国企改革，企业史的研究逐渐兴起，并成为近代经济史研究的一个重要分支。对近代企业的研究，一开始较多关注洋务企业、金融企业、家族企业、实业家等方面的研究，而后逐渐发展到对企业制度、运行机制等方面的研究。随着企业制度的不断完善，对公司这一能使资本迅速集中并发挥效用的制度的研究成为热点。目前，企业史研究对象主要集中在沿江、沿海一带，对处于内地企业的研究亦逐渐兴起。

因而，在山西工业乏力、经济低迷的当前，以史为鉴，系统地研究西北实业公司成为必要之举。

（二）研究的意义

1. 理论意义

（1）有助于丰富对西北实业公司本身的研究

近年来，关于西北实业公司的研究成果逐渐增多，经过对各类研究成果的归类整理，发现以往对西北实业公司的研究多集中在西北实业公司的建立及发展历程、西北实业公司某一个企业的发展情况、西北实业公司的生产经营情况、西北实业公司中军事工业的发展以及一些留学归国人员在西北实业公司成立与发展中的作用等方面。对西北实业公司本身的治理机制以及整个管理体制方面的研究还比较缺乏。而近年来，对公司治理机制及管理体制方面的研究成为近代企业史研究的热点，因此，通过搜集梳理西北实业公司的档案资料，揭示西北实业公司独特的宏观治理机制与内部管理体制，对于丰富西北实业公司的研究具有重要意义。

(2) 有助于深化对阎锡山经济建设思想的认识

阎锡山出生于清末山西农村一个亦农亦商的家庭，接受过中国传统思想文化的洗礼，接受过家庭经商理念的熏陶，还接受过西方近代文明的影响。这些复杂的经历，使阎锡山形成了自己独特的经济建设思想。这些思想体现在阎锡山统治时期的整个经济社会建设过程中。西北实业公司作为当时山西重要的工业支柱，从其筹备建设到改组搬迁，再到经营管理都是按照阎锡山的意图执行的。因而，西北实业公司的整个治理与管理始终贯穿着阎锡山的建设思想。研究西北实业公司的治理机制和管理体制可以从很大程度上了解阎锡山的企业管理思想、工业建设思想，甚至是经济社会建设思想。

(3) 有助于丰富中国近代企业史的研究

西北实业公司在当时的华北甚至全国都有较大影响力，尤其是在机器制造业方面具有举足轻重的地位。根据景占魁的统计，从工人数量来看，西北实业公司在1936年的工人总数为18597人，占全国工人总数的4.6%，其中机器业工人占到全国机器业工人总数的40%。从资本总额来看，1936年西北实业公司33个工厂共有资本0.22亿元，占全国工业资本总数的7%，其中机器业资本额占全国机器业资本总数的60%。[①] 因而，西北实业公司是中国近代民族工业的典型代表，也是研究近代企业有必要提及的典型案例。以西北实业公司为研究对象，以公司治理机制与管理体制为研究视角，以历史学文献梳理与理论分析相结合为研究方法，并借助经济学、管理学、社会学等相关学科理论，对西北实业公司管理体系进行系统梳理，有助于丰富中国近代企业史的研究。

2. 现实意义

(1) 为山西经济结构调整提供启示

西北实业公司建立了较为完整的工业门类，涵盖了纺织、皮革、面粉、机械、电力、煤炭、钢铁等工业，轻重工业、军事民用工业都有涉

---

① 景占魁：《阎锡山与西北实业公司》，山西经济出版社1991年版，第129页。

及。在重工业方面，西北实业公司的机器制造业和化学工业在全国具有举足轻重的地位，不仅领先于沿海及长江中下游一些工业发展较早的地区，甚至可以与南京中央管辖的有关企业一争高低。在轻工业方面，西北实业公司所属的造纸厂、印刷厂、火柴厂、卷烟厂、毛织厂等在全国同行业中都占有重要地位。[①] 由此可知，阎锡山在统治前期的经济建设举措是系统性的，产业结构比较均衡。然而，在统治后期，其站到人民的对立面，为了维持自己衰微的政权，强力改变西北实业公司的生产结构，加大重工业尤其是军事工业比重，压缩民用工业的比重，这种失衡的工业结构甚至影响到中华人民共和国成立后山西的工业布局。阎锡山正反两方面的经济建设经验，都可以为当前山西经济结构转型提供启示。

（2）为当前的国企改革提供启示

阎锡山的企业管理与经营有一套独特的模式，他注重吸引人才，想办法聘请懂技术、懂管理的人才组成西北实业公司的管理层，尤其引进与重用了一大批留学归国人员，这些人带回了先进的技术和管理思想，使西北实业公司得以迅速崛起。[②] 西北实业公司注重引进先进的设备和技术，不少生产设备是当时国内最先进的，有的生产技术在国内处于领先水平，因而其产品质量高、销路好。[③] 抗日战争胜利后，对接收的各企业实行自主经营，在一定程度上调动了各企业的生产经营积极性，对于战后重建有着积极作用。这些成功的经验值得我们借鉴。然而阎锡山在执政后期，高度集权的企业经营模式，服务于腐朽政权的企业经营目的，过度重视军工的企业生产结构，已违背了企业运营规律，这是西北实业公司走向没落的重要原因，这些反面教训值得我们吸取。西北实业公司的成功失败均能给我们启示。当前的国有企业在国际市场需求疲软的现状下，应该积极去产能、调结构，重视人才的引进与技术的开发，制造技术含量高、质量出众的产品，才能在激烈竞争的市场中站稳脚跟。

---

① 景占魁：《阎锡山与西北实业公司》，山西经济出版社1991年版，第120页。
② 景占魁：《阎锡山与西北实业公司》，山西经济出版社1991年版，第55—56页。
③ 王佩琼：《留学归晋人员对民国时期山西工业建设的历史性贡献》，《徐州师范大学学报》（哲学社会科学版）第30卷第5期，2004年9月。

二 国内外研究现状

西北实业公司是近代中国北方重要的企业集团，它是阎锡山经济建设思想在工业领域的实践，是公司这一现代企业制度与近代山西工业的真正结合。它反映着近代山西的工业水平、反映着公司制度在山西的发展程度，也反映着阎锡山个人的企业管理思想，对其的研究要站在多个维度进行考量，从其产生的时代背景、制度环境、运行机制等方面进行全面梳理，可以呈现出一个全面、立体的西北实业公司。因而，在开展研究之前，需要对以下几个方面的研究现状进行梳理，以夯实研究基础。

（一）阎锡山的经济建设思想

阎锡山统治山西38年，他有自己独特的经济建设思想，也有一套系统的经济建设方案，他的经济建设方案涉及农业、工业、金融、贸易等经济建设的方方面面，同时也善于利用行政力量进行推行与干预。在农业方面，重视乡村建设和农村的土地问题，早在北洋政府时期，他就开始村治改革，推行"六政三事"政策，提出"土地村公有"的基本设想；[①] 在工业方面，提倡"造产救国"，积极发展官营资本，拒绝给私营资本提供贷款，同时成立"山西省人民公营事业董事会"对工矿企业实行统一管理；[②] 在金融方面，主张取消金代值、代之以"物产证券""实物准备库"，统一货币，整顿山西省银行并成立四银行号，融通社会资金，活跃农村金融市场；[③] 对外贸易方面，"提倡服用土货、支持地方工业""抵制外货、保护生产"。[④]

近年来，对阎锡山经济建设思想、政策、措施的研究较多，有的学者从工业、金融、交通、贸易等某一方面进行深入研究，也有对阎锡山整体经济建设思想进行审视。樊源分别从农业、工业、金融、交通以及经济措施的实施过程等方面叙述了阎锡山的经济思想，他认为阎锡山的

[①] 张霞：《民国时期"三农"思想研究》，武汉大学出版社2010年版，第121—131页。
[②] 白寿彝总主编，王桧林、郭大钧、鲁振祥主编：《中国通史·第十二卷·近代后编（1919—1949）（下）》2015年版，第993页。
[③] 樊云慧：《晋商研究（第二辑）》，经济管理出版社2015年版，第180—185页。
[④] 刘存善、刘大明、刘晓光：《阎锡山的经济谋略与诀窍》，山西经济出版社1994年版，第93—100页。

"六政三事"和《山西省政十年建设计划案》在一定程度上促进了山西经济的发展,但取得的经济成就都成为军阀混战的资本,人民的生活水平并没有得到提高,反而更加苦难。阎锡山创造了山西的近代化,但也失败于山西的近代化。① 霍红梅从各种史料中发掘阎锡山的经济建设思想:《兴利除弊施政大要》《山西用民政治实行大纲》集中体现了阎锡山的农业经济思想;"厚生计划"与大力兴办实业集中体现了阎锡山关于山西经济建设的一系列思想;《山西省政十年建设计划案》有关经济建设方面的计划案是阎锡山经济思想的高度概括;有关日记、言论也体现出阎锡山的经济思想。她认为阎锡山的经济头脑和经济思想非同寻常,这是阎锡山与其他军阀相比的过人之处。② 周旭峰以时间为序,说明了阎锡山金融思想的形成过程,并通过数据说明了阎锡山"黄金非货币化"即"物产证券"理论在经济建设上取得的巨大成就,同时通过比较说明阎锡山"黄金非货币化"思想比《牙买加协定》废除了黄金条款、美国不再公布和调整美元的含金量要早40多年。③ 景占魁在《简论阎锡山在山西的经济建设》中列举了大量的数据,说明阎锡山经过"六政三事""厚生计划""十年建设计划案"等措施,在农业经济、工业、铁路交通、金融、商业贸易等方面取得的很大进步,并分析了阎锡山经济建设取得巨大进步的原因、作用和影响。④ 段珺珂认为,民国时期,山西的经济政策偏重实用主义,这在一定程度上促进了农业和工业生产的发展,但是这种实用主义的倾向,也造成整个山西基础科学的研究不足,在实践中缺乏技术创新发展的持续动力。⑤ 总的来看,学者们从不同的方面、不同的视角对阎锡山的经济建设思想和实践进行了研究,大多对阎锡山的经济建设取得的成绩予以肯定,但有的学者只看到了宏观的成就,没有关注民生是否真正得到改善,有的虽提到了民众的生活,但是只是武断地推断人

---

① 樊源:《阎锡山的经济思想及其影响》,《忻州师范学院学报》第25卷第4期,2009年8月。
② 霍红梅:《析阎锡山的经济思想》,《山西档案》2011年第2期。
③ 周旭峰:《浅析阎锡山金融思想的成因与影响》,《中国市场》2013年第5期。
④ 景占魁:《简论阎锡山在山西的经济建设》,《晋阳学刊》1994年第3期。
⑤ 段珺珂:《民国时期山西实用主义技术经济政策及其局限性》,《技术经济与管理研究》2019年第1期。

民未享受到经济发展带来的实惠，没有具体的史料或者数据支撑。在工业建设方面仅仅从宏观上呈现出山西工业的结构布局，并未触及工业结构布局的深层次原因。

(二) 中国近代企业史研究

企业史学是经济史学的一个分支，它以企业家、企业制度为研究对象，以关注决策内容和决策过程为特色，与社会史学也有着较为密切的联系。企业史学研究，以美国为最。美国的企业史学研究群体最为庞大，研究体系也更为完整，研究方法更为先进，而且该学科的研究范式、研究传统基本上都是由美国企业史学家奠定的。最著名的代表人物为艾尔弗雷德·D.钱德勒（Alfred DuPont Chandler Jr., 1918—2007），他也是对20世纪美国新史学做出重要贡献的历史学家，他所开创的新企业史学派，是20世纪美国新史学的重要分支。[①] 20世纪80年代末，钱德勒企业史学逐步传入中国，并被历史学、管理学、经济学等学科的学者所重视。

中国国内对企业史学的研究也在不断地深入，张伟东在《近代中国企业研究的回顾与前瞻》一文中引用日本学者久保亨的观点认为，中华人民共和国成立后，我国企业史的研究主要分三个阶段：第一个阶段，20世纪五六十年代。这一时期为了配合对资本主义性质企业的社会主义改造，摸清家底，各地各界掀起了对中华人民共和国成立前资本主义企业发展情况的调查，搜集整理了详尽的企业史料。第二个阶段，70年代末及80年代。这一时期主要成果有以下几个特点：(1) 延续50年代研究，将前期未完成的成果整理成书出版，如《荣家企业史料》（下册）、《刘鸿生企业史料》等；(2) 行业史和公司史（厂史）著作的陆续出版，如《中国近代造纸工业史》《中国近代面粉工业史》《上海永安公司的产生、发展和改造》《大生系统企业史》《民生公司史》《裕大华纺织资本集团史料》；(3) 根据我国企业改革的需要，此时对近代的企业研究与当时对企业改革的研究同步拓展，如张国辉的《洋务运动与中国近代企业》。第三个阶段，90年代至今。近代企业史研究成果已呈现出很高的学术价值。这一时期，研究成果的类型更加鲜明。关于企业史资料的搜集

---

① 何光宇：《钱德勒企业史研究方法的综述》，《湖北师范学院学报》（哲学社会科学版）2012年第32卷第3期。

整理、关于企业个案研究、关于行业史的研究等，类型更加鲜明，学术价值更高。此外，涉及近代企业发展的专题研究丰富起来。企业史研究经过了描述企业发展面貌，展现企业变迁的历史轨迹之后，探讨企业发展的动力及原因的需要不断提高。于是研究者开始条分缕析地对企业有关历史加以深入探讨，出现了不同视角的企业史专题研究高潮。如关于经营模式、企业投资、市场竞争、企业现代科技等方面的专题研究越来越多，另外，企业制度以及企业发展对社会经济文化影响的研究也成为企业史研究的热点专题。[①] 李玉的《中国近代企业史研究概述》对中华人民共和国成立以来各个时期企业史研究的代表人物、代表成果及每个时期的特点进行了归纳总结。[②] 张忠民在《近代中国公司的类型及其特点》一文中对近代中国出现的公司类型，包括无限公司、股份有限公司、两合类公司、有限公司、外国公司等进行了界定，并分析了各自的特点。[③] 赵伟的《近代苏南企业集团的一体化战略研究（1895—1937）——以近代中国企业战略史为视角的探讨》描述了近代苏南企业集团一体化形成的历史背景和进程以及一体化战略的实施与评价。[④] 张晓辉在《民国时期地方大型国有企业制度研究——以广东实业有限公司为例》一文中呈现了广东实业有限公司的外部监管机制和内部管理体制，并对当时的政企关系、董事会的作用、民意监督以及公司内部管理等几个问题进行了分析。[⑤] 高超群倡导中国企业史研究范式的转型，要注重传统与现代的联系、中国与西方的联系、制度与环境的联系，要开展多领域、多学科研究等。[⑥]

纵观近代企业史研究，我们发现，经历了一个由企业家、单个企业的研究到行业的研究，再到企业制度的研究以及专题研究的发展历程。

[①] 张伟东：《近代中国企业研究的回顾与前瞻》，《生产力研究》2013 年第 12 期。
[②] 李玉：《中国近代企业史研究概述》，《史学月刊》2004 年第 4 期。
[③] 张忠民：《近代中国公司的类型及其特点》，《上海经济研究》1999 年第 2 期。
[④] 赵伟：《近代苏南企业集团的一体化战略研究（1895—1937）——以近代中国企业战略史为视角的探讨》，博士学位论文，苏州大学，2011 年。
[⑤] 张晓辉：《民国时期地方大型国有企业制度研究——以广东实业有限公司为例》，《民国档案》2003 年第 4 期。
[⑥] 高超群：《中国近代企业史的研究范式及其转型》，《清华大学学报》（哲学社会科学版）2015 年第 6 期。

此外，目前的企业史研究涉及历史学、社会学、经济学、管理学、法学等多个学科。对同一个企业或行业，在不同的视角下的重新审视开始兴起，企业史研究范式也在转变中。

（三）公司制度发展史研究

公司是企业发展到今天最有效的组织形式。公司制度也是迄今为止最先进的企业管理制度。公司不仅可以通过资本市场有效地筹集资金，也可以实现所有权与经营权的分离，最大限度地发挥管理的效能。近年来，对企业制度的研究逐渐成为企业史研究的热点。涌现出的不少阐述公司制度发展变迁的著作，如王处辉《中国近代企业组织形态的变迁》（天津人民出版社2001年版）、张忠民《艰难的变迁——近代中国公司制度研究》（上海社会科学院出版社2002年版）、李玉《晚清公司制度建设研究》（人民出版社2002年版）、宋美云、张环合著《天津近代工业与企业制度》（天津社会科学院出版社2005年版）、江满情《中国近代股份有限公司形态的演变》（华中师范大学出版社2007年版）、嵇尚洲《中国企业制度变迁研究》（经济管理出版社2010年版）、李志英《近代中国股份公司制度探源》（河南人民出版社2019年版）、柯华《荣家企业制度变迁（1896—1937年）》（上海财经大学出版社2020年版）等。

另外，还有一些学者通过论文的形式展现了公司这一制度在中国的不同时期的发展变化。张忠民在《近代中国公司制度的逻辑演进及其历史启示》中阐述了近代公司在中国产生和发展的五个阶段：五口通商初期外商公司以及华人附股阶段；中国人自身创办工矿业公司的出现；家族公司的创立和发展；企业公司的出现和发展；国有垄断性大公司的发展。但他同时指出，由于历史条件的限制，中国近代公司在每个阶段都没有得到充分的发育和展开。[1] 张兵在《近代中国公司制度的移植性制度变迁研究》中指出中国近代传统的企业制度由于受到外生力量的冲击，产生了制度的失衡。官督商办特许公司制度的建立标志着我们对公司制度进行了嫁接；向商办准则主义公司制度的过渡代表着公司制度的适应性调整；国有公司制度的建立表示着制度的再调整与移植的失败。[2] 杨在

---

[1] 张忠民：《近代中国公司制度的逻辑演进及其历史启示》，《改革》1996年第5期。
[2] 张兵：《近代中国公司制度的移植性制度变迁研究》，博士学位论文，辽宁大学，2008年。

军在《20世纪90年代以来中国近代公司史研究述评》中首先总结了近代公司发展的不同阶段及其特点。认为理论界基本形成共识,中国最早出现的公司是五口通商前后外国人在华开办和经营的公司,中国自己的公司一般以1872年官督商办的轮船招商局为起点,19世纪70年代到甲午战争是中国近代公司的官督商办时期。随后,以家族为核心的商办公司得以蓬勃发展,之后就是国有大公司的出现。杨在军还对公司法规,公司类型、数量及时空、行业分布,公司资本筹集,公司治理与管理等问题的研究进行了综述。[①] 王玉茹、赵劲松在《亲族关系与近代企业组织形式——交易费用解释框架》一文中认为中国近代企业面临非正式环境约束,股份公司所表现出组织上的优势在近代中国经济发展过程中的作用十分有限,使近代企业不可能出现普遍的纵向一体化阶段,从而也决定了近代企业无法发展成为欧洲国家近代化过程中关键性因素。[②] 李玉在《北洋政府时期企业制度建设总论》一文,阐述了《公司条例》等商事法规的制定,促进了公司制度的规范运作。北洋政府时期与之前相比,各类公司在各个方面都有不同程度的发展,但公司制度的运行还需要良好的社会法治环境和公司意识的广泛普及。[③] 李健在其博士论文《近代中国公司法律制度演化研究》从萌芽、起步、发展、规范、异化等几个阶段,梳理了中国公司法律制度的演化过程。[④]

纵观公司制度发展史的研究发现,随着西方殖民者的入侵,中国经济逐步融入全球化,公司制度必然传入中国,但在中国生根发芽的过程也必然是一个与中国传统企业制度不断冲突、融合的过程。在不断的冲突和融合过程中,沉淀下适应"中国水土"的制度,也便产生了具有中国特色的公司制度。

(四)公司治理与管理研究

公司制度在促进近代企业的规范化管理、促进近代经济的发展发挥

---

① 杨在军、丁长清:《20世纪90年代以来中国近代公司史研究述评》,《江西社会科学》2004年第7期。
② 王玉茹、赵劲松:《亲族关系与近代企业组织形式——交易费用解释框架》,《山西大学学报》(哲学社会科学版)第33卷第3期,2010年5月。
③ 李玉:《北洋政府时期企业制度建设总论》,《江苏社会科学》2005年第5期。
④ 李健:《近代中国公司法律制度演化研究》,博士学位论文,辽宁大学,2020年。

了重要的作用。公司是经济社会生活中相当重要的微观经济主体,其发展状况直接关系到整个社会的经济发展程度和发展态势。公司制度自传入中国以来,就是人们关注和研究的焦点。关于公司制度的研究涉及公司的治理、经营管理、资本运作等方面。关于公司内部运行、治理机制的研究,随着新制度经济学的兴起以及公司理论的进展逐渐成为近代中国企业史研究领域中的亮点。①

杨勇在《近代中国公司治理思想研究》中对晚清时期、民初及北洋政府时期、南京国民政府前十年、抗日战争时期、抗日战争胜利后等五个时期的公司治理思想进行了梳理,指出了不同时期公司治理机制的不同特点。在纵观近代中国公司制企业治理思想的发展和演变之后,杨勇总结到,近代公司治理是两种力量的相互博弈与消长,即以商人或企业家所代表的资本力量与以政府及其官僚所代表的行政力量之间的相互博弈与消长。② 高新伟在《中国近代公司治理(1872—1949)》一文中,阐述了公司治理演变中不同权利主体的博弈问题,对近代家族企业的治理机制进行了辨析,对官僚在公司治理中的两面性进行解读,认为官僚基于自身利益最大化的目的,对于公司制度的产生、治理结构的完善,有一定程度的促进作用。同时,也由于官僚的这一价值取向,导致公司制度的异化。同时,对于国有企业与公司治理的兼容性进行了证明,认为国有企业不适于公司形式。当然,这并不否定国有企业在近代中国的重要地位。最后,高新伟得出结论:实际上,不单是国有企业,也不单是近代公司,即便是西方公司,真正发挥作用的,也不是公司治理结构。公司治理机制不过是西方社会政治领域民主原则与分权制衡原则在经济领域的运用,而这种运用从本质上说是不成功的。企业存在的合理性就是其集权属性,这是企业取代市场的根本原因。公司治理的有效性,与其说是精致的制度安排,不如说是"社会资本"的运用。因而,近代公司治理表现出本土化特征,是一种必然。③ 金敏在《近代公司治理结构变迁:基于公司法律的视角》一文中梳理了中国近代四部公司法颁布前后

---

① 杨勇:《近代中国公司治理思想研究》,博士学位论文,复旦大学,2005年。
② 杨勇:《近代中国公司治理思想研究》,博士学位论文,复旦大学,2005年。
③ 高新伟:《中国近代公司治理(1872—1949)》,博士学位论文,中国人民大学,2007年。

的中国公司治理模式。指出，在各个时期，公司受到了政府积极或消极的影响，甚至延续到中华人民共和国成立后，只是随着公司制度的逐步完善，政府在公司经营管理中的影响力逐渐弱化。①

通过总结公司治理与管理方面的研究，我们发现，自公司制度传入中国以来，近代中国公司一直与官府有着千丝万缕的联系，以商人或企业家为代表的资本力量与以政府及其官僚为代表的行政力量之间相互博弈、彼此消长，政府以官督商办、官资入股等形式参与着公司的运营。也许在中国近代特殊的政治、经济环境中，公司只有以此种形式才能存在与发展。

（五）西北实业公司研究

西北实业公司是中国近代企业的典型代表，是阎锡山在工业建设方面的杰作，它的建立与迅速壮大，为当时山西的经济社会发展做出了一定贡献，也为阎锡山巩固统治，推行一系列政治、经济、社会、军事改革提供了物质基础。近些年，关于西北实业公司的研究成果不断涌现。景占魁的著作《阎锡山与西北实业公司》详细介绍了在不同时期西北实业公司的发展历程。② 刘建生、刘鹏生的《试论"西北实业公司"的经营管理特色及历史启示》总结了西北实业公司经营管理的七大特色：自主经营，充分调动企业经营者的积极性；建立激励机制，提高职工的生产积极性；精打细算，降低成本，提高经济效益；集中与独立相结合，加强调控，融通资金，以轻养重；重视科技，加强技改，提高效率和产品质量；货问三家，引进设备，学以致用；选才与培养相结合，不拘一格用人才。③ 赵军、杨小明在《1932—1945年间山西纺织行业的经营与管理——以西北毛织厂为例》一文中阐述了西北毛织厂的筹备兴建、开工投产、经营管理等情况。④ 阎钟、刘书礼在《略论阎锡山与山西的军事工业》中从阎锡山兴办军事工业的动机、山西军事工业的发展历程、山

---

① 金敏：《近代公司治理结构变迁：基于公司法律的视角》，《湖北社会科学》2009年第3期。
② 景占魁：《阎锡山与西北实业公司》，山西经济出版社1991年版。
③ 刘建生、刘鹏生：《试论"西北实业公司"的经营管理特色及历史启示》，《经济师》1996年第2期。
④ 赵军、杨小明：《1932—1945年间山西纺织行业的经营与管理——以西北毛织厂为例》，《经济问题》2014年第7期。

西军事工业发展的原因等几方面阐述了近代山西军事工业的发展历程，其中西北实业公司时期是山西近代军事工业发展的鼎盛时期。[①] 梁四宝、刘卓珺的《从西北实业公司看阎锡山的用人思想与实践》分析了西北实业公司在人才的选拔、激励等方面的优势和不足。[②] 魏晓锴在《抗战胜利后山西地区工业接收研究——以西北实业公司为中心》，以山西省档案馆馆藏资料为基础，梳理了抗日战争后山西地区敌产接受的机构及负责人，指出西北实业公司是地方工业接收的主体，阎锡山通过西北实业公司造假账，进而达到多接收的目的。西北实业公司恢复生产后，大多用于军工生产。[③] 王斐的博士论文《西北实业公司产权制度演化研究（1933—1949）》在公司制度下梳理了西北实业公司产权制度的演变历程。[④]

综上所述，西北实业公司是代表阎锡山工业建设思想和近代山西工业发展水平的典型企业，也是阎锡山发展经济、巩固统治的重要保证。目前关于西北实业公司的研究成果较多，涉及方面也很广，但大多较为凌乱和琐碎，目前成体系的研究成果只有景占魁的《阎锡山与西北实业公司》。该著作详细介绍了西北实业公司产生、发展的整个过程，资料翔实、叙述中肯，为此后的研究奠定了坚实的基础。但此成果出现于20世纪90年代，目前企业史学界在近代公司方面的研究大多从制度层面分析。西北实业公司是一个在1929年《公司法》颁布以后创办的公司，要梳理其经营管理体制，就需要在公司制度下进行考量。因而，对于西北实业公司的研究需要进一步深化。

三 研究思路与方法

本书在前人研究成果的基础上，着眼于西北实业公司的治理机制和管理体制，通过对大量档案资料的收集、整理和利用，采用传统史学重

---

① 阎钟、刘书礼：《略论阎锡山与山西的军事工业》，《山西大学学报》（哲学社会科学版）1996年第4期。

② 梁四宝、刘卓珺：《从西北实业公司看阎锡山的用人思想与实践》，《晋阳学刊》2001年第3期。

③ 魏晓锴：《抗战胜利后山西地区工业接收研究：以西北实业公司为中心》，《民国档案》2015年第3期。

④ 王斐：《西北实业公司产权制度演化研究（1933—1949）》，博士学位论文，上海社会科学院，2019年。

史料、重描述的方式，运用历史学、管理学、经济学、法学等多学科交叉的研究方法来阐释西北实业公司的治理结构和管理制度。同时，通过对具体史料的比对，来审视西北实业公司制度的实际运行情况，进而了解其公司的治理机制和管理制度的执行情况，力争从静态的制度和动态的执行两个维度全面系统地研究西北实业公司，同时，关注企业发展对山西近代化的作用，以及对当时政局的影响。

四 概念及时间界定

1. 西北实业公司

西北实业公司于1932年1月开始筹建，1933年8月开始运营。1937年11月，日军占领太原，西北实业公司一部分人员与资产迁往晋西南和陕西，筹建"新记西北实业公司"，大部分厂房、设备留在太原，被日军侵占。抗战胜利后，阎锡山抢先接收太原的诸多厂矿，同时将"新记西北实业公司"部分设备迁回太原，重组西北实业公司。西北实业公司复产后在国民政府注册备案时发现"西北实业公司"已被别家注册，因而只能注册为"西北实业建设股份有限公司"，一般称为"西北实业建设公司"，在山西内部还一直沿用"西北实业公司"这一旧称，因而在本书中不同的称谓均指西北实业公司。

2. 公司治理与管理

早在经济学的奠基之作《国富论》里，亚当·斯密（AdamSmith，1723—1790）的一些重要论断就已经涉及公司的制度性质问题，其中关于对公司制企业的委托—代理现象的发现就属于公司治理问题，关于劳动分工的讨论就属于公司管理的问题。[①]

通俗来讲，公司治理是指股东与经理人之间的激励与监管机制。股东选出董事会和监事会作为自己的意志的执行机构，董事会从职业经理人市场选出符合股东要求的经理人，由职业经理人代替股东对企业经营与管理。为了激发经理人的积极性，创造更大的利润，股东需要通过董事会给予经理人一定的激励和权力。为了防止经理人权力过大，甚至出现内部人控制现象，又需要借助监事会对经理人进行监督和约束。股东、

[①] 吴炯：《公司治理》，北京大学出版社2014年版，第5页。

董事会、监事会、经理人之间的种种激励和监督等机制皆属于公司治理。公司管理则是经理根据业务需要，对企业内部人员进行合理分工，对企业内部的财物进行合理配置，以达到优化生产程序、节约生产成本、提高生产效益的目的。治理与管理，在本书中均有涉及，主体内容侧重管理。

3. 时间界定

本书中涉及西北实业公司发展历程的，时间起止点为1933年8月至1949年4月。关于西北实业公司管理制度的梳理，侧重1945年8月至1949年4月，由于战乱，公司抗日战争前和抗日战争中的资料遗失较多，目前难以完整搜集，所以这个时间段虽有涉及，但非重点。

五 运用的资料

本书秉承"一份材料说一分话"，材料之外"一点也不越过去"的学术态度和精神，尽可能多地查阅和收集原始文献资料，通过对文献整理、甄别、分析和解读，进而为本书积累和提供丰富准确的史料支撑。

由于1937年9月日军入侵山西，西北实业公司上下仓促撤离，除运出小部分机器设备外，余皆丧入敌手。因战乱以及西北实业公司管理人员的流散与更替，导致公司抗日战争前的史料所存无几。当前档案馆现存档案、资料、杂志绝大多数为1945年阎锡山政府接收之后的。

1. 档案类

清代章学诚认为档案是一种比较可靠的史料，把档案史料与学术研究的关系比作"器"与"道"的关系，档案史料是"见道之器"，是认识事物、研究学问的基础和条件。因此他特别强调史料编纂工作的意义和档案史料汇编的作用。档案资料的编纂是人类文化收集、整理、发扬的重要途径和方式。[①] 本书参考档案多出自山西省档案馆，经多处探访得知此处收藏民国山西资料最为丰富。经查阅知，仅西北实业公司所属档案达到1836卷，实可谓丰富。西北实业公司档案分作四类，其中综合类949卷、生产业务类584卷、经营管理类887卷、财务会计类381卷。然

---

① 李财富：《中国档案学史论》，安徽大学出版社2005年版，第26页。

档案多以函件、报表、条文形式出现，琐碎繁杂，不易统领，且按规定只能手工摘抄，每日抄得两千余字，耗时费力，所幸愚坚持不懈，终抄足支撑论文之史料。

2. 资料类

一部分资料为西北实业公司当年的一些出版物。公司注重总结，每逢周年都汇总整理公司之概况，个别工厂还会出版专门的纪念刊物。如《西北实业公司铸造厂第二周年纪念刊》《造产救国社年报》《山西工业的新姿》《山西造产年鉴》《西北实业公司各厂概况》。还有一些公司的制度汇编，如《西北实业公司章则汇编》《西北实业公司营业业务处理须知》《山西人民公营事业章则摘要（考核组）》。一部分资料为新中国成立后，一些公司亲历者的回忆录以及一些学者对近代工业史料之编纂，前者如山西文史资料编辑部编辑的《山西文史精选：阎锡山垄断经济》等，后者如汪敬虞的《中国近代工业史资料》。

3. 杂志类

本书所参阅杂志主要为当年山西省及西北实业公司出版的一些杂志。如《山西实业公报》《西北实业月刊》《西北实业周刊》等。

4. 著述

关于西北实业公司之专著并不多见，主要为景占魁编著的《阎锡山与西北实业公司》。而关于阎锡山研究的著述、关于近代企业管理的著述并不少。如关于阎锡山研究的有阎伯川先生纪念会编印的《阎伯川先生感想录》《阎伯川先生要电录》；唐纳德·G.季林的《阎锡山研究》；曾华璧的《民初时期的阎锡山》；景占魁、孔繁珠的《阎锡山官僚资本研究》；李茂盛、雒春普、杨建中的《阎锡山全传》；李茂盛的《阎锡山大传》；雒春普的《阎锡山和他的幕僚们》等。关于近代企业管理之著述有：杨勇的《近代中国公司治理——思想演变与制度变迁》；张忠民的《艰难的变迁：近代中国公司制度研究》；朱荫贵的《中国近代股份制企业研究》；吴承明、江泰新的《中国企业史》；李玉的《晚清公司制度建设研究》；江满情的《中国近代股份有限公司形态的演变：刘鸿生企业组织发展史研究》以及钱德勒的《战略与结构：美国工商企业成长的若干篇章》《规模与范围：工业资本主义的原动力》《看得见的手：美国企业的管理革命》等。

5. 口述资料

口述史是近些年学者收集史料的一条重要途径。学者对当事人进行专题采访并录音，随后整理成资料加以利用。尤其近现代史研究更加注重口述资料的采集与运用，许多研究者走向田野开展社会调查。笔者尝试从太原钢铁集团等几个与西北实业公司有渊源的企业寻找当年亲历者，虽极难找到，但从个别健在者及其后人的讲述中大致了解了当时工人的生存状态。

六　研究难点与创新之处

本研究的难点有二：第一是史料繁杂但又不足，此为何意？虽然山西省档案馆所存西北实业公司之档案达到上千卷、上万件，但是绝大多数是抗日战争胜利后、阎锡山政府接收后产生的档案。而抗日战争前之史料所存无几，要了解抗日战争前西北实业公司状况，仅能从已出版现尚存的一些资料集中查阅。第二是企业史的研究是多学科、综合性的研究，不仅仅涉及历史学，还涉及经济学、管理学、法学等方面的知识背景，甚至论及生产时，还涉及物理、化学等学科的知识；涉及财务管理时，还需要具备财务会计等方面的知识。知识单一研究者无法很好驾驭涉及各个学科的史料。所幸笔者经多方请教，对涉及学科之概念、框架略微了解，论文架构得以形成，不至凌乱无序。

本书在"公司"制度下，考量并客观审视西北实业公司之治理与管理。笔者认为有以下四个方面的创新：第一，系统研究西北实业公司之治理与管理。之前景占魁前辈编著了《阎锡山与西北实业公司》，该著作主要介绍了西北实业公司之发展历程，虽对企业管理有所涉及，但笔墨甚少。而本书重点是在"公司"这一制度前提下，考量西北实业公司的治理与管理。从公司顶层治理及公司内部人财物之管理进行系统研究，从而发现西北实业公司与其他公司之不同。第二，发现阎锡山独特的公司治理模式，即"四会"治理模式。此种模式不同于家族公司亦不同于普通的股份有限公司，"四会"治理模式吸取家族公司和股份有限公司之长，既实现了公司各机构之间之制衡与监督，又实现了阎锡山的个人集权。第三，揭示了阎锡山对工人软硬兼施、明暗皆使之统治手腕。即一方面给予工人优厚的待遇，使工厂自成社会，使工人不与外界交流接触；

另一方面通过思想教化、组织控制与特务监控使工人顺从。如此手腕使得西北实业公司之工人不愿亦不敢发动工潮。第四，揭示了在围困之下，太原仍难解放之工业支撑。中华人民共和国成立前，在太原长期围困、资源匮乏、兵员不足情况下，阎氏政权控制下的西北实业公司通过全面成本控制，保障生产、支援前线，工人被迫编组编队、参战助战、死守太原。此为太原迟迟不得解放之重要原因之一。

第 一 章

西北实业公司的创建背景及其发展史

西北实业公司于1932年1月开始筹建，1933年8月宣告成立，抗日战争中，主体被日军占领，抗日战争结束后，被阎锡山政府接管，1949年4月伴随着旧政权的覆灭而退出历史舞台。它产生在近代经济危机背景下战乱频仍的中国内陆，是自然、政治、经济等多因素共同作用下的产物。

第一节 西北实业公司创建背景

西北实业公司是中原大战后，阎锡山兵败下野，为重新出山，向蒋介石提出舍弃军事、发展经济的"造产救国"口号下组建起来的。似乎产生于阎锡山本人的设想，而实际上其产生并不是偶然的，是当时政治、经济等各方面因素综合影响下的必然产物。

一 自然资源丰富

山西表里山河、易守难攻，自古以来就是兵家必争之地。古往今来，有多少英雄豪杰割据山西而又觊觎中原、图谋霸业。山西丰富的自然资源，尤其是煤铁等矿产资源，为山西近代工业的发展提供了坚实的资源基础。

（一）山西地理位置险要

山西位于华北的西部、黄土高原的东部。山西东部以巍巍太行为屏，与河北省相邻；南部和西部，隔涛涛黄河天堑，与河南省、陕西省相望；北部据绵延长城，与内蒙古相连。山西表里山河、易守难攻，自古以来就是兵家必争之地。山西向来承担着屏护京畿的重任，无论都城在关中、在中原，还是在燕京。秦汉时的山西抵御着匈奴的入侵，唐代的山西成为突厥南下的藩篱，宋代的山西是与辽金厮杀的沙场，清末民初的山西又是北伐成败的关键。又有多少历史人物，据有山西继而又俯视中原、谋定天下。李渊父子，据山西之势，开大唐基业。五代时期，后唐、后晋、后汉和北汉都是以山西为根据而起家。因而历史上的山西具有举足轻重的地位，拥有山西，即可称雄天下，太原也因此被称为"龙城"。"至于山西，《纪要》[①] 说，'山西之形势，最为完固。关中而外，吾比首及夫山西。盖语其东，则太行之为屏障。其西，则大河为之襟带。于北，则大漠、阴山为之外蔽，而勾注、雁门为之内险。于南，则首阳、底柱、析城、王屋诸山（现在统称中条山），滨河而错峙。又南则孟津、潼关皆吾门户也。汾浍紫流于右，漳、汾包络于左，则原隰可以灌注，漕粟可以转输矣。且夫越临晋（陕西大庆关），溯龙门，则泾渭之间可折棰而下也。出天井，下壶关，邯郸、井陉而东，不可以惟吾所向乎！是故天下之形势，必有取于山西也'。"[②] 因而，"山西对于京都、华北、国家，均具有重要的战略屏障和支撑作用"。[③] 山西重要的地理位置，必然给每个时期的统治者，增加图谋天下的筹码，阎锡山也不例外。

（二）山西藏有丰富的矿产资源

山西不仅有着得天独厚的地理位置，而且有着丰富的自然资源，尤其是矿产资源。山西已发现的地下矿种达120种，其中探明储量的有70种，保有资源储量居全国前十位的有36种。截至2013年，山西煤炭保有资源储量2767.85亿吨，约占全国保有资源储量的20.1%；煤层气保有资源储量1825.16亿立方米，占全国保有资源储量的88.2%；铝土矿保有资源储量14.16亿吨，占全国保有资源储量的36.5%。[④]

[①] （清）顾祖禹：《读史方舆纪要》。
[②] 陆岩司、程秀龙、吕福利：《〈读史方舆纪要〉选译》，山西人民出版社1978年版，第10—11页。
[③] 陆岩司、程秀龙、吕福利：《〈读史方舆纪要〉选译》，山西人民出版社1978年版，第12页。
[④] 《山西经济年鉴》编辑委员会：《山西经济年鉴·2013》，山西经济出版社2014年版，第26页。

山西较早就发现并开采利用自己的煤铁资源。早在宋代时，山西的采煤业、冶铁业都已相当发达。"北宋的矿冶业在组织、分工以及技术上都有了非常显著的改进，采炭、采矿、冶炼，分工明确，并开始采用以石炭为原料用土高炉炼铁的新技术。"① 山西素有"煤铁之乡""五色省"② 之别称。"矿产丰富，实居全国之冠。全省面积八万二千平方英里中，除西北一隅外，整个地下都是矿物宝藏。这样形容也绝非夸张之词。矿藏种类十分丰富，其中煤炭产量为世界所仅见，其次是铁。"③ "惟矿物则蕴藏极丰，盐铁之饶，自古而然，煤有'无量藏'之称。"④ "晋省煤区广凡三万三千五百方里，煤层平均厚度约四十尺，比重为一五，其全量达六千三百亿吨，故晋省之煤，足供全世界千余年之用，且煤层倾斜，于其中凿长数里之导水坑，为事亦易。"⑤ 山西丰富的矿产资源，为山西近代工业的发展提供了基础条件。

二　山西政局相对稳定

1928—1930 年，正是国民党各地方实力派分分合合、明争暗斗的时期。昨日还是座上之宾，明日就是兵戎相见，皆是为了各自的利益。中原大战前，阎锡山已掌控山西军政大权。中原大战后，阎锡山虽兵败被逐，但是山西的政权始终暗中掌握在其手中。不久，阎锡山即趁"九一八"事变之机，重掌山西。

（一）国内政治局势风云变化

1928 年，阎锡山在复出不久的蒋介石的拉拢下，加入了北伐战争，且相继被国民政府任命为国民革命军第三集团军总司令、山西省政府主席，被国民党中央政治会议任命为太原政治分会主席。在蒋介石的第一路集团军和冯玉祥的第二路集团军配合下，阎锡山收复了大

---

① 山西省地方志办公室：《民国山西史》，山西人民出版社 2011 年版，第 15 页。
② 五色即红（铁）、黑（煤）、青（石膏）、白（食盐）、黄（硫黄）。
③ 山西省地方史志资料丛书之十二，日本同文会编：《中国分省全志·第十七卷》，《山西省志》，第 285 页。
④ 山西地方志办公室：《民国山西实业志》，山西出版传媒集团·山西人民出版社 2012 年版，第一（甲）页。
⑤ 山西省地方志办公室：《山西民初散记》，山西出版传媒集团·山西人民出版社 2014 年版，第 126 页。

同、绥远，占领了河北、平津，掌握了晋冀察绥四省和平津两特别市的军政大权。

北伐战争结束后，中国基本上形成了以冯玉祥为首的西北系，以阎锡山为首的晋系，以张学良为首的奉系，以李宗仁、白崇禧为首的桂系与蒋介石为首的国民党中央对峙的局面。蒋介石决不允许地方割据势力的存在，否则意味着中央地位的弱化。于是，1929年1月，国民党在南京召开编遣会议，蒋介石要求各集团军"归命中央"，旨在利用编遣全国军队之机为蒋介石"削藩"。他们彼此钩心斗角、讨价还价，忽而互为盟友，忽而互为敌人。由于蒋介石掌握的中央政权要求实现全国的军政统一，而各地方实力派则是尽力维持自身的既得利益，尤其是要维持其赖以存在的军事力量。各派拥兵自重，不甘示弱，最终导致兵戎相见。于是，在北伐初期暂时出现的平衡被逐步打破，进而诉诸武力。

蒋桂战争、蒋冯战争及第二次蒋桂战争的失败表明，地方实力派靠单打独斗均无法撼动蒋介石的统治，甚至会被蒋介石各个击破。只有抱团取暖，组成联军，才能实现与蒋介石的势均力敌。1930年4月1日，阎锡山与冯玉祥、李宗仁分别就任中华民国陆海空军总司令、副总司令（张学良同时被推为副总司令，但并未宣布就职）。5月1日，蒋介石发表"讨伐阎冯誓师词"，11日，蒋介石下总攻击令。至此，南京国民政府历史上规模最大的一次内战——中原大战，爆发了。由于心怀鬼胎、各自为阵，再加上后勤保障的薄弱，联军迅速溃败。中原大战的失败，使蒋介石如愿以偿实现了他梦寐以求的统一，也直接导致阎锡山的下野。1930年11月4日，在蒋介石的逼迫下，阎锡山宣布取消"中华民国陆海空军总司令部"，同时致电张学良，声明即日"释权归田"。12月初，又被迫离开山西，在"出洋"的名义下避居大连。

战争也给山西带来沉痛的灾难，阎锡山出走大连，山西政坛群龙无首、派别纷起。以杨爱源为代表的嫡系派，以徐永昌为代表的温和派，以傅作义为代表的少壮派，以商震为代表的非山西派，相互倾轧。战争的失败，晋军退守山西，部分西北军残部和一些杂牌军也滞留在山西。"七个省的军阀部队，都集中到山西，军队与军队之间，军队与人民之间，各种矛盾交织在一起。在军队内部，因兵多饷少，衣食缺乏，时有士兵哗变。"① 中原大战，带来一个矛盾重重、危机四伏、百废待兴的山西。

（二）山西政局相对稳定

阎锡山自辛亥革命后任山西都督，随后又逐步掌握山西政权。一直到1949年离开山西，统治山西达38年。虽然中间有过袁世凯亲信夺权、蒋介石逼迫离晋等情况，但阎锡山始终都或明或暗地干预或掌握着山西的军政。即使在中原大战兵败下野、旅居大连期间，依然遥控山西，暗中指使嫡系排挤商震。在1931年8月5日，商震离晋后，阎锡山借探"父疾"之由返晋。趁"九一八"事变之机，再加上自己的多方疏通，重新执掌山西。阎锡山重掌山西，结束了中原大战后山西的派系林立，政治上更加团结。为向蒋介石示好，阎锡山表示将发展中心由军事转移到经济，制定并向民国政府提交了"十年省政建设计划案"，从而开启了新一轮经济建设运动。阎锡山持续掌控山西，在军阀割据混战的近代政局中，为山西提供了相对稳定的政治环境。

三 工业生态趋"暖"

20世纪二三十年代，全球遭遇了有史以来最严重的经济危机，危机也波及了中国，再加上当时中国的战乱和百年不遇的自然灾害，使中国的经济雪上加霜。但由于一些客观因素，当时中国的工业尚能稳步发展。

（一）国内经济遭受多重打击

1929年至1933年爆发了全球性的经济大萧条。此次经济危机起源于美国，波及全世界，比历史上任何一次经济衰退都影响深远。但由于中国当时仍然是一个农业占主体的国家，"1949年以前的中国经济是由一个庞大的农业（或农村）部门和一个很小的非农业（或城市）部门构成的。总人口中有75%的人口在农业部门。非农业部门集中在半现代化的通商口岸城市。在以农为主的中国，农产品的产值占国民总产值的65%"。②

---

① 中共太原市委党史研究室：《中国共产党太原地区斗争史料》（1985年编印），第74页。
② 费正清主编：《剑桥中华民国史》第1部，章建刚译，上海人民出版社1991年版，第33页。

而且，中国实行银本位和竞争性的银行体系，因而此次危机对中国的影响不如对其他金本位国家影响之深。①

中国对于此次经济危机的反应较为迟缓，甚至在1929年至1931年由于银价的下跌，还出现了短期的繁荣。②但在1931年9月，英镑脱离金本位，日本和其他国家的货币也相继贬值，中国银元对英镑和日元的汇率逐渐上涨。再加上"九一八"事变、1931年夏秋季间的百年不遇的水灾，以及1932年初的淞沪会战，使中国逐渐转入经济萧条期。由于当时的中国是一个农业国，因而对于经济大萧条，农业首当其冲，中国农产品出口不断减少，中国农产品输出贸易总指数1934年比1930年下降了57%。而国外廉价农产品不断涌入中国，从1931年国外农产品大量进口，1932年和1933年的大米进口量均超过1931年的一倍，1931年小麦进口量是1930年的10倍，1931年棉花进口量也比1930年增加了1/3。③国外廉价农产品的大量涌入，必然导致国内农产品无法销售，进而产生"谷贱伤农"的现象，也使当时整个农业价格指数和农业产值不断降低（见表1-1）。

表1-1　　　中国1931—1936年农业价格指数和农业产值④

年份	农业价格指数 （1931年=100）	农业产值 （10亿中国银元）
1931	100	24.4
1932	72	19.2
1933	61	15.4
1934	56	13.1
1935	57	14.7
1936	60	15.6

---

① 管汉辉：《20世纪30年代大萧条中的中国宏观经济》，《经济研究》2007年第2期。
② 张晓宇：《20世纪30年代世界经济大萧条对近代中国经济的影响——萧条的传导、影响以及应对》，博士学位论文，南开大学，2011年，第52页。
③ 张晓宇：《20世纪30年代世界经济大萧条对近代中国经济的影响——萧条的传导、影响以及应对》，博士学位论文，南开大学，2011年，第57页。
④ 转自管汉辉的《20世纪30年代大萧条中的中国宏观经济》，《经济研究》2007年第2期。

(二) 尚且具备工业发展环境

经济危机、战争以及自然灾害，对20世纪30年代前期的中国农业经济及农业贸易产生了巨大的冲击，但从统计数据来看，令人意外的是1929—1936年，中国工业保持稳步增长的态势。从表1-2中可以看出，1929—1936年，工业产品总值及净增加值均在不断增加。并非经济危机、战争以及自然灾害不会作用于工业，其实工业受到的冲击也很大，但是在当时存在几方面的优势抵消了不利因素的影响。

表1-2　中国1929—1936年的工业生产（按1933年国币计算）①

单位：国币10亿元

年份	产品总值	净增价值	建筑业	国内资本形成
1929	773.8	278.2		
1930	821.1	296.4		
1931	886.9	320.0	0.4	1.27
1932	921.5	334.1	0.41	1.49
1933	1006.3	369.7	0.44	1.5
1934	1042.6	395.0	0.44	1.12
1935	1104.1	441.8	0.46	1.6
1936	1227.4	499.1	0.49	1.95

其一，是中国存在的政府银行、私营银行和钱庄、外资银行之间不断竞争形成的竞争性银行体系，这种竞争性银行体系导致中国的总的货币供给不断增长，进而在一定程度上刺激了工业的发展。②

其二，工农业产品价格剪刀差，将农业经济的亏损补贴给了工业。当时，农业受到的冲击最大，农产品价格跌价的程度远远大于工业品的跌价，农业所遭受的损失也远远大于工业的损失。因而当时工业的发展

---

① 转自管汉辉的《20世纪30年代大萧条中的中国宏观经济》，《经济研究》2007年第2期。
② 管汉辉：《20世纪30年代大萧条中的中国宏观经济》，《经济研究》2007年第2期。

在一定程度上是以牺牲农业和农民利益为代价的。[1]

其三，国民政府出台了一些促进经济发展的政策。国民政府在1928年先后召开了全国经济会议和全国财政会议；1929年至1930年先后颁布了《公司法》《工厂法》《矿业法》等工商法规，以完善对工商业的管理；先后颁布了《特种工业奖励法》（后被《工业奖励法》代替）、《奖励工业技术暂行条例》等法规，对工商业、新发明的产品进行奖励；发布了一系列函文、训令等，以利用外资，限制外资设厂，积极扶助和救济民营工商业。此外，还整理了税收和债务，实现了关税自主，实施了币制改革，整顿了地方财政。[2] 凡此种种政策和措施，为当时工商业经济的发展提供了较为宽松的环境。

因此，20世纪30年代初，中国经济虽遭受了经济危机、战争、自然灾害等多重打击，工农业及贸易都遭到重挫，由于当时存在一些利于工业发展的因素，工业经济基本上保持稳步增长。

四 统制经济兴起

随着20世纪20年代末30年代初大萧条的肆虐，统制经济应时而生，它是当时遏制经济危机的有效手段。美德等资本主义大国，采用政治手段积极干预经济，收到了良好的效果。虽然各国采用的名称各异，但实际上都是在实行经济统制，都是在加强政府在经济中的作用。中国不仅遭受经济危机的影响，还受到了日本帝国主义的侵略，非常时期也适时采用了统制经济。阎锡山较早成立专门的机构，在山西全省实行经济统制。

（一）统制经济及其兴起

为了应对自由竞争资本主义引起的全球经济危机，欧美各国实行以统制为策略的经济模式，使他们逐渐走出了大萧条的阴影，同时增强了经济实力和综合国力。统制经济符合当时国际经济形势，是当时最有效的经济治理模式。

20世纪30年代中期，马寅初、穆藕初、卢作孚、陈光甫等经济学家

---

[1] 张晓宇：《20世纪30年代世界经济大萧条对近代中国经济的影响——萧条的传导、影响以及应对》，博士学位论文，南开大学，2011年，第60—61页。

[2] 张宪文等著：《中华民国史（第二卷）》，南京大学出版社2012年版，第128—168页。

或企业家都积极呼吁政府实行统制经济。如穆藕初在1933年指出："所谓计划经济，一言以蔽之，即为对于某一大单位之经济活动之有计划的统制。在社会主义国家称之为'计划经济'，而在欧美各国则通称之为'统制经济'。统制之谓，非为就私人之意见，任意予以管理与支配。乃为一种至公至正、有组织、有计划之合理的控制与指挥。其目的在于改进经济组织，并以改善国计民生。"他认为："我国今日国家经济，已濒于全部破产之状态。……若此时我国而尚不准备实施统制经济，以有计划之行动，打破当前经济之紊乱状态，则长此以往，国脉民生，断难延续，其结果终必沦于列强经济共管之惨局。"[①] 其后的国民政府在很长一段时间内实行了统制经济，尤其是在抗日战争时期，尽管统制经济在抗日战争后被国民政府和官僚所利用，但它曾为中国走出经济困境、取得抗日战争胜利做出过重要贡献。

(二) 统制经济与山西的经济形势

1932年，从大连返回山西的阎锡山重新掌控了山西的军政大权，他一方面希望把山西经济从战争的凋敝中解放出来，另一方面为向蒋介石表达一心一意搞经济的意愿，同时，也感叹于苏联在第一个五年计划期间，经济建设取得的巨大成就，于是开展了一系列经济统制措施。他提出建设运动的口号，组织成立专门的领导机构，制定系统的建设方案，全力以赴进行经济建设。阎锡山认为"社会上有认公营事业系与民争利，此义利不分之说也……现在世界各国，莫不以公营事业为其经济政策之主要成分，非特以权力扩张公营事业之发展，并进而干涉私人所经营之工商事业，如统制贸易、统制汇兑等，乃为全民谋利益，而非为某部分人谋利益也"[②]。社会中也不乏支持发展公营事业的声音，认为公营事业"可以抵制外资的压迫；可以防止大资本家的产生；可以消弭资本主义与社会主义的冲突；可以增加公家财政上之收入，减轻人民负担"[③]。

[①] 穆藕初：《统制经济与中国》，赵靖主编《穆藕初文集》，北京大学出版社1995年版，第370—372页。
[②] 《阎伯川氏评论公营事业》，《中华实业月刊》第二卷第三期，1935年7月。
[③] 邱仰浚：《发展公营事业为经济建设之必要政策》，《中华实业月刊》第二卷第三期，1935年7月。

阎锡山提出了"自强救国""造产救国"等口号；组建了经济建设委员会，下设经济统制处；制定了"山西省政十年建设计划"的建设方案，其中的经济建设部分涉及贸易、工业、农业、矿业、交通等各个方面；同时组建了山西省人民公营事业董事会。如在贸易方面，一方面，设立专门的贸易机构，鼓励省货输出；另一方面，推行土货运动，抵制外货的倾销，从而依靠行政权力为本省各种商品的销售开辟了稳定的市场。阎锡山曾在1933年4月28日的演讲中说："生产保护，有两条路，一为得用政治权利，不准外货进来；一为甘地做法，不准买外国货物。如能保护土货，纵然物不美价不廉，亦可存在，盖能把外货挡得住，咱的工厂即能存在。"① 尤其是在工业方面，成绩较为突出。创办了集官办工矿企业之大成的西北实业公司，从而奠定了山西近代工业的基础。事实上，西北实业公司正是阎锡山经济统制中的工业统制。此外在农业等其他方面也实行统制措施，并取得了一定成绩。

五 金融秩序向好

金融是经济的先导，金融可以为发展实业提供资本保障。发展经济，就要从整顿金融开始。阎锡山曾说，"金融是经济的核心，掌握了金融，就是掌握了经济命脉"，"钱赚钱是不用管饭的孝子，300块钱一年的利息，比一个孝子一年辛勤劳动的收入还要多"。②

（一）山西省银行的改组

中原大战中，山西为了筹措军费、满足战争开销，大量发行晋钞，造成了严重的通货膨胀。晋钞"毛荒"使"成千上万的商号倒闭，许多富户破产，其中尤以当质业更甚……据统计，山西的当质业1927年为660家，自受晋钞贬值影响后，逐年倒闭，到1933年仅剩下306家，不及半数。大同原有当铺42家，倒闭得仅剩下3家。寿阳县原有票号一千二、三百家，倒闭得只剩下二三百家。钱庄倒闭的也很厉害，1921年的

---

① 转自刘建生、刘鹏生的《山西近代经济史》，山西经济出版社1997年版，第676—677页。

② 王尊光、张青樾:《阎锡山对山西金融的控制欲垄断》，山西文史资料编辑部《山西文史精选——阎锡山垄断经济》，山西高校联合出版社1992年版，第7页。

统计数为364家，1930年以前比较平稳，增减数不大。自该年发生晋钞毛荒后，相继倒闭，直到1935年才稍稍恢复。连中国银行太原分行也受到晋钞风潮的影响，各业皆告亏累，不得不改为办事处"。① 全国各地在南京国民政府的要求下，拒收晋钞，晋钞随同败军一起涌回山西，致使晋钞与银元的比值由原先的1∶1降到30∶1。广大人民深受其害，全省商号及太原私营银钱业破产倒闭者达三分之一。②

面对如此局面，阎锡山在1932年重掌山西后，开始着手整顿山西金融。从改组山西省银行开始。他撤销了在下野期间原山西省政府主席商震任命的省银行经理高步青，并以"套取省银行库存现洋"的罪名，限期迫其交出现洋100万元，备作撤收省钞之用；另委任省政府秘书长王谦为省银行监理，王骧为经理，以20∶1的比值收兑旧钞，发行新钞。③ 山西省银行的整顿改组，为全省开展经济建设奠定了金融基础。

（二）三大官办银号的建立

为整顿金融，山西成立了三大官办银号：1932年8月，太原绥靖公署拨款成立"绥西垦业银号"，旨在扶植绥西垦牧事业；1934年7月，"太原经济建设委员会"创办"晋绥地方铁路银号"，后归"山西省公营事业董事会"领导，旨在发展晋绥两省地方所有铁路及扶助有关铁路之建设事业；1935年1月，"晋北盐业银号"成立，由"山西省公营事业董事会"经营，营业范围除特种经营盐款外，兼办汇、兑、存放及扶助各项公营事业，并发行兑换券。在整顿山西省银行、兴建三大官办银号后，又于1936年春成立了"山西省人民公营事业董事会"，把银行资本与工商业资本融为一体。同时，山西省政府和"太原经济建设委员会"大量发行各种地方公债，如"统一建设借款券""公路建设库券""国防借款券"等，以四大官办银行号进行承购，为当时山西工商业的兴建和发展筹集资本。

---

① 王尊光、张青樾：《阎锡山对山西金融的控制欲垄断》，山西文史资料编辑部《山西文史精选——阎锡山垄断经济》，山西高校联合出版社1992年版，第21页。
② 徐月文、张郑生、杨纯渊：《山西经济开发史》，山西经济出版社1992年版，第565页。
③ 王尊光、张青樾：《阎锡山对山西金融的控制欲垄断》，山西文史资料编辑部《山西文史精选——阎锡山垄断经济》，山西高校联合出版社1992年版，第22页。

六　企业基础初备

在西北实业公司成立之前，山西已具备一定的工业基础。据曲宪南回忆整理，山西在1933年之前已在机械、矿业、银号、商号等方面具备一定的基础。在阎锡山统治期间，由于政治、军事、经济及企业内部的原因，各类企业不断进行合并、改组、停办、改名等，情况错综复杂。从企业性质来说，又分纯私营的、纯公营的、合营的。按企业的规模来说，有投资数千万的厂矿铁路，也有投资一二千元的小杂货商店。按企业类型来说，有大中小型轻重工业厂矿、交通运输、金融机构、农牧水利、供销合作、粮行、典当等行业。曲宪南将阎锡山统治时期的企业按照时间段分为五个时期，按照归属系统分为十大系统。按时期分为：（1）萌芽时期（1913—1919年）；（2）发展时期（1920—1931年）；（3）兴盛时期（1932—1937年）；（4）晋西时期（1938—1945年）；（5）恢复时期（1945—1949年）。按归属系统分为：（1）山西督军（办）公署直辖企业系统；（2）山西省营业公社所属企业系统；（3）山西省公营事业董事会（1945年以后为民营事业董事会）所属系统；（4）山西省建设厅所属企业系统；（5）私营（庆春堂、庆山堂出资）企业系统；（6）第二战区经济建设委员会所属企业系统；（7）太原绥靖公署第一室所属企业系统；（8）山西省经济管理局所属企业系统；（9）中记董事会所属企业系统；（10）太原绥靖公署会计处所属企业系统。

（一）萌芽时期（1913—1919年）

1. 山西督军（办）公署直辖企业：山西陆军修械所、山西铜元局、山西官钱局（省金库）、晋胜银行、普晋银矿公司、裕晋煤矿公司、同宝煤矿公司、山西平民工厂、山西省银行、蚕丝工厂、山西省工业试验所。

2. 私营（庆春堂、庆山堂）企业：道生恒参茸庄、晋森木厂、源记、庆春茂、庆春泉。

（二）发展时期（1920—1931年）

1. 山西督军（办）公署直辖企业：山西省银行、山西铜元局、泉峰铁路、军人工艺实习厂（内部所属分厂有：铜元厂、翻砂厂、熔炼厂、电气厂、炮厂、枪厂、冲锋枪厂、机械厂、炮弹厂、水压机厂、双用引线厂、罐头厂、炸弹厂、铜壳厂、无烟药厂、炸药厂、酸厂、压药厂、飞机厂、炼铜厂)、山西火药厂(1927年由军人工艺实习厂的无烟药厂、炸药厂、酸厂和压药厂合并而成，厂长先后为1927年的张恺、1930年的曹焕文和1932年的连思孝)、育才炼油厂、育才机器厂、育才炼钢厂、斌记五金行、山西军人煤矿、井陉矿务局、晋北矿务局、晋记烟公司。

2. 山西省营业公社所属企业：晋丰面粉公司、晋裕银号、晋通花店、晋洪当、晋平当、晋忻当、晋原当、晋益当。

3. 私营企业（庆春堂、庆山堂出资）：庆春厚、川至涌、源积成、晋裕粮店、德生厚、富山水利公司、广裕水利公司、广裕水利公司第二支店、道生恒参茸庄、庆春茂、庆春泉、源记、五台县营业公社、定襄县营业公社、河边村营业公社、思远源、积厚长、协同兴、营运汽车公司、河边村劝业工厂、己巳渠管理所。

（三）兴盛时期（1932—1937年）

1. 太原绥靖公署直辖企业：晋北矿务局，育才炼油厂，晋华公司，晋华卷烟厂，垦业商行，女子职业工厂，山西平民合作工厂，土货商场，山西省、铁、垦、盐四行号实物十足准备库，西北电影公司，晋绥兵工测探局，壬申制造厂（即原军人工艺实习厂1930年更名为晋绥军修械所，也称太原兵工厂，1932年又整合改组为壬申制造厂），壬申化学工厂，育才炼钢机器厂（由原育才炼钢厂、育才机器厂合并而成），新火药厂。

2. 山西省公营事业董事会所属企业：西北实业公司、同蒲铁路管理局、山西省银行、晋绥地方铁路银号、绥西垦业银号、晋北盐业银号。

3. 山西省营业公社所属企业：晋丰面粉公司、晋洪当、晋平当、晋忻当、晋原当、晋益当、晋裕银号、晋同银号、晋通花店。

4. 山西省建设厅所属企业：农事试验场、模范牧羊场、省立牧畜场、山阴牧畜场、凿井事务所、蚕种育制所、代县金矿管理所、棉花复查所、大小林区。

5. 私营企业（庆春堂、庆山堂出资）：道生恒参茸庄、庆春茂、庆春泉、积厚长、协同兴、营运汽车公司、源积成、德生厚、晋裕粮店、源记、五台县营业公社、定襄县营业公社、河边村营业公社、思远源、富山水利公司、广裕水利公司、广裕水利公司第二支店、大同汽车公司、天津亨记银行、源丰粮店、营记火油公司、庆森茂木店。①

西北实业公司成立之前，山西省在机械、采矿、化学、金融等方面具备一定的工商业基础，西北实业公司正是在此基础上，经过新建、改造、兼并等方式产生。

七 公司制度确立

鸦片战争后，清政府陆续与侵入中国的帝国主义国家签订了诸多不平等条约。帝国主义国家据此打开了中国的大门，逼迫清政府开辟通商口岸，由此带动了各通商口岸进出口贸易的发展，一些外资企业陆续在通商口岸建立，涉及交通运输、金融、贸易等类型。一些买办、掮客见有利可图，开始建立自己的商业企业，也就是中国近代最早的企业。随着自强求富思潮的兴起，加上清政府财政枯竭，洋务派兴建了一批近代军事工业，随后通过官办或官商合办的方式建立了一批民用工矿企业。随着企业数量的增加，企业制度本身也在趋于完善。

（一）公司制度逐步完善

《辛丑条约》签订后，清政府丧失了自主权，中国完全沦为半殖民地半封建社会。国内反帝反封建的呼声日益高涨。面对内忧外患，清政府不得不被动地实行新政。新政的主要内容包括：振兴工商业，废科举、办学校，编练新军，改革官制，裁汰一些旧衙门，增设一些新部门等。涉及工商业的措施有：1903年设立商部（1906年改称农工商部），该部为统辖全国行政机构，专职倡导、维护和管理工商实业等事宜；1903年颁布了《商人通律》9条，对经营商务做出了一些具体的规定；1904年颁布了《公司律》131条，分别规定了公司分类、创办呈报法、股东权利、董事、股东会议细节，并据此制订了《公司注册试办章程》；1906年颁布了《破产律》，对出于无奈的"亏蚀倒闭者"，予以"维持调护"。②《公司律》是中国历史上第一部公司法，也是中国第一部近代意义上的法律，为近代公司制度的发展奠定了基础，也在很大程度上促进了近代民

---

① 曲宪南：《阎锡山官僚资本企业简介》，山西省政协文史资料研究委员会《山西文史资料》（第16辑），1981年，第165—189页。

② 《大清光绪新法令》第10类，《实业》，第12—13页。

族企业的发展。

中华民国政府建立后，实业家张謇于1913年出任农商总长，在他的领导下，制定了不少农工商发展的具体法规。1914年1月13日颁布了《公司保息条例》，旨在保护国内贫弱而又亟待发展之工商业。其后，1914年1月至8月，农商部又先后颁布了《公司条例》《商人通例》《公司条例施行细则》《商人通例施行细则》《公司注册规则》及施行细则、《商业注册规则》及实行细则。《公司条例》是中国历史上第二部公司法，共251条，比《公司律》增加120条，详细规定了公司的各种形式、设立的条件、集股的手续、盈亏的分派、债权的清偿、股东的权利和义务、董事的选举和经理人的指派、公司业务之决策权、对外营业之法律责任、股东退股、公司解散清算之法等。就近代中国公司治理思想和治理机制而言，《公司条例》相对于《公司律》一个重大的突破就是对公司法人地位的确立。[①]《公司条例》对于公司治理的规定更加详尽，能够更好地保障股东的权益，有利于集厚资举巨业。

1929年12月26日，南京国民政府颁布了《公司法》，全文分为"通则""无限公司""两合公司""股份有限公司""股份两合公司"和"罚则"六章，共233条。就公司治理思想而言，《公司法》最为显著的特征便是突出了"营利"性质，这也是近代公司治理思想的一大进步，也是人们在公司经营目的认识上的一大进步。它剔除了原有公司法及近代公司实践中所承担的营利之外的非营利性职能和目的，使近代中国公司经营目的实现了向其真正目的的回归。[②]《公司法》是一部比较完整的现代中国公司立法，标志着关于公司治理方面的法律已趋向成熟，为其后各类公司的建立与发展提供了法律保障。

（二）科学管理日益兴起

1895年，弗雷德里克·温斯洛·泰罗（Frederick Winslow Taylor, 1856—1915）发表了一篇关于"科学管理"的论文，文中详细阐述了工

[①] 杨勇：《近代中国公司治理：思想演变与制度变迁》，上海世纪出版集团2007年版，第101页。

[②] 杨勇：《近代中国公司治理：思想演变与制度变迁》，上海世纪出版集团2007年版，第162页。

厂生产过程中的科学管理方法,他本人也因此被称为"科学管理之父",其关于科学管理的原则和方法,被称为"泰罗制",在美国被广泛推广,当时掀起了科学管理运动的高潮。

20世纪初,一些留美学生受到了美国科学管理思想的影响,他们将科学管理思想带回中国并加以宣传。代表性的人物有穆藕初、杨杏佛、张廷金等。穆藕初曾亲自拜访泰罗及其弟子,1914年率先将泰罗的《科学管理原理》翻译到中国;杨杏佛1917年在中国科学社年会上宣读了《科学的管理法中国之应用》的论文;张廷金在1920年出版了《科学的工厂管理法》一书。当时不少企业家将科学管理应用于企业管理实践。穆藕初首先在他自办的德大纱厂推行新的科学管理方法,拉开了棉纺等行业管理制度变革的序幕。刘鸿生也特别注重科学管理,把成本会计看作是实施科学管理的重要环节。卢作孚借鉴西方的管理科学,在"民生实业有限公司"制定严格的规章制度,并充分调动员工的工作积极性,产生了"民生精神",形成了自己独特的企业管理思想体系。

公司制度的逐步完善,为中国近代公司制企业的发展创造了良好的制度和法律环境。近代科学管理思想的引进,为中国近代企业的规范化管理起到巨大的推动作用,在一定程度上提高了生产效率,促进了生产力的发展。

八 人才积聚

特殊的家庭环境和生活经历,使阎锡山具有特殊的经营才能,在其独掌山西后的金融改革、币制改革、建立实物准备库等足以显示出其经营谋略。阎锡山很注重延揽人才,尤其是在工业方面启用了一大批科技人才和管理人才。

(一) 阎锡山善于经营

阎锡山出生于一个经商世家,其曾祖父阎兴泰,"不仅长于文字,而且精于计算,工于心计,在当时算得上一个人才,加之机灵勤快,很得掌柜赏识"。[①] 其祖父阎青云、父亲阎书堂都继承家族商产和地产。阎锡山14岁辍学习商,随父亲在五台县城自己家开的"吉庆长"商号里经商

---

① 雒春普:《阎锡山传》,国际文化出版公司2011年版,第12页。

习艺。阎锡山从最基础的事情学起,从扫地抹灰、冲茶端饭一直到温书写字、珠算记账。由于父亲阎书堂要求严格,再加上阎锡山自己的聪明、努力,很快掌握了经商之道。

执掌山西后,随着在官场的历练,阎锡山越来越有经营头脑。面对一穷二白的山西,他提出了"厚生计划"。但发展实业是需要资金的,他通过成立铜元局,以低价从陕西、山西收购制钱,改铸铜元,"当时用三个制钱的铜,改铸一枚当十铜元,除工本费外,获利一倍多。后又改铸当二十的铜元,获利达三倍以上","仅从这项措施中攫取了360万元的利润"。① 同蒲铁路的修筑也显示了阎锡山善于经营。同蒲铁路在勘测过程中就避开了谷桥、隧道、深挖、高填等工程,尽量节约建筑成本。开工前,对各种类型的铁轨进行测算,最终选择采用窄轨,这样也可大大节省建筑成本。筑路工人多由晋绥军部队组成,较之散漫的民工有着较高的工作效率,而且筑路的士兵因有部队薪饷,所以只发给少量津贴即可,又在一定程度上节省了成本。② 再加上山西四大银号的建立、"十足实物准备库"的设立、各种债券及纸币的发行都显示了其以小博大、长于经营的能力。从阎锡山精于算计的头脑加上一手遮天的权力,就不难理解西北实业公司的从无到有并迅速壮大。

(二) 阎锡山重视人才

阎锡山掌握山西的军政大权后,大刀阔斧地进行政治、经济、军事等方面的改革,就必然急需大量各方面的人才。阎锡山广泛延揽人才,曾派人到沿海各地网罗晋籍人才;同时也注重培养人才,建立了川至中学、国民师范学校以及各类专门学校。如在军事方面,有嫡系将领杨爱源、周玳、王靖国、赵承绶、孙楚等,也有晋系外围将领张树帜、张培梅、朱绶光、商震、傅作义、郭宗汾等,这一大批将领在巩固山西统治、抵抗外系入侵起到很大的作用。在政治方面,有赵戴文、贾景德、徐永昌、南桂馨、赵丕廉等,这些辅弼良才出谋划策,为阎锡山加强政治统御不遗余力。在经济方面,徐一清、梁航标、王尊光、彭士弘、张书田、

---

① 王尊光、张青樾:《阎锡山对山西金融的控制欲垄断》,山西文史资料编辑部《山西文史精选——阎锡山垄断经济》,山西高校联合出版社1992年版,第9页。

② 山西省地方志办公室:《民国山西史》,山西人民出版社2011年版,第226—227页。

曹焕文、徐士珙等管理与技术人才，兴办实业、加强建设，为当时山西充实经济实力尽职尽责。人才的聚集为山西经济建设，尤其是西北实业公司的迅速筹建准备了坚实的管理与技术基础。

第二节　西北实业公司发展史

应巩固政治统治、加强经济建设之需要，阎锡山于1932年4月提出了建设山西的宏伟计划——《山西省政十年建设计划案》，政治建设方面涉及警政、财政、教育、文化诸方面，经济建设方面涉及农业、矿业、工业、商业、交通等方面。阎锡山认为"造产救国，为我们刻不容缓之图，购用纯粹国货，杜塞漏卮，增厚民力，实为国民应尽之天职"。[①] 在"造产救国"口号下，阎锡山政府成立"山西省人民公营事业董事会"作为全省各项工矿企业的总管理机构和工业方面的总枢纽。[②] 其下属的西北实业公司成为"造产救国"的中坚力量。西北实业公司于1932年1月开始筹备，1933年8月1日正式成立，直到1949年4月被中国人民解放军接管，中间经历了筹备时期、分组建厂时期、总管理处时期、公司集权经营时期、新记西北实业公司时期和西北实业建设公司时期。

一　筹备时期（1932年1月至1933年7月）

西北实业公司是山西省政十年建设计划中工业方面的重要举措。1932年1月10日，阎锡山在太原成立西北实业公司筹备处，并指定曾留学美国的边廷淦为召集人，从全国各地召集晋籍专家多人，聘任为筹备委员：

曹瑞芝：字紫仙，山西汾城县人，美国威斯康星大学水利工程科毕业，特长水利，曾任山东省建设厅水利技正，未到职。

彭士弘：字毅丞，山西忻县人，日本东京工业大学应用化学科毕业，

[①] 西北实业公司：《西北实业公司概况（民国廿四年十一月）》，1935年，山西省档案馆藏资料，N—034。

[②] 卢筠：《西北实业公司和山西近代工业》，山西文史资料编辑部《山西文史精选——阎锡山垄断经济》，山西高校联合出版社1992年版，第215页。

曾在大连皮革厂、上海大华制革厂任工程师,特长化工。

杨玉山:字如圭,山西太原人,曾留学法国,由天津聘回,特长纺织。

王惠康:字迪庵,日本横滨高等工业学校应用化学科毕业,由天津聘回,特长化学。

任承统:字健三,当时在绥远省萨拉齐农场,特长农业,未到职。

曹焕文:字明甫,日本东京工业大学电气化科毕业,归国后任山西火药厂技师、厂长,特长化学。

宋澈:字清斋,曾留学日本,任山西统税检验所所长,特长商业。

刘炳煦:字旭升,曾留学法国,特长矿业。

张恺:字煦南,曾留学日本。

李红:字紫封,曾留学日本。

李仁:任山西省农业专门学校校长,特长农业。

张焯福:字光宇,日本京都帝国大学应用化学科毕业,特长化工。

赵子谦:后期增聘委员。

筹备处设立了特产、矿业、纺织、化工、水利、农业、畜牧、肥料、冶金、交通、商业、银行等12个组,任命:彭士弘、王惠康分别为特产组组长、副组长;阎锡珍、刘炳煦分别为矿业组组长、副组长;杨玉山为纺织组组长;曹焕文为化工组组长;曹瑞芝为水利组组长;李红、任承统分别为农业组组长、副组长。各筹备委员分别带领各组在山西各县、西北、华北各地区进行一年多的调查与研究,其结果作为筹建西北实业公司的依据。当时山西在交通方面已成立了兵工筑路局,银行方面已成立了绥西垦业银号,农、牧、水方面在绥远省已设立了屯垦督办公署,而曹瑞芝、任承统未到职,因而西北实业公司成立时只设置了五个组:总务组、特产组、矿业组、化工组和纺织组。设置的各组依据对山西特产及矿产资源的调查结果,制定了各种工矿企业的建设规划。规划与筹备工作基本就绪后,1933年8月1日,西北实业公司正式宣告成立。

二 分组建厂时期(1933年8月至1935年8月)

西北实业公司成立后,筹备处的使命随之结束,而且委员制度也不适合经营机构。西北实业公司实行总经理负责下的分组管理制。即总经理由阎锡山兼任，彭士弘任协理，曲宪治任总务组组长，彭士弘、王惠康分别任特产组组长和副组长，阎锡珍、刘炳煦分别任矿业组组长、副组长，曹焕文为化工组组长，杨玉山为纺织组组长。各组组长直接对总经理负责。面对建设资本、管理技术人员的缺乏，阎锡山亲自参与筹划设计，采取了一系列措施。这一时期，各组创办的事业有：

（一）特产组

1. 西北贸易商行：由彭士弘兼任经理，副经理为王惠康，于天津、绥远分设办事处，专营土特产输出，如羊毛、羊绒、大黄、枸杞、甘草、黄芪、胡麻、桃仁等，并于绥远设一洗毛厂。该商行于1935年停办。

2. 天镇特产经营厂：在天镇、丰镇、凉城之山中种植大黄、黄芪等药材（其中黄芪种植面积达5万亩）。

3. 河东联运营业所：旨在与陇海线实现联运，以方便晋南各种物产的输出。同蒲铁路通车到风陵渡后，该所即停止运营。

（二）纺织组

纺织组于1933年7月创建了西北毛织厂，厂长由杨玉山兼任。该厂在当时山西乃至全国同行业具有重要地位。

（三）矿产组

1. 西北煤矿第一厂：建于1934年8月，1935年1月开始产煤。阎锡珍兼任厂长，薄绍宗任工程师，二者均系日本秋田矿山专门学校采矿科毕业。该厂是太原地区半机械化采煤的开始。

2. 西北炼钢厂：创办于1934年3月，厂长、副厂长及各部门的负责人与工程师大多具备国外留学经历，而且大多是专门的冶金科毕业。从表3-3可知，西北炼钢厂可谓专家云集、阵容强大。

3. 各采矿处：1934年3月后，成立了静乐采矿处，专采锰矿；成立宁武采矿处，专采铁矿。1937年3月，在阳曲县西山河口镇成立西河口铁矿采矿处。

（四）化工组

1. 西北窑厂：创办于1933年3月，初期以生产陶器为主，后应炼钢厂之需，改为以生产耐火砖为主。厂长先后由落峰鳌、彭士弘、荣伯忱担任。

2. 西北皮革制作厂：创办于1934年9月，厂长由彭士弘兼任，副厂长由王惠康兼任。该厂采用机械制皮，大量生产。

3. 西北洋灰厂：创办于 1934 年 6 月，应同蒲铁路之需要而创设。厂长为张焯福、副厂长为刘敬业。

4. 西北印刷厂：创办于 1932 年 11 月，厂长为赵甲荣，曾任北京财政部印刷局局长，厂内技术员工多从北京印刷局邀来。

5. 西北制纸厂：创办于 1934 年 6 月，厂长为徐建邦，日本东京工业大学应用化学科毕业。

6. 西北火柴厂：创办于 1935 年 4 月，厂长由曹焕文兼任。曹焕文时任西北实业公司筹备委员、化工组组长、研究部部长、工务部部长。

7. 西北电化厂：创办于 1935 年 6 月，总工程师为陈尚文，台湾人，日本东京工业大学电气化科毕业。另有工程师曲乃俊，曾留学日本东京大学化学科。

（五）机器管理处

该处管辖 11 个厂，包含原壬申制造厂下属的 9 个厂（机车厂、农工器具厂、铁工厂、熔化厂、铸造厂、机械厂、水压机厂、汽车修理厂、电气厂），以及壬申化学厂和育才炼钢机器厂。该处的成立旨在制造同蒲铁路和西北实业公司各厂所需的机器和零件，同时也生产各种社会生产所需要的机器和工具。后对 11 个工厂进行改造，并在厂名前统一冠以"西北"二字，改造后各厂分别为：西北铸造厂、西北机车厂、西北农工器具厂、西北水压机厂、西北机械厂、西北铁工厂、西北汽车修理厂、西北电气厂、西北枪弹厂、西北育才炼钢机器厂、西北化学厂。

三 总管理处时期（1935 年 8 月至 1936 年夏）

到 1935 年，西北实业公司所属各厂大部分都已竣工投入生产，开始营业。西北实业公司在 1933 年 8 月成立时，资本金额为 500 万元，到 1935 年 10 月时，实际资本金额已增加到 1600 万元。当时职工总人数为 7497 人，其中职员总数为 992 人，工人总数为 6505 人。[①]

[①] 徐崇寿：《西北实业公司创办纪实》，山西文史资料编辑部《山西文史精选：阎锡山垄断经济》，山西高校联合出版社 1992 年版，第 171 页。

在分组建厂时期，为了调动各组、各厂的积极性，阎锡山赋予组长、厂长较大的自主权，待各厂筹建完备后，阎锡山必然会想尽办法回收权利。1935年8月，阎锡山任命其行营主任梁航标担任经理，代其主持公司业务。梁航标对西北实业公司进行了改组，撤销原来各组，成立总管理处，原各组组长不得再兼任厂长。各厂厂长直接对经理梁航标负责，进而实现了对西北实业公司在人事上的集权管理。

经改组后，阎锡山任总理，梁航标任经理，彭士弘任协理，总管理处所辖部门有：矿业部（负责人：阎锡珍）、技术部（负责人：张焊福、徐建邦）、研究部（负责人：曹焕文、王惠康）、机器管理处（负责人：刘笃恭、郭凤朝）、总务课（负责人：曲宪治）、会计课（负责人：孙筱原、张杰三）、营业课（负责人：张焊福），另设有办公室、考核课和驻津办事处。

当时西北实业公司所属厂矿有：窑厂、印刷厂、火柴厂、制纸厂（1936年9月竣工并投产）、毛织厂、煤矿第一厂、洋灰厂、炼钢厂、皮革制作厂、电化厂、发电厂、育才炼钢机器厂、铸造厂、机车厂、农工器具厂、水压机厂、机械厂、铁工厂、汽车修理厂、化学工厂、兴农酒精厂、天镇特产经营厂、宁武铁矿探矿处、西河口铁矿探矿处、静乐探矿处。

四 公司集权经营时期（1936年夏至1937年9月）

1936年夏，西北实业公司又进一步实行改组，取消总管理处，改为公司本部。将所属各厂划分为集中经营和独立经营两部分。此次改组，进一步突出公司的经营业务，把一些厂矿的采购、销售、财务统一到公司本部，实行"中央集权、集中经营"。经过此次改组，集中经营部分的各厂由原来的独立自主的经营实体，变为只负责生产的"车间"。有关各厂只负责完成规定数量的生产任务即可。

此次改组后总理仍为阎锡山，经理仍为梁航标，协理仍为彭士弘。公司本部所辖部门有：

1. 总务部：部长曲宪治，副部长王惠康。内分四课。

2. 营业部：部长张焊福，副部长徐建邦、杨玉山。内分七课，外加太原北门外售煤所及半坡街收煤所。

3. 会计部：部长孙筱原，副部长张杰山。内分五课。

4. 工务部：副部长曹焕文、阎锡珍。内分二课。

此外，还有储蓄部、西安办事处、驻津办事处、驻沪办事处、西山疗养所以及若干驻外办事员（北平、绥远、宁夏、石家庄、阳泉）。

这一时期，属于公司集中经营的企业有：天镇特产经营厂、西北机械修理厂（1937年2月8日成立于太原西山白家庄）、晋华卷烟厂（1937年3月划归西北实业公司）、西北煤矿四个厂、太白铁路管理所（原为同蒲铁路支线之一，起点为太原小北门，终点为太原西山白家庄，专供煤矿一厂运煤，1936年9月作价让予西北实业公司）、西北电化厂、西北木材厂、西北火柴厂、西北制纸厂、西北印刷厂、西北皮革制作厂、西北毛织厂、西北窑厂、西北洋灰厂、西北发电厂（包括兰村、太原、古城分厂）、五台收煤所。

属于独立经营的企业有：西北炼钢厂、兴农酒精厂、东山采矿厂、定襄采矿所、宁武采矿所、西河口采矿所、静乐采矿所、西北化学厂、西北汽车修理厂、西北铁工厂、西北水压机厂、西北农工器具厂、西北机车厂、西北育才炼钢机器厂、西北铸造厂、西北熔化厂、西北机械厂。

1935年9月，日本公开宣称要实行华北自治。1936年10月，红军长征结束，并在陕北建立了革命根据地。阎锡山感到压力倍增，为了增强军事实力，抵御其他势力对山西的威胁，同年将原机器管理处的10个工厂（不包括西北电气厂）改组为"西北制造厂"，张书田任总办。该厂成为西北实业公司下属的相对独立的兵工厂。张书田将原10个工厂划分为18个分厂：西北制造第一厂（枪弹厂）、西北制造第二厂（电焊厂）、西北制造第三厂（重炮厂）、西北制造第四厂（铆锅厂）、西北制造第五厂（水压机厂）、西北制造第六厂（山炮厂）、西北制造第七厂（炮弹厂）、西北制造第八厂（刀具修理厂）、西北制造第九厂（火工厂）、西北制造第十厂（步枪厂）、西北制造第十一厂（机关枪厂）、西北制造第十二厂（木样厂）、西北制造第十三厂（翻砂厂）、西北制造第十四厂（铁工厂）、西北制造第十五厂（育才机器厂）、西北制造第十六厂（手枪汽车厂）、西北制造第十七厂（火药厂）、西北制造第十八厂（育才炼钢厂）。

此外，制造厂还辖有稽查队、医疗所和材料库。① 截至 1937 年 3 月，西北实业公司共有职工 21200 余人，其中西北制造厂共有工人 7435 人，职员 653 人。②

五 新记西北实业公司时期（1937 年 9 月至 1945 年 8 月）

1937 年 9 月，日本军队进犯山西，飞机轰炸太原，西北实业公司无法继续维持生产，阎锡山安排张书田策划搬迁，截至 11 月 4 日，西北制造厂只运走小机床 1000 余部，动力电机 200 余部，机车 2 部，武器半成品 1 万多箱（约 1000 吨），高档办公用具 1000 余件，原材料 30 万吨。所有运走的器材，还不足全厂 2%。11 月 8 日，太原沦陷，日军接管太原全部工矿企业，在经济上疯狂掠夺。西北实业公司除西北制造厂运走不足 2%财产外，其余工厂全部被日军华北派遣军驻天津的大木少将辖下的山野部接管。公司内较好的设备全部被拆卸装箱，运往东京、大阪及东北、平津，共计掠走切削设备、化工设备、冶炼设备、锻压设备、动力设备等 4000 余部，仅设备一项的损失就达 220 多万银元，3900 余间厂房被炸平。当时规模宏大的西北实业公司损失巨大。③

日军占领太原后，西北实业公司经理梁航标、协理彭士弘率领少数职员，携带账簿、文件及部分物资撤出太原，于 1938 年撤至成都。1939 年春，阎锡山电召西北实业公司的技术人员返陕，在陕西宜川筹办小型工厂。彭士弘即带领部分技术人员赶赴宜川。1939 年 7 月，在陕西宜川县官亭镇成立了新记西北实业公司，彭士弘任经理，曲宪治任协理。后因治安问题，1940 年 2 月，公司迁往陕西省泾阳县鲁桥镇。至 1943 年底，公司已分散建立了五厂一所：机器厂、毛织厂、棉纺厂、火柴厂、化学厂和化学研究所。至 1945 年 8 月前，公司已扩至七厂二所：机器厂、毛织厂、纺织厂、秋林火柴厂、隰县火柴厂、官庄复兴纱厂、隰县化学厂以及化学研究所、孝义钢铁研究所。再加上西安办事

---

① 《西北实业公司组织系统表》，1936 年，山西省档案馆藏档案，档号 B31/1/013。
② 景占魁：《阎锡山与西北实业公司》，山西经济出版社 1991 年版，第 82—83 页。
③ 卢筠：《西北实业公司和山西近代工业》，山西文史资料编辑部《山西文史精选：阎锡山垄断经济》，山西高校联合出版社 1992 年版，第 210—211 页。

处、随部办事处、前方购销处、公司本部，共计 13 个单位，共有职员 492 人，工人 2700 人。①

西北制造厂作为西北实业公司内一个相对完整、独立的实体，于 1937 年将部分设备迁走，撤离太原后，总厂先后设在陕西省兴平县城隍庙、城固县山西会馆内办公，1940 年秋，迁往四川省广元县。搬迁后的西北制造厂，在陕、川设立的分厂有：

1. 城固分厂：设在城固县城内，厂长李宝钧，有职工 750 人，主要生产步枪和轻机枪。

2. 广元分厂：设在广元县城内山陕会馆，厂长胡启栋，有职工 610 人，主要生产步枪和重机枪。

3. 中部分厂：设在中部县（现黄陵县）县城内，厂长李梅雨，有职工 430 人，主要为修理枪械，制造手榴弹，为各厂提供一部分半成品。

4. 留坝分厂：设在留坝县张良庙内，厂长李光荣，有职工 110 人，用附近紫柏山的铁矿炼铁和铸造手榴弹壳，也被称作铁厂。

5. 乡宁分厂：设在乡宁县，厂长孙世珍，有职工 1000 余人，主要生产步枪、手榴弹、掷弹筒。

此外，在山西省孝义、吉县、蒲县、隰县、临汾也设一些小型分厂，均以生产手榴弹为业。

六 西北实业建设公司时期（1945 年 8 月至 1949 年 4 月）

1945 年 8 月 15 日，日本宣布无条件投降，9 月 3 日，日本在投降书上签字。在 9 月 1 日前，彭士弘受阎锡山派遣，提前到达太原接收各类工厂，包括日本"山西产业株式会社"中原西北实业公司各厂、沦陷期间被日军占领的私营工厂以及日军在侵华期间所建的工厂。太原沦陷时，被日军强占的 13 个私营工厂为：太原城内发电厂、太原面粉厂、太原面粉分厂、太原纺织厂、榆次纺织厂、榆次面粉厂、平遥面粉厂、临汾面粉厂、临汾发电厂、运城发电厂、忻县发电厂、太谷发电厂、大同兴农酒精厂。阎锡山政府将 13 个私营工厂连同西北实业公司一起接管，并未

---

① 卢筠:《西北实业公司和山西近代工业》，山西文史资料编辑部《山西文史精选：阎锡山垄断经济》，山西高校联合出版社 1992 年版，第 211 页。

退还原主。抗日战争时期，日军曾把张家口、大同作为其伪蒙疆自治联合政府的基地，在大同等地新建或改造了一批重工业工厂，共13个。抗日战争胜利后，这些工厂也被西北实业公司接管。这些工厂包括：西北炼钢厂大同分厂、西北育才炼钢机器厂大同分厂、西北洋灰厂大同分厂、西北火柴厂大同分厂、大同黑铅厂、大同玻璃厂、榆次棉织厂、榆次大硝厂、太原棉织厂、太原织造厂、太原油脂厂、太原氧气厂、灵石铁矿所。这样，1945年9月，西北实业公司所辖工矿企业达到54个（部分工厂不具备生产能力）。其中，公司尚存工厂28个，原私营工厂13个，接收日军工厂13个。其后，经过整合，至1946年11月，西北实业公司下属单位共51个（见表1-3）。

表1-3　　　　1946年11月西北实业公司所属单位一览表①

工厂矿场名称	成立年月	地址
西北炼钢厂	1936年1月10日	太原大北门外
西北修造厂	1898年	太原大北门外
西北育才炼钢机器厂	1926年1月1日	太原大北门外
西北机车厂	1934年9月10日	太原大北门外
西北机器修理厂	1935年6月10日	大同
西北育才厂大同分厂	1936年1月15日	大同
西北洋灰厂	1934年4月10日	阳曲县西铭村
西北窑厂	1932年2月18日	太原大北门外
西北火柴厂	1907年	太原三桥街
西北化学厂	1923年9月1日	太原大北门外
西北电化厂	1935年5月7日	太原大北门外
西北育才炼钢机器厂附属氧气厂	1937年2月1日	太原大北门外
西北皮革制作厂	1934年7月1日	太原小北门外
西北油脂厂	1936年10月1日	太原西米市

---

① 《山西省民营事业董事会、西北实业公司关于填送民国35年工厂矿场及公司分布状况调查表的函》，1946年，山西省档案馆藏，档案号B31/1/010。

续表

工厂矿场名称	成立年月	地址
西北印刷厂	1932年3月1日	太原城坊街
西北煤矿第一厂	1934年8月1日	阳曲县白家庄
西北煤矿第二厂	1936年4月28日	崞县轩岗镇
西北煤矿第三厂	1934年4月14日	灵石县
西北煤矿第四厂	1936年1月1日	阳曲县东山
晋华卷烟厂	1934年4月1日	太原首义门外
太原纺织厂	1930年2月1日	太原市晋生路
榆次纺织厂	1920年3月1日	榆次晋华街
西北毛织厂	1933年4月1日	太原小北门外
西北制纸厂	1934年6月3日	阳曲县上兰村
太原棉织厂	1936年3月16日	太原后营坊街
榆次棉织厂	1936年3月16日	榆次
西北织造厂	1935年1月1日	太原大南门外
太原面粉厂	1921年3月1日	太原首义门外
榆次面粉厂	1929年2月1日	榆次
平遥面粉厂	1930年1月1日	平遥
临汾面粉厂	1929年10月1日	临汾
西北城内发电厂	1907年	太原市南肖墙
西北城外发电厂	1918年11月1日	太原北门外
忻县发电厂	1924年6月1日	忻县
太谷发电厂	1929年5月1日	太谷县
临汾发电厂	1927年3月	临汾
运城发电厂	1937年6月1日	运城
榆次电灯营业所	1925年6月1日	榆次
理化试验所	1927年1月1日	太原北门外
隰县火柴厂	1944年6月1日	隰县
东山采矿所	1936年8月1日	阳曲县东山
定襄采矿所	1935年7月	定襄县
宁武采矿所	1935年	宁武
东冶镇采矿所	1936年	五台县东冶镇
西北兴农酒精厂	1933年3月1日	大同

续表

工厂矿场名称	成立年月	地址
西北火柴厂大同分厂	1931年1月	大同
西北洋灰厂大同分厂	1936年2月1日	大同
西北炼钢厂大同分厂	1936年3月1日	大同
祁县染织厂	1907年	祁县孔祥集
黑铅厂	1935年6月1日	大同
太原售煤所	1935年3月	太原

西北实业公司在抗日战争前就已经营多年，但并未向南京国民政府经济部申请注册。抗日战争胜利后，"西北实业公司"这一名称已被天津某企业申请注册。后几经交涉，于1947年8月以"西北实业建设公司"进行注册。当时西北实业建设公司主要任职人员有：经理：彭士弘；协理：曲宪治；襄理：王惠康；顾问：河本大作（原山西产业株式会社社长，抗日战争胜利后被留用）；下属的职能处室及分部有：

工业处：处长曹焕文，副处长先后为荣伯忱、周士达、王作人，下设二课，分别掌管全部劳务和生产技术。

矿业处：处长阎锡珍，下设二课，分别掌管矿厂技术和资源探测。

电业处：处长徐士琪，副处长李兴杰，下设五课，分别掌管发电、线路、收费、工务、技术等事项。

营业处：处长曲宪南，副处长贾珍、郝义、成赞侨、张武城，下设七课，分别掌管购进、运输、仓库、兵工、民用、轻纺、统调等事项。

总务处：处长贾英云，副处长毛锡华，下设四课，分别掌管文书、人事、庶务、工务等事项。

会计处：处长张辅良，下设四课，分别掌管综合、成本、审计、出纳等事项。

大同工厂管理处：处长韩屏周。

上海分公司：经理张焯福。

天津分公司：经理王惠康（兼）。

台湾分公司：经理张焯福（兼）。

当时西北实业建设公司全部职工总数为25896人，其中工人23421

人，公司本部职工 899 人，其中职员 541 人，工人 358 人。①

西北制造厂本部及在川陕的广元、城固等县的各分厂，由于路途遥远、运输困难，未迁回太原，1948 年移交给了南京国民政府兵工署，仅有少数技术骨干返晋。孝义分厂迁往了大同。临汾、蒲县、隰县等地的分厂先后被改为军队修械所，部分人员、设备并入了乡宁分厂。1947 年，李梅雨负责将乡宁分厂迁回了太原。1948 年 6 月，西北制造厂的设备增至 354 台，职工增至 3630 人。此时西北制造厂已脱离西北实业建设公司，成为山西全省民营事业董事会下属的兵工或兼造军火的工厂。

1949 年 4 月 24 日，太原解放。西北实业公司被太原市军管会工业接管组接管，所属各厂也被解放军各接管小组接管，西北实业公司从此退出了历史舞台。

小　结

西北实业公司产生于 20 世纪 30 年代初的山西省，山西表里山河、位置险要，历来被图霸者所觊觎，或割据、或据山西而图谋中原，掌控并经营山西多年的阎锡山也不例外。山西矿产资源丰富，多种资源储量排在全国前十名，被称为"煤铁之乡"。丰富的矿产资源是西北实业公司创办的重要基础。20 世纪 30 年代，中国政局风云变幻，中原大战刚刚结束，政坛仍明争暗斗，但山西的政治一直操纵在阎锡山及其嫡系手中，阎锡山从大连返回山西后，结束了山西当时的派系之争。阎锡山也表示不再发展军事，一心搞经济，为山西经济发展创造了难得的稳定环境。当时正值世界经济大萧条，中国经济尽管反应迟缓，但也遭受了很大的冲击，尤其是农业。但由于中国的竞争性银行体系导致总的货币供应充足，工农业产品剪刀差在一定程度上将农业的损失补贴给了工业，国民政府也采取了诸多促进经济发展的政策，使得当时的工业基本上保持增长的态势，因而当时尚具备发展工业的条件。为了应对世界性的经济危机，各大国相继采用了经济统制的方式，阎锡山在国内较早实行统制经

---

① 卢筠:《西北实业公司和山西近代工业》，山西文史资料编辑部《山西文史精选：阎锡山垄断经济》，山西高校联合出版社 1992 年版，第 213—214 页。

济，成立专门的机构，西北实业公司这一托拉斯式的企业集团即是在工业方面统制的体现。阎锡山认为金融是发展经济的基础，他整顿了山西省银行，兴建了三大银号，为工业建设提供了建设资本。在西北实业公司成立之前，山西在金融、典当、粮行、交通、轻重工业、农牧水利等方面具备一定的工业基础，西北实业公司正是在此基础上通过新建、兼并、改造而成的。西北实业公司是在1929年国民政府颁布《公司法》之后成立的。《公司法》的颁布，为西北实业公司发展创造了良好的政策和法律环境。阎锡山本人出生于一个经商世家，经过商场磨炼及官场历练，已具有丰富的人生阅历和经营谋略。阎锡山善于用人，在军事、政治、经济等方面都有一批富有才干、忠心不二的幕僚，为其各项事业的开展奠定了人才基础。因而，西北实业公司不是凭空而来，只有在各种基础和条件都具备的情况下，才能应运而生。

西北实业公司1933年8月正式宣告成立，到1937年9月被日军侵扰而停产，抗日战争前共存在4年。1945年9月从日军手中接管，到1949年4月太原解放被解放军接管，抗日战争胜利后存在不足4年。再加上1939年7月至1945年8月，躲避在陕东晋西一隅6年的新记西北实业公司，在阎锡山统治下共存在约14年时间。在短短的14年里，西北实业公司经历了创办初期的蓬勃发展，也经历了经营成功后的集权管理，经历了日军战火侵扰和疯狂掠夺，也经历了在流亡期间的资源匮乏和艰苦经营。西北实业公司工业门类齐全，既有民用工业，又有军事工业；既有轻工业，又有重工业。公司十分重视专业技术人员，从公司的初期策划筹办到后期的运营管理，再到技术革新，专业技术人员都做出了重要贡献。西北实业公司虽经历了重重坎坷，但其发展迅猛，鼎盛时期，职工达两万多人，厂房9000多间，各类机器设备数千部，在全国同行业具有重要地位，为当时山西经济发展与支援抗日战争做出过重要贡献。

第 二 章

独特的企业治理模式

阎锡山将当时兴建的各类事业进行统一管理，统称为山西省人民公营事业，常设管理机构为山西省人民公营事业董事会。阎锡山采用股份有限公司模式进行治理，然而其本人又牢牢控制着各项事业之实权。

第一节 山西省人民公营事业

一 山西省人民公营事业简史

阎锡山要想实现割据山西的目标须从振兴经济做起，要想实现经济迅速发展则须从关系国计民生的金融、工矿、运输等行业抓起，然民国初年山西经济基础薄弱，甚至连起步的建设资本都难以筹集，故只能依靠"摊募"办法从人民手中筹集。基于此，其将所有摊募资本建立起来的企业统称为"山西省人民公营事业"，而著名的西北实业公司即是其中之一。

山西省人民公营事业的性质被界定为属于山西全体人民的股份制公营事业。其因有二：一是原始资本中的140万元通过摊募方式向山西全体人民摊募而得，"民营事业创办于民国21年，当时因资本来源是筹自各县，所以便按县份做股，参照股份有限公司办法办理"。[①] 二是各项事业的经营目的限于造福全省人民，此从抗日战争胜利后山西全省民营事业董事会[②]董事长张耀庭"关于山西省民营事业起源及现状的论述"中可以

[①] 《公营事业董事会关于公营事业的概况说明》，1946年，山西省档案馆藏，档号B30/1/009。

[②] 山西省人民公营事业董事会于1946年8月更名为山西全省民营事业董事会，张耀廷出任董事长。

知之。据其所述，当时"山西全省民营事业，是山西全省人民出资共同经营的事业，但其目的另含有社会性的意义，不只是自力发展利权，并含有节制资本，及造福全省人民的意义，且是节制资本，最简便、最圆满、最省力的办法，可以把剥削奢侈的托拉斯，变成为提高民生、发展民智、救济民困、强健民身，民营、民有、民享的经济制度。详细地说，此项资本，出之于人民，管理之权属于人民，而所赚的利息，仍用之于人民，兴办全省人民的教育事业、卫生事业与开发事业"。① 面对与民争利之质疑，官方回应到"本省要迎头赶上现代化，非大规模地举办工矿、交通、金融等事业不可。但这些事业都不是部分地方人民力量所能担任的，所以公营事业对本省全体人民利益来说，是扶植的、扩大的，并不是竞争的，更不是剥削的"。②

山西省人民公营事业日常管理机构系山西省人民公营事业董事会，成立于1936年7月1日，"至8月12日方开始办公。内部组织分总务、会计、稽核、考核、调查五组，所管公营事业，其性质可分为四：一金融业，为山西省银行、晋绥地方铁路银号、绥西垦业银号、晋北盐业银号；二制造业，为西北实业公司、晋华卷烟厂及现在筹备中之晋南面粉厂；三运输业，为同蒲铁路；四其它各业为斌记商行、太原、太谷、原平、榆次四粮店及当在筹备中之风陵渡棉花打包厂"③。

事实上，上述诸多事业之前均由太原经济建设委员会管理，山西省人民公营事业董事会成立后，已运营多年、原隶属于太原经济建设委员会的企业一并划归该董事会集中管理。"督里委员会接收第一次为西北实业公司、山西省银行、晋绥地方铁路银号、晋北盐业银号、绥西垦业银号、晋华卷烟厂、同蒲铁路，均自本年7月1日起交会管理，第二次为晋南面粉厂，及由实物准备库督理管理之太原、榆次、原平、太谷四粮店，第三次为斌记商行，自9月1日起交会管理，第四次为修筑铁路储蓄部，

---

① 《张耀廷关于山西省民营事业起源及现状的论述》，1947年，山西省档案馆藏，档号B30/1/007。

② 《公营事业董事会关于公营事业的概况说明及所属各单位一览表》，1946年，山西省档案馆藏，档号B30/1/009。

③ 《山西省人民公营事业董事会25年份报告书》，1937年，山西省档案馆藏，档号B30/1/002。

均遵照办理。以晋南面粉厂尚在筹备时期，原由经济建设委员会委托营业公社经管，四粮店由经委会委托实物准备库经管。现将晋南面粉厂仍委托营业公社，四粮店委托准备库分别代管。""由太原经济建设委员会将全部资产负债造册移交。计资产共为 5400 余万元，负债共为 2800 余万元，自本会成立以迄十二月终已还借款本息共 1020 余万元，又各种库券借款券本息 280 余万元，新增各公营事业资产 3300 余万元，又负债 4200 余万元，新增负债其用途则为增拨各公营事业资本及偿还移交之借款。其来源则为发行借款券，原有固定基金由担任各基金各机关按月拨交本会。本会成立之始，造端宏大，一切措置均乏成规，举凡章则之改订、基金之保管、债务之清理、以及金融之如何稳定，业务之如何进展，内而由董事长与各董事悉心研讨，外而与各承办人员共决方针，数月经营，规模初具，综计各公营事业二十五年全年盈余在 600 万元以上。"①

抗日战争期间，董事会及所属单位相继南撤，业务停顿。1945 年 12 月 14 日董事会在太原恢复，并于 1946 年 8 月 1 日更名为山西省民营事业董事会，内设 1 处 3 组即秘书处、总务组、会计组、稽核组，下辖西北实业公司、晋绥地方铁路银号等 30 多家单位，涉及交通、金融、制造、建筑等领域。1947 年 7 月，为适应战时需要，董事会所属单位有的撤销，有的合并或由其他部门接管，到 1948 年 11 月尚存 13 家单位。1949 年 4 月，太原解放，该会结束。

二　山西省人民公营事业的管理机构

山西省人民公营事业的监督管理机构有四：一是山西省人民公营事业督理委员会；二是山西省人民公营事业董事会；三是山西省人民公营事业监察会；四是山西省人民公营事业各县监进会。监督管理机构的产生方法：督理委员会由全省人民按 3 个区域，每区提选督理委员 1 人组织之，并互推 1 人为首席督理委员。董事会由全省人民，按 7 个区域，每区提选董事 1 人组织之，并由首席督理委员指定 1 人为董事长。监察会，由全省人民按 5 个区域，每区每县选举 1 人，再由督委会召集考试，每区录

---

① 《山西省人民公营事业董事会 25 年份报告书》，1937 年，山西省档案馆藏，档号 B30/1/002。

取1人组织之。各县监进会以各县人民为会员，各街村长为会员代表，由代表中相互函选7人，复由7人中互推主任1人，副主任1人，其余5人为评议员组织之。

督理委员会由3人组成，首席督理一直由阎锡山兼任。抗日战争前，其余2名督理委员是温寿泉和贾景德，抗日战争胜利后，因温贾二人或供职中央，或留居省外，经常不能执行任务，由阎锡山征得温贾二人同意，指定邱仰浚、王念文二人代理。[①]

山西省人民公营事业董事会是人民公营事业的常设机构，其成立时由陆近礼、陈敬棠、张杜兰、高时臻、耿步蟾、畅骈晋、宋澈等7名董事组成，并由首席督理委员指定陆近礼为董事长。抗日战争胜利后，董事会由张耀庭、张季平、耿桂亭、边廷淦、张冠五、靳祥垣、田式如等7人任董事，并由首席督理委员指定张耀庭为董事长。董事会设主任干事1人，秉承董事长办理本会一切事务，干事12—18人，事务员10人至16人。董事会设总务、会计、稽核、考核、调查五组，各组设组长1人，组长由董事长就干事中派充，组员就干事或事务员中派充，同时聘用专门技术人员设计指导测量等事宜。总务组掌握事务有：关于保管关防事项；关于撰拟文稿事项；关于拟订本会一切章则事项；关于本会职员进退事项；关于收发文件事项；关于保管问卷事项；关于保管公物事项；关于庶务交际事项；其他不属于各组事项。会计组掌理事务有：关于款项之保管及出纳事项；关于改善各种公营事业簿记事项；关于各种公营事业资产负债、营业盈亏以及各项册表之审核登记事项；关于各种公营事业预算决算之审核及编制事项；关于本会经费之开支及编制册表事项。稽核组掌理事务有：关于筹办各种公营事业之设计事项；关于审核各种公营事业建筑及购置事项；关于审核各种公营事业计算成本事项；关于审核各种公营事业发展业务事项。考核组掌理事务有：关于审查承办公营事业人员任免事项；关于考核承办公营事业人员成绩事项；关于承办公营事业人员奖惩事项；关于各种公营事业分配红利及核给奖金事项。调查组掌理事项有：关于调查社会金融事项；关于调查贸易事项；关于

---

① 《公营事业董事会关于公营事业的概况说明及所属各单位一览表》，1946年，山西省档案馆藏，档号B30/1/009。

调查社会用品事项；关于调查省内外物料采购事项；关于调查铁路运输及沿线物产事项；关于成品推销事项；关于调查其他一切事项；关于各种统计事项。①

董事会成立之初下辖 14 个单位，具体见表 2-1：

表 2-1　山西省人民公营事业董事会成立时所辖单位及负责人简况②

行业	机关	职务	姓名	年龄	籍贯	备注
	董事会	董事长	陆近礼	57	平定	
		董事	张杜兰	60	榆社	
			高时臻	60	襄陵	
			耿步蟾	54	灵石	
			畅骈晋	46	万泉	
			宋澈	46	应县	
			陈敬棠	64	忻县	
金融业	山西省银行	总经理	王骧	51	寿阳	
		协理	傅瑶	56	汾阳	
金融业	晋绥地方铁路银号	总经理	郝继华	49	榆次	
		协理	白毓震	43	平定	
金融业	绥西垦业银号	总经理	孙兆源	64	汾阳	
		协理	田贵雨	52	孝义	
金融业	晋北盐业银号	总经理	张国瑞	59	崞县	
		协理	吕执端	52	崞县	
制造业	西北实业公司	经理	梁航标	44	忻县	
		协理	彭士弘	39	忻县	
运输业	同蒲铁路管理局	局长	张豫和	42	沁县	
制造业	晋华卷烟厂	经理	杨西亭	50	五台	
		协理	胡希浚	54	大同	

---

① 《山西省人民公营事业董事会组织规程》，1946 年，山西省档案馆藏，档号 B30/1/068。
② 《山西省人民公营事业董事会暨各公营事业主管人员一览表》，1946 年，山西省档案馆藏，档号 B30/1/002。

续表

行业	机关	职务	姓名	年龄	籍贯	备注
商业	太原粮店	监理	李振季	66	崞县	
		经理	周传仁	42	定襄	
商业	原平粮店	监理	李振纪	66	崞县	
		经理	刘忱	55	崞县	
商业	太谷粮店	经理	高必明	58	祁县	
		副理	陈懋修	36	太原	
商业	榆次粮店	经理	阎崇仁	54	祁县	
		副理	段德仁	50	太谷	
商业	斌记商行	监察	徐一清	68	五台	
		总理	贾继英	63	榆次	
		协理	曲容静	63	五台	
		经理	阎志伋	44	五台	
		总稽核	阎志孔	54	五台	
制造业	晋南面粉厂					筹备中
其他	风陵渡棉花打包厂					筹备中

三 山西省人民公营事业资本情形

至于资本情形，如前所述，当时山西要进行各项建设事业可谓无米之炊。阎锡山首先从币制改革上做文章。他设立铜元局，从晋陕各地大量收购当时仍在流通的制钱改铸铜钱，一枚制作成本仅五枚制钱的铜钱可兑换20枚制钱，获利至少3倍，由此筹得资本360万元。同时，又通过摊筹方式从各县人民手中筹得140万元，而"向各县人民筹集140万元时，用的是两种方式，一是随地方款摊筹20万元，二是劝各县绅民认捐120万元"。各县摊筹的20万元是根据各县上缴粮银多寡平均摊派。① 据张耀庭记述，"资本原为500万元，其来源为民国七年，社会上铜元缺乏，制钱充斥，当时各省竞制铜元，本省制钱流出省外，损失甚大，人民纷纷请求，愿拿上制钱，设局制造铜元，阎督军兼省长，当时与各县

---

① 《公营事业董事会关于公营事业的概况说明》，1946年，山西省档案馆藏，档号B30/1/009。

人民约定：由人民拿上制钱，铸造铜元，除了工料等费外，所有盈余作为山西人民共同事业的资本，遂呈准设局制造，结果共盈余360万元，这项盈余，照一般的处理办法，不是作为铜元局员工的奖励金，便由政府提作军政等费用，而阎督军兼省长，却未如此处理，仍归全省人民所有，此外于22年起至25年止，又向各县人民陆续随地方款收入，摊募140万元，先后合计为500万元"。① 以上是最初建设资本，而到1936年7月1日山西省人民公营事业董事会成立时，太原经济建设委员会所管辖企业及资产亦移交给了山西省人民公营事业董事会。山西省人民公营事业董事会将全省公营事业集中管理，各下属单位根据规定上缴一定比例公营事业建设基金，然后利用该项基金继续兴建新事业，资本由此实现滚动发展。据董事会年度工作报告称，经"数月经营，规模初具，综计各公营事业二十五年全年盈余在600万元以上"。② 截至1936年年底，公营事业资本已累积到87232222.37元，公营事业基金亦达30340254.28元（见表2-2）。

表2-2　　　　　山西省人民公营事业董事会资产负债表
（1936年12月底）单位：元③

负债	科目	资产
	资产之部	
	各种公营事业资本	87232222.37
	暂记欠款	707142.19
	存放银行号	1283569.9
	现金	352.08
	合计	89223286.54
	负债之部	
50735440	发行债券	
7677200	借入款	

---

① 《张耀廷关于山西省民营事业起源及现状的论述》，1947年，山西省档案馆藏，档号B30/1/007。
② 《山西省民营事业董事会民国25年份报告书》，1937年，山西省档案馆藏，档号B30/1/002。
③ 《本会资产负债表》，1937年，山西省档案馆藏，档号B30/1/002。

续表

负债	科目	资产
470392.26	暂时存款	
58883032.26	合计	
	基金之部	
30340254.28	公营事业基金	
89223286.54		

在山西省人民公营事业董事会成立之前，各单位建设资本由太原经济建设委员会拨付，之后则由该会向各所属单位拨付。由于1936年是交接之年，当年各下属单位建设资本分前后两批拨付，其接收情形可从表2-3知之。而表2-4可以直接反映出山西省人民公营事业在1936年的资本情况，从表中看出其资本已经达到相当可观的规模，而且盈利情况较好。

表2-3　　　　拨付各公营事业资本表（1936年12月）①　　　　单位：元

各公营事业名称	经委会拨付	本会拨付	共计
同蒲铁路	28794264.91	3148908.44	31943173.35
西北实业公司	11742326.39	7921222.63	19663549.02
山西省银行	5000000	15000000	20000000
晋绥地方铁路银号	5000000	5000000	10000000
绥西垦业银号	400000	1600000	2000000
晋北盐业银号	200000	800000	1000000
晋华卷烟厂	600000		600000
晋南面粉厂	480500		480500
太原斌记商行	678320.52	321679.48	1000000
太原粮店	90000		90000
太谷粮店	90000		90000
榆次粮店	90000		90000
原平粮店	45000		45000

---

① 《拨付各公营事业资本表》，1937年，山西省档案馆藏，档号B30/1/002。

续表

各公营事业名称	经委会拨付	本会拨付	共计
太原土货产销合作商行	230000		230000
合计	53440411.82	33791810.55	87232222.37

表2-4　山西省人民公营事业董事会1936年度收支一览表　　单位：元

科目	移交结余 收项	移交结余 付项	本期收付 收项	本期收付 付项	期末结余 收项	期末结余 付项
负债类						
公营事业基金	26056205.66				26056205.66	
发行债券	10342050		42400000	2006610	50735440	
借入款	17482855.59		100000	9905655.59	7677200	
暂时存款	470392.26				470392.26	
资产类						
各种公营事业资本		53440411.82		33791810.55		87232222.37
暂记欠款		120000		587142.19		707142.19
存放银行号		791091.69	5663549.7	6156027.91		1283569.9
现金			75289.62	75641.7		352.08
收入类						
月担建设基金				4102000		4102000
各种公营事业盈余				1552389.31		1552389.31
扣收债券利息				40126.34		40126.34
支出类						
债券利息			882704.88		882704.88	
借款利息			472750.72		472750.72	
借款津贴			246		246	
手续费			250		250	
贴水			26914.46		26914.46	
监察会经费			7521.05		7521.05	
本会经费			20079.92		20079.92	
合计	54351503.51	54351503.51	53933354.97	53933354.97	90633753.57	90633753.57

表2-3显示，至1936年12月已建成的14个公营事业中资本额最大的为同蒲铁路，其次为山西省银行，再次为西北实业公司。此三项事业

涉及交通运输、金融和制造业，关系国计民生，是当时山西经济发展的支柱产业。铁路和工矿企业的统筹管理既利于交通运输企业业务量增加，又利于工矿企业原料及产品运输成本减少，而企业与银行的统筹管理则实现了金融资本和工业资本的相互支持与融合。

第二节 山西省人民公营事业的"四会"治理模式

一般而言，企业制度发展经历了个人业主制、合伙制与公司制三个阶段。[①] 从权力集中程度来看，传统公司治理模式不外乎集权式和分权式两种。集权式治理模式以家族式公司为代表，分权式治理模式以真正实行公司制的企业为代表。[②] 前者是各种权力的高度集中，后者是所有权和经营权的分离。

阎锡山为促进山西政治、经济、军事发展，实现长期割据目的，在当时该省经济基础极其薄弱的基础上通过改铸钱币、摊筹资金及边建设边运营等办法逐步建立起涉及金融、交通、工矿等多个行业的十几家企业。阎氏将之统称为"山西省人民公营事业"并进行集中治理，而日常管理机构则为"山西省人民公营事业董事会"。同时，又汲取家族式公司与股份有限公司两种运行机制的优势，采用"四会"[③] 模式治理兴办的一系列"公营"事业。

一 山西省人民公营事业的治理模式

如前所述，阎锡山通过改铸钱币及摊筹资金等方式兴办了一系列省属公营事业，并通过提取利润、滚动发展方式使当时山西各项公营事业迅猛发展。在20世纪30年代初，新办的各项事业归太原经济建设委员会管辖。1936年7月，山西省人民公营事业董事会成立后，所有原太原经

---

① 高新伟：《中国近代公司治理（1872—1949）》，社会科学文献出版社2009年版，第1页。
② 不少企业虽采用公司名称，但并未真正实行公司制。
③ "四会"即山西省人民公营事业管理委员会、山西省人民公营事业董事会、山西省人民公营事业监察会以及山西省人民公营事业各县监进会。

济建设委员会管辖的企业全部移交董事会，这在一定意义上实现了政企分开并保障了各项企事业独立运营。

阎锡山对兴办的各类企事业进行集中管理，并采取股份有限公司形式统一治理。实质上，山西省人民公营事业是当时出现的一种典型的企业公司，① 其设置山西省人民公营事业督理委员会（以下简称督理委员会）、山西省人民公营事业董事会（以下简称董事会）、山西省人民公营事业监察会（以下简称监察会）及山西省人民公营事业各县监进会（以下简称各县监进会）等"四会"进行治理，各项事业的日常管理机构是董事会。据其管理章程，"四会"组织及其职能如下：

督理委员会为山西省人民公营事业最高督理机关，对全省人民负责，由全省人民按3区每区提选督理委员1人组织，并互推1人为首席督理委员。但第一届督理委员由太原经济建设委员会聘请。督理委员须具备两项资格：第一，山西人民年满45岁以上者；第二，资望素孚热心公益并视省事如家事者。督理委员任期9年，但第一届督理委员于3年期满后用抽签法改选1人、第6年期满再改选1人，首席督理委员于9年期满改选，均可连选连任。督理委员有权推荐继任者。督理委员就职后应即按照规定资格提荐各本区候选督理委员1人详叙其姓名年籍履历住址职业，署名盖章固封交会密存。推荐人退职之前3个月交各该区选举会复决，但不得提荐亲属。在提交各该区选举会复决之前，督理委员须保守秘密，且可以随时更换被荐人。提荐人任期未满出缺或因故退职时应于1个月内将提荐的候选督理委员交各该区选举会复决。选举会选举权人由各村经济建设董事会董事充任，其选举以直接选举方法行之。首席督理委员出缺或退职时，其职务应由年龄较长的督理委员暂行代理，俟新任督理

---

① 20世纪30年代中国企业界出现了一种资本趋于集中的企业集群化发展模式即"企业公司"。企业公司也就是企业的公司，带有投资公司或控股公司色彩，投资、参股厂矿企业，拥有或者参与一系列单个的工厂企业。公司不仅进行具体的产品制造和经营，还进行资产经营和管理。以上表述参见张忠民著《艰难的变迁：近代中国公司制度研究》，上海社会科学院出版社2002年版，第173—174页。如果说西北实业公司是企业公司的话，那么山西省人民公营事业则是公司的公司。抗战之前，西北实业公司下属企业已达30多个，涉及轻重、军民多种类型，是名副其实的企业公司。而山西省人民公营事业董事会下属企业不仅包括西北实业公司这样的大型制造企业集团，还包括山西省银行、同蒲铁路管理局等大型公司，可谓公司的公司，更是一种典型的企业公司形式。

委员就职之后再行互推。新任督理委员任期仍为9年。督理委员会首席督理一直由阎锡山兼任。督理委员会职权如下：监督董事会及监事会；指定或更换董事长，罢免董事监察会主席及监察；处理弹劾董事长、董事、监察会主席及监察各案；核定山西省人民公营事业创设及变更计划；核定董事会及监察会预算决算；其他应经督理委员会核准事项。①

董事会为山西省公营事业管理机关，由全省人民按7区每区提选董事1人组织，并由首席督理委员指定1人为董事长。各董事须具备以下资格：第一，山西人民年满40岁以上且经理才长、具有毅力者；第二，曾经理资本5万元以上实业5年以上且确有成绩或主办国家或一省地方公务声望卓著者。董事产生应由督理委员会按照规定资格就董事选举区域每区提荐候选董事1人，交各该区选举会复决，但不得提荐各督理委员亲属。候选董事提荐方法由首席督理委员先行按照董事选举区域每区提荐2人交由其余2督理委员决定1人，如对提荐的2人各赞同1人时以抽签法决定1人，如对提荐2人均不赞同时由首席督理委员于提荐人中择定1人并由其余2督理委员共同提荐1人，再用抽签法决定1人，如对提荐2人，1督理委员赞同1人，1督理委员均不赞同时，仍决定赞同1人。督理委员会提荐候选董事经各该区选举权人3/5以上否决时，应由各该区按照规定资格另行选举，但另选董事所得票数不及该区选举权人3/5以上时仍以督理委员会提荐候选董事为当选。董事任期6年，但第一届董事于3年期满用抽签法决定改选3人。董事长于6年期满改选，均可连选连任。董事会选举权人及选举方法同督理委员一致。董事会经费由董事长拟定预算报由督理委员会核准公布。董事会经费开支应按月造具清册，由董事长及董事署名盖章报告督理委员会查核公布。董事会职权如下：山西省人民公营事业基金保管及培植；山西省人民公营事业基金动用；山西省人民公营事业管理及监督；承办山西省人民公营事业人员任免考核及奖惩；各种山西省人民公营事业筹办及发展；各种山西省人民公营事业预算决算审核。董事长、董事均不得直接经营山西省人民公营事业。②

---

① 《山西省人民公营事业管理章程》，1936年，山西省档案馆藏，档号 B30/1/086。
② 《山西省人民公营事业管理章程》，1936年，山西省档案馆藏，档号 B30/1/086。

监察会为山西省人民公营事业纠察机关，由全省人民按 5 区每区每县选举 1 人再由督理委员会召集考试，每区录取监察 1 人组成。监察选举权人为各县监进会会员代表。监察应试者须具备以下条件：第一，山西人民年满 30 岁以上且刚正严明者；第二，曾在专科以上学校毕业或经高等检定考试及格者；第三，经营资本 5000 元以上实业 3 年以上成绩卓著者；第四，办理公务 3 年以上成绩卓著者。监察任期 3 年，期满全数改选，不得连任。监察会经费由督理委员会制定预算公布。监察会经费开支应按月造具清册，由监察会主席署名盖章报告督理委员会查核公布。监察会职权如下：监察董事会、董事长、董事及承办山西省人民公营事业人员有无舞弊及其他不法之事；监察董事会、董事长、董事及承办山西省人民公营事业人员有无过失或废弛职务之事；审查各种山西省人民公营事业册报；其他应行纠察事项。监察会应将山西省人民公营事业监察情形、经费预算决算及其他重要事项于每届一年汇报督理委员会查核公布，监察会或监察如察觉山西省人民公营事业有重大损失或危害时须报请督理委员会处理。①

各县监进会为山西省人民公营事业监进机关，以各县全体人民为会员，各街村长为会员代表，由会员代表中相互函选 7 人，复由 7 人中互推会长 1 人、副会长 1 人并以其余 5 人为评议员组成。同时以票数次多者 5 人为候补评议员，遇评议员有缺额时依次替补。各县监进会负纠察监察之责，各会员对服务不力监察均得罗列事实于每年春节后村民会议时提交会员代表转送各县监进会请求评议。各县监进会每年由正副会长召集评议员开会一次，所需经费由督理委员会斟酌规定公布，但每县每年不得超过 100 元。②

二 "四会"治理模式与家族公司、股份有限公司之比较

中国家族公司③的治理模式实质上是中国传统的家族企业治理模式与

---

① 《山西省人民公营事业管理章程》，1936 年，山西省档案馆藏，档号 B30/1/086。
② 《山西省人民公营事业管理章程》，1936 年，山西省档案馆藏，档号 B30/1/086。
③ "凡是能以家族的力量（毋论是控股还是不控股）左右公司发展的大政方针以及掌握实际经营管理的公司，无论他们是无限公司、有限公司，还是两合公司，都应该看作是家族公司。"即便是非控股的家族，他们能够通过家族的力量，实现对股东大会和董事会的控制，以及掌握着公司实际的经营管理权，这样的公司也属于家族公司。以上表述参见张忠民著《艰难的变迁：近代中国公司制度研究》，上海社会科学院出版社 2002 年版，第 173—174 页。

公司治理模式的融合，其"极强的家族本位意识致使中国的近代企业家把社会信任的范围限制在家庭或家族范围之内，从而在公司股权结构的安排和高层管理人员的安排等方面体现出家族公司思想"。① 而从西方传入的公司制度是以西方法治原则、契约原则、产权原则及与之相关的经济自由、政治民主等价值观为基础，这些原则与价值观是公司治理得以运行的前提和保障，不仅为公司治理提供广泛的社会资本，而且是公司治理有效实施的保障。② "中国历史上比较规范的股份公司是外国人在中国创办的，是引进的。"③ 因而，股份有限公司作为公司制的典型形式④是通过西方列强殖民扩张进入中国的。至于山西省人民公营事业的"四会"治理模式是在中国公司制度充分发展的基础上产生，其兼取了家族公司和股份有限公司之长。换言之，家族公司、股份有限公司、山西省人民公营事业均属于公司或企业公司，三者有着较相似的公司治理结构，但在治理本质上存在巨大差异。具体分述如下：

从资本来源及股权结构言之，"在公司股权结构的安排方面，家族成员拥有多数比例股权，从而控制公司决策权"。⑤ "一般而言，近代（家族）公司在股权方面，总是集中于某几个家族，或来自相同地域的人群，尤其是中小股东。"⑥ 故家族公司资本通常由某一个或数个家族控制公司绝大部分股份，剩余股份由与家族成员有着地缘、亲缘、业缘等关系的人参股构成。而"股份有限公司是全部股本均分成一定面值股票，并由5人或7人以上发起，全部由有限责任股东组成的公

---

① 豆建民：《近代中国的股权限制和家族公司思想》，《甘肃社会科学》2000年第1期。
② 高新伟：《中国近代公司治理（1872—1949年）》，社会科学文献社2009年版，第224—225页。
③ 黄少安：《中国股份公司产生和发展的历史考察》，《河北财经学院学报》1994年第5期。
④ 股份有限公司是最常见的公司形式，人们习惯所称的公司大多是股份有限公司。在历次颁布的公司律法中，所涉及篇幅最多的是股份有限公司。在近代各类公司中股份有限公司不仅所占比例最高，而且凭借其筹资方面的优势，平均资本额大大高于其他类型的公司。以上表述参见张忠民著《艰难的变迁：近代中国公司制度研究》，上海社会科学院出版社2002年版，第322—326页。
⑤ 豆建民：《近代中国的股权限制和家族公司思想》，《甘肃社会科学》2000年第1期。
⑥ 高新伟：《近代家族公司的治理结构、家族伦理及泛家族伦理》，《西南大学学报》（社会科学版）2008年第2期。

司组织"。① 股票是股份所有权的凭证，可以面向社会公开发售，亦可以自由转让和买卖。因而股份有限公司的资本募集于社会大众，属于分散型股权结构。山西省人民公营事业最初建设资本为 500 万元，其中 140 万元源于社会筹集，360 万元源于政府投资。在其发展壮大后，阎锡山逐渐将社会资本所占股份购回，山西省人民公营事业完全成为政府全资企业公司。

从治理结构言之，家族公司、股份有限公司作为公司均具备公司治理的基本结构，都成立股东大会、董事会、监事会及选聘了经理人。而山西省人民公营事业除设置董事会、监事会及选聘经理外，还设置了督理委员会和各县监进会。此外，由于其由股份公司逐渐转变为政府全资公司，故未成立股东大会。

从最高决策机构言之，家族公司的治理服务于核心家族利益，核心家族正是通过特殊的治理结构来实现家族利益。②"近代中国家族公司治理机制有两个重要特征：一是经理人遴选的家族本位化，二是经营决策权的家族内部化。"③ 家族公司的决策必然首先考虑核心家族利益，一般由核心家族中事业的开拓者及继承者掌握最高权力并行使决策权。家族成员担任公司各主要部门要职，进而控制公司经营管理权。股份有限公司则实行委托代理制的法人治理结构，最高权力机构是股东大会。股东大会选举出董事和监事代表全体股东处理和监管公司业务。股东大会及其选举出来的董事会是公司决策机构，处理公司重大决策事宜。而山西省人民公营事业的最高决策机构是督理委员会，其对董事具有提名权，亦可以指定或更换董事长、罢免董事、监察会主席及监察，还有核定山西省人民公营事业创设与变更以及董事会和监察会预算决算的权力。因此，无论从人事任免、业务规划还是经费使用，督理委员会都具有至高无上的权力。

---

① 张忠民：《艰难的变迁：近代中国公司制度研究》，上海社会科学院出版社 2002 年版，第 322 页。

② 高新伟：《近代家族公司的治理结构、家族伦理及泛家族伦理》，《西南大学学报》（社会科学版）2008 年第 2 期。

③ 杨勇：《近代中国公司治理：思想演变与制度变迁》，上海世纪出版集团 2007 年版，第 110 页。

从公司治理运行与监管言之,"在家族公司内,形成了二元化的治理模式,既有基于公司治理结构的治理,也有基于家族伦理或泛家族伦理的治理"[1]。最终形成的模式必然是将家族伦理外化为公司治理或将公司经营决策权家族内部化,这样必然削弱公司制度相互制约、相互监督的效能。公司内部存在的相互制约和监督仅是家族之间或家族成员之间的相互制衡,与真正意义上的公司体制内的制约和监督区别明显。传统社会家族中的家长负责、父慈子孝、兄友弟恭不仅在家族成员内部具有约束力,亦外化为公司的实际约束机制。股份有限公司则是由股东大会选举产生董事会和监事会,董事会代表广大股东行使日常决策和治理权力,监事会代表广大股东行使监察权力。董事会和监事会都对股东大会负责。董事会在职业经理人市场选聘合适的经理人,经理人对董事会负责,董事会及其选聘的经理都接受监事会监督。而山西省人民公营事业未成立股东大会,董事会和监察会名义上通过全省分区选举或考试产生,实则候选人由督理委员会提名,即实质上董事会和监察会由督理委员会选派产生。董事会和监察会都对督理委员会负责,董事会负责各项事业的日常管理,监察会负责对董事会和各单位经理的监督,各县监进会负责对监察会的监督。

从公司与政府关系言之,家族公司一般由一个或数个家族投资或控股,属于家族私有企业或家族控股企业,无论其资本还是经营管理都与政府没有直接关系。如不考虑官僚办企业,家族公司在三种治理模式中与政府关系最疏远。股份有限公司则是实现政企分开、进行市场化运作的法人主体,即政府最多作为股东进行参股,与其他股东具有同等地位。政府作为股东必须遵守公司制度。也就是说,股份有限公司有时会与政府产生交集,但政府只能以股东名义参与公司事务。而山西省人民公营事业起初是通过政府主导的方式筹办,最初主管单位是政府部门即太原经济建设委员会,即使后来移交山西省人民公营事业董事会,但阎锡山政府仍通过督理委员会直接干预各项公营事业的决策和人事任免。

从利润分配言之,家族公司一般是在提取一定公积金之后按照所持

---

[1] 高新伟:《近代家族公司的治理结构、家族伦理及泛家族伦理》,《西南大学学报》(社会科学版)2008年第2期。

股份多少分红，公司的中小股东虽处于弱势地位却"由于受到泛家族伦理的潜在约束，经营者一般要保证中小股东的基本利益"。①股份有限公司则一般按照公司制度的有关规定提取一定的公积金之后根据股东所持股份多少分配红利。而山西省人民公营事业的利润分配则是在提取一定比例公积金且根据规定发放一定比例奖金或红利后，剩余部分全部上缴董事会。

综论之，家族公司大多由家族内德高望重的家长掌控，公司重大决策及发展方向多由其决定，故其决策效率很高，只要决策科学合理就可抢占先机。同时，公司内部各部门之间负责人大多是一个家族的成员，彼此相互信任，可以减少谈判、担保等环节，提高办事效率，减少交易成本和监督成本。家族公司的缺陷亦明显，即家族文化与企业文化之间的矛盾无法得到有效协调、基于身份来界定权利的制度安排无法充分发挥人力资本的价值、家长的独断专行使公司治理结构形同虚设。②股份有限公司具有独立法人资格，以盈利为目的，实现了政企分开，可以充分调动经营者积极性；具有完备的公司治理机构，实现了所有权与经营权分离，同时具备完善的监督体系，避免出现内部人控制现象；实现了股东的有限责任，大大减少股东后顾之忧，有利于吸引众多股东入股，极大地发挥了公司制度筹资的巨大效能；股票的不兑现及流通的便利性保障了公司资本稳定。股份有限公司亦存在不足，即：股东只承担有限的责任使公司信用度较低；股份细分且较为分散使公司业务往往被大股东左右；公司机构设置、决策与执行程序均较为繁杂使其运营效率较低。但股份有限公司在实际运营过程中能够通过有效手段尽量规避其制度缺陷，与其他公司组织形式相比，是最能发挥制度效能的一种形式，故一直是公司制度的主流形态。③而山西省人民公营事业的"四会"治理模式仿股份有限公司治理结构，并增设督理委员会和各县监进会，充分利用了公司制度的监督机制，而且将这种监督发挥到极致，大大避免了内部

---

① 高新伟：《近代家族公司的治理结构、家族伦理及泛家族伦理》，《西南大学学报》（社会科学版）2008年第2期。

② 汪旭晖：《家族公司资源配置效率与治理机制优化》，《管理科学》2003年第5期。

③ 张忠民：《艰难的变迁：近代中国公司制度研究》，上海社会科学院出版社2002年版，第325页。

人控制现象发生。具体表现在，各企业经理不仅要对董事会负责，还要接受监察会监督，董事会和监察会要接受督理委员会监督，监察会要接受各县监进会监督，环环相扣、层层监督。虽利用了股份有限公司的治理结构，但阎锡山政府仍可利用督理委员会实现家族公司般的高度集权。"四会"治理模式充分利用了家族公司和股份有限公司两种模式的优点，在特殊的历史时期实现了山西工业迅猛发展。然而从本质上看，"四会"治理模式是一种集权式治理模式，必然会带有集权式治理的缺陷。权力高度集中于督理委员会，各企业没有生产和经营自主权，必然影响企业生产的积极性和主动性。

第三节　山西省人民公营事业董事会的内部管理

山西省人民公营事业董事会作为山西省人民公营事业的常设管理机构，管理事业不仅包括金融业、交通运输业，还包括当时山西几乎全部的省属工业，管理的事务极其繁杂，为了规范管理，其制定了详细的办事细则及职员考核办法。

一　董事会办事规则

1. 关于会议

董事会规定每星期一、星期四各举行一次会议，遇必要时可开临时会议，会议规则另定之。会议时除依章须经全体董事遇半数之同意者外，其他事项由董事长提出后公决之。

2. 关于职责

办公时，各董事依章负尽量陈述之责，由董事长决定之；主任干事及各组长承董事长之命督率各员分别办理职务内所管事务，其关系重要者，董事长可推定董事一人或数人审查之；董事会一切文稿由总务组拟办，但非其主管事项应由各组摘具事由单送交总务组办理，并由主管组组长于文稿上共同盖章；有关技术事项由专门技术人员设计者须经董事长或提出会议决定后再交总务组办理；关系两组以上事项应由各组长协商办理，于文稿上共同盖章；各员承办事件自接受之日起最要者不得逾一日，次要及常件不得逾二日，但须监察档卷审核数目或讨论办法以及绘制图表者不在此限；董事长交办及各组应办事件，由主任干事暨各组长各置备忘录一本随时登记；主任干事对各组有商讨事项时，须召集各组职员会商办理；各组长应将本组收文簿每星期六检点一次，已办者于簿内加盖已办戳，记存案者加盖存案戳记；董事会任何事项未经公表以前各员均负有严守秘密之责。

3. 关于文书之处理

凡各处来文由总务组收发员开拆摘由编号，注明文到日期及时间，分类加盖各组戳记，登录收文总簿，送办公室由主任干事及各组长共同阅看盖章并由总务组长按其事务之缓急分别加盖最要、次要、常件戳记，送呈董事长及各董事阅看盖章后，发交主任干事转发收发员分送各组核办（收文每日上午送阅一次，如遇紧要文件应随到随送，不得延误）。各组收到文件应即登入本组收文簿，由各组长分发、承办员办理，其有应存文件由承办员登簿呈经董事长批阅后，送交档卷室归卷。凡来文内附有银钱支票或证券等要件，应由收发员先送交会计组收存并于文内盖戳备查。凡来文内附送重要表册书类应于文件分发到组后注明件数留存本组并于文内盖戳备查（存组附件应于收文总簿内注明附件存某组，并于原件上批明此件系收文，某年月日，某字第几号之附件以备查考）。凡来文直书董事长个人姓名及董事长亲启字样者应呈由董事长亲拆。注明密件者，交由主任干事拆阅转呈。前项密件仍由收发员编号登簿仅列来文处所，不录案由，各组收文簿亦照此办理。凡对外文件由总务组组员拟稿组长核稿，分别盖章登入送稿簿交由主任干事复核盖章，送请各董事核阅后，由董事长核定，如遇机密或重要事件应由组长亲自拟稿呈核。各项稿件经董事长核定后，发交主任干事转发总务组，交雇员缮写缮讫后登入用印簿送校对员详细校对，再送监印员盖用关防交由收发员摘由编号并填明发文日期登入号发文簿封发（文件封发后由收发员将原稿连同来文一并送交档卷室归卷）。档卷室收到稿件应按日登入收卷簿记明件名案由、件数、附件等，再行分类编号登入档案编存簿。文卷归档后，各组如需检阅，应填具检卷条，由检卷人盖章，向档卷室调取，俟用毕送还后将原条撤回。

4. 关于款项之出纳

会计组经收一切款项应开具正式收据，掣给原送款人或附入于附文内。董事会向各银行号支用款项由会计组填具支票，经会计组长盖章送由董事长核准盖章方可提取。收入款项会计组须于收到后，填制收入传票由关系各员分别盖章送请董事长核阅盖章后再行登帐，并于传票上加盖收讫戳记。支出款项由会计组原送支款凭证或单据填制支付传票，由关系各员分别盖章送请董事长核阅盖章后方许支付，并于传票上加盖付讫戳记再行登帐（凭证单据应附入传票，如系随文附送者除将原件附入传票外并于文件上注明凭证或单据附入传票字样由主管人员盖章备查）。各项不动现款之收支应由会计组核明填制转账传票，由关系各员分别盖章送请董事长核阅盖章后再行登帐。每日结账后，须由记账员将各种传票装订成册妥慎保存。员役工薪由会计组于每月月终按照预算数列表呈送董事长批准后填具支票支款分别发给，并取具收据附入传票，其办公杂费应由总务组庶务员随时向会计组支取并将支付收据分类附入传票。每到月终应由会计组填制收支一览表及经费支出计算表，由关系各员分别盖章送请董事长核阅盖章发交会计组存查（前项经费支出计算应依章另造清册，由董事长及各董事署名盖章呈报督理委员会查核）。每到决算期，除应填月报各表，还应填制资产负债表及收支计算表，由关系各员分别盖章送请董事长及各董事核阅盖章呈报督理委员会查核。董事会经费应于每年年终由会计组编制预算送由董事长酌定呈请督理委员会核准。各公营事业机关送会各种表册应由会计组复核并由复核员于表册上盖章，其表册有关统计者并须送由调查组办理。凡已复核已统计之表册应由会计组或调查组分类装订成册妥慎保存。

5. 关于物品之领发保管

董事会一切用品由总务组庶务员负责购办，取具收据交由会计组附入传票。各部门因公需用物品时应填具领物单，注明种类物名数量，由经手人盖章并由各该主管员核阅盖章，向庶务员领取。董事会公用器具由庶务员逐件编号粘签登簿，负责保管。各办公室所用器具除由庶务员编号粘贴签登簿外，并应列表张贴各办公室以便稽考。

6. 关于办公时间及请假

董事会每日办公时间按季节由董事长核定之。各员除星期例假外，均须遵照规定办公时间到会服务，不得迟到早散或无故不到，每日遇必要时可由主任干事呈明轮派一人值日。董事会办公室置签到簿，由总务组指定专员经管。各员上午下午到会均须亲自签到，不得托人代签，如有出差请假或旷职迟到者由经管人员负责注明（签到簿应由经管人员于规定办公钟点开始15分钟以内呈阅）。在办公时间以内如有来宾，应在会客室接见，不得引入办公室，但因公来会商洽事件者不在此限。各员因事或因病请假，须遵照本会请假规则办理，请假规则另定之。

7. 关于考核

各组组长应将各员办事勤惰成绩优劣随时记录以备考核，考核规则另定之。①

董事会办事细则制定非常翔实，对在会各类人员工作职责划分明确，对各类公文之处理都罗列出具体的办法，这样可以使董事会日常业务处理井然有序。此外，董事会对财物的管理都做出了详细的规定，避免因管理之疏而出现财物之损失。对工作人员日常办公时间、请假及考核也都做出了规定。

二　董事会职员考核办法

关于职员的考核，董事会出台了相应的管理办法：

考核分平时与年终两种，平时考核由各组组长就各员平时服务情形随时考查登记，如有特殊劳绩或玩忽职务及故违本会规则者，须报由主任干事随时呈请董事长分别奖惩。年终考核由各组组长按各员服务成绩，填具考核表交由主任干事复核，连同各组组长成绩呈请董事长核定奖惩，主任干事之成绩由董事长考核之。

奖励之方法包括：提升、加薪、记功。

惩戒之方法包括：辞退、减薪、记过。

应予奖励的事项有：能力优异勇于负责者、操履端谨忠于职务者。

应予惩戒之事项有：废弛职务者、能力薄弱不称其职者、不守规矩者。

记功三次加薪，记过三次辞退，功过可相互抵消。董事会置职员奖惩簿，由总务组组长指定专员经管对各员之奖惩随时登记之。②

---

① 《山西省人民公营事业董事会办事细则》，1937年，山西省档案馆藏，档号B30/1/068。
② 《山西省人民公营事业董事会职员考核规则》，1937年，山西省档案馆藏，档号B30/1/068。

董事会职员考核赏罚分明,而且可以功过相抵。但是不足的地方是赏罚的具体事项不具体、不明确。

第四节　山西省人民公营事业的财务管理

以山西省人民公营事业董事会成立为标志,山西省各类公营事业之管理逐步趋于规范。董事会作为总管理机构,为各类公营事业的财务管理建章立制,其列出了明确的会计科目,实行收支公开制度。抗日战争胜利后,面对重新接手的各类厂矿企业,规定了统一的资产评估及决算办法。

一　规定会计科目

1. 会计科目

(1) 负债类:公营事业基金、发行债务、未付债券基金、暂时存款、各种公营事业盈余、借入款。

(2) 资产类:各种公营事业资本、办公用器具、债券基金、暂记欠款、存放银行号、现金、收支不敷数。

(3) 收入类:存放银行号款利息、扣收债券利息。

(4) 支出类:债券利息、督理委员会经费、监察会经费、自然科学研究院经费、本会经费、借款利息、手续费、贴水。

2. 记账凭证:收入传票、支付传票、转账传票。

3. 账簿名称

(1) 主要账:日记账、总账。

(2) 补助账:公营事业基金账、各种公营事业资本账、发行债券账、债券基金账、各种公营事业盈余账、暂时存款账、暂记欠款账、办公用器具登记账、经费支出分类账、存放银行号账。

4. 表单:库存现金表、各科目余额表、经费支出计算表、月计表、资产负债表、收支计算表。[①]

[①]《山西省人民公营事业董事会会计科目暨账表名称》,1936 年,山西省档案馆藏,档号 B30/1/068。

会计科目是财务管理的纲，董事会对会计科目的明确，在很大程度上规范了公营事业的财务管理，尽管距离现代会计制度还有些距离，但是毕竟朝规范的方向迈进了很大一步。董事会不仅对各类公营事业的会计科目做出了界定，同时也规范了董事会自身的办公运行经费科目：

1. 经常费

（1）薪资：薪水、工资。

（2）办公费：笔墨纸张、簿籍杂品、书籍报章、印刷费、邮电费、灯炭费、旅运费、营缮费、广告费、交际费、杂费。

（3）购置费：消耗杂品。

（4）特别费：特别办公费、汇费、亏耗、其他。

2. 临时费（即开办费）

（1）办公费：笔墨纸张、簿籍杂品、书籍报章、印刷费、邮电费、灯炭费、旅运费、营缮费、广告费、交际费、杂费。

（2）购置费：消耗杂品。①

二 实行收支公开制度

1. 收支情况

董事会代理经营全省的公营事业，因而需要对全省人民负责，及时公开公营事业的各项收支情况，如其公示的1937年8月份的收支情况：

上月结存：

存基金保管会基金省币890933.32元，

存各银行号省币197288.36元，

存省银行法币223.4元，

存铁路银号英金，合洋4055.47元，

以上四项计结存2092500.55元。

本月收入：

各机关交到8月份建设基金省币525000元，

---

① 《山西省人民公营事业董事会会计科目暨账表名称》，1936年，山西省档案馆藏，档号B30/1/068。

各公营事业交到 8 月份建设基金省币 584000 元，
斌记商行交到 1936 年份资本红利省币 96600 元，
向禁烟督察分处息借省币 500000 元，
向山西省银行息借省币 360000 元，
向铁路银号息借省币 250000 元，
以上六项计收入 2315600 元。

本月支出：
付筑路会计组筑路用款省币 550000 元，
还借款券库券本省币 505355 元，
付基金保管会职员 7 月份津贴省币 48 元，
还财政整理处借款省币 200000 元，
还山西省银行借款省币 500000 元，
还亨记银号借款省币 210000 元，
付财政整理处借款 7、8 两月份利息省币 31264 元，
付亨记银号省币借款到期利息省币 30900 元，
付山西省银行省币借款到期利息省币 10480 元，
付铁路银号法币借款到期利息法币 25800 元，
托省银行由津交新民洋行棉花打包机二批款英金，合法币 40421.05 元，
付棉花打包厂由运城省银行支用法币 2000 元，
付棉花打包厂由运城省银行支用法币 20000 元，
付暂借修理过厅工料费省币 596.6 元，
付汇津交新民洋行款上汇费及电报费法币 43.52 元，
付采运处由津装运斌记车辆材料脚力等费法币 56.4 元，
付本月分向全委会掉法币三次共贴水省币 6395.28 元，
付采运处前代本会购买汽车一辆汇津关税款手续费省币 1 元，
付督理委员会 8 月份经费省币 882 元，
付督察会 8 月份经费及出省调查旅费省币 2196.3 元，
付阳曲、交城等 25 县监进会 1936、1937 年份经费省币 1560 元，
付驻同蒲路局稽核室 8 月份经费省币 678.8 元，
付电气研究会及电机修理厂 8 月份经费省币 1678 元，

付筑路储蓄部6月份经费省币1元。

以上25项计支出2545579.55元。

本月结存：

存基金保管会基金省币861307.72元，

存铁垦盐及晋裕四银号省币366.3元，

存省银行法币167元，

存铁路银号合洋4055.47元，

（另欠省银行省币3375.49元）

以上5项除欠净结存862521元。①

从以上公示可见，董事会将一个月各项收支情况予以罗列、事无巨细，甚至仅1元的支出都记录在册。从收入支出相抵来看，董事会营业情况较好。

2. 资产负债情况

董事会不仅公示每个月的收支情况，还阶段性公示公营事业的资产负债情况，如其公示截至1937年8月份的资产负债状况：

负债之部：

发行借款券、库券除还本外计49265720元（内计经委会发行、省行发行、本会发行），

借入款计10946700元（内含省银行、铁路银号、亨记、忠记、源禾右边责成、德生厚、晋裕银号、军需处、财政整理处、禁烟督察分处），

暂存款项计6680600元（含同蒲、斌记、省行、铁路银号、垦业银号、盐业银号、晋华卷烟厂、西北实业公司），

以上三款共计66893020元。

资产之部：

---

① 《本会26年8月份收支款项暨8月底资产负债状况》，1937年，山西省档案馆藏，档号B30/1/068。

已拨各公营事业资本计94216123.1元（内含四银行号、四粮店、斌记、实业公司、筑路会计组），

贷出款计230000元（系土货商行借款），

暂垫各款计1261661.44元（内含督理委员会暂借800元车辆款、打包机款、电气机料款、保险柜款、打包厂用款、留学生学汇费、修理过厅费），

存各银行号款计862521元（包含基金保管会省币、存省银行法币、存铁号省币、存英金、存垦号省币、存盐号、存晋裕银号），

以上四款共计96570305.54元。①

资产负债的公示，向社会展示公营事业的资产情况和负债情况，通过资产负债情况，可以了解公营事业的经营情况。从上述公示看，山西省人民公营事业经营状况良好。

3. 公营事业各机关开支情况

除了生产性的收支情况及资产负债情况，一些公营事业内非生产性机关的开支情况也逐月进行统计公开。如表2-5所示，公营事业统计的1941年7月至10月的各机关开支情况。

表2-5　　山西省人民公营事业各机关开支经费表（1941年）②　　单位：元

	7月	8月	9月	10月
督理委员会	85	85	85	85
董事会	1998.95	1960.09	2428.35	2479.3
山西省银行	17523.76	14946.49	14927.77	57900.29
绥西垦业银号	20	20	20	20
西北实业公司保管处	1409.55	1183.3	1141.2	1426.8
同蒲铁路管理局	3514.13	3265.49	3591.56	4054.25
合计	24551.39	21460.37	22193.88	65965.64

---

① 《本会26年8月份收支款项暨8月底资产负债状况》，1937年，山西省档案馆藏，档号B30/1/068。

② 《山西省公营事业董事会及所属单位报送经费开支表的有关规定》，1941年，山西省档案馆藏，档号B30/1/022。

4. 董事会开支情况

除了统计公营事业内各产业的收支、资产负债及各机关的开支外,董事会本身的开支也需要进行统计公开,确保公平、公正。如董事会统计的1941年7月至10月其本身的各项开支情况,如表2-6所示。

表2-6　山西省公营事业董事会开支经费表（1941年）① 　　　单位：元

项目	7月	8月	9月	10月
薪水	836	836	836	699
工资	164	164	164	148
笔墨纸张	5	30.1	24	22
书报费	11	38.3	13	19
邮电费	12.5	2	4	5
灯炭费	354.5	65.4	666	451.7
茶水费	68.5	61	42	47.7
交际费	13	147.3	101.4	115.4
杂费	534.45	607.99	577.95	727
印刷费		8		240
簿籍杂费				4.5
合计	1998.95	1960.09	2428.35	2479.3

第五节　山西省人民公营事业的盈余分配及奖惩

山西省人民公营事业是全省人民的事业,其按照股份有限公司模式进行治理,即全省人民都是股东,设有董事会、监察会、督理委员会、各县监进会,各厂选聘厂长。因其与普通的股份有限公司还有区别,因而其盈余分配也与普通股份有限公司有别。此外,公营事业董事会还专门设有公营事业基金,专门用于拓展事业、奖励或抚恤员工。

---

① 《山西省公营事业董事会及所属单位报送经费开支表的有关规定》,1941年,山西省档案馆藏,档号 B30/1/022。

一 盈余分配

董事会规定公营事业各按其结账年限举行总结算,所得纯利应提10%作为公积金。各公营事业依其性质及营业情形分为:酌给奖金者和分配红利者。各种省民公营事业应属于哪一类由督理委员会核定之。属于第一类者其奖金之给予不以余利之多寡为标准。属于第二类者依资本之多寡、特权之有无、独占性之有无三个标准分为甲乙丙三种。各公营事业应属甲乙丙哪种,由董事会按标准拟定报请督理委员会核定之。若定为甲种者,其职员红利为纯利5%至10%;乙种者为11%至20%;丙种者为21%至30%(具体红利百分率之规定由董事会拟订,报请督理委员会核定之)。

各公营事业之纯利除公积金、奖金及职员红利外其余尽数拨交董事会保管之。董事会接管各公营事业交付之纯利后,扣除1%作为督理委员会、董事会及监察会人员奖金,1%为督理委员会、董事会及监察会人员储金外,其余作为公营事业基金。所扣除的2%的奖金及储金划分为10成,督理委员会得2成,董事会得6成,监察会得2成。具体奖金及储金分配方法由督理委员会规定之,但首席督理委员之奖金应为该会奖金总额30%,董事长之奖金应为该会奖金总额15%。公营事业之基金须由董事长计划,报由督理委员会核准后举办、扩充或补助各种公营事业,并应提出一部分作为自然科学研究院经费,自然科学研究院经费第一年定为10万元,以后每年增加10万元,增至100万元时,不再增加。① 从盈余分配情况可以看出,督理委员会和董事会高度集权,督理委员会掌握着制定规则的权利,董事会掌管公营事业基金。从规定发现,只有职员享有分配红利的权利,而工人则无法享受。

二 奖励与惩戒

董事会对各公营事业所属员工及集体之奖励、惩戒做出了详尽的规定。

1. 奖励

奖励分两类:名誉奖(包括建祠或铸像、公葬、立碑、给匾)和金

---

① 《山西省人民公营事业管理章程》,1936年,山西省档案馆藏,档号B30/1/086。

钱奖（养老金、遗族恤金、一次恤金、慰伤金、特别奖金）。为保护公营事业与恶势力相抗牺牲性命者，除按其情形给予给匾以上之一种或数种奖励外并给予一次恤金或一次恤金及遗族恤金。若因保护公营事业与恶势力相抗致成残废者，除按其情形给予建祠、铸像、立碑或给匾之奖励外，并给予慰伤金或慰伤金及养老金。若为保护公营事业与恶势力相抗致身体上蒙受伤害者，除按其情形给予立碑或给匾之奖励外并给予慰伤金。

督理委员会、董事会及监察会人员著有劳绩、任满退职者，应酌给立碑或给匾之奖励，在职绩劳身故者，可按其情形分别给予一种或数种相当之奖励，但除董事长经督理委员会全体通过者外，其余人员不得给予遗族恤金。公营事业每届结账期确因人力致所获余利平均超过资本总额12%以上时，可酌给董事会以5万元以下之特别奖金。

给予养老金者按其最后月薪，不及50元者给1/2，50元以上者给1/3，按月给予至身故之日止。给予遗族恤金者按其最后月薪，不及50元者，给1/2，50元以上者给1/3，按年给予，其年限由督理委员会核定。

给予一次恤金或慰伤金及董事长在职积劳身故给予一次恤金者，其数目由督理委员会核定；其余人员在职积劳身故依规定给予一次恤金者，按其最后月薪三个月之数目给予。给予养老金、遗族恤金、一次恤金或慰伤金者如为督理委员会、董事会或监事会以外之人员时，其数目由督理委员会决定。各项奖励涉及首席督理委员者，由其余督理委员召开董监联席会议酌定，涉及督理委员者由首席督理委员决定，涉及其他人员者由督理委员会决定。

建祠或立碑须对数人合并为之。各种奖励所需费用由督理委员会核定后，在省民公营事业基金内支出。

2. 惩戒

惩戒分四种：停发奖金及储金、引咎辞职、停职、免职。

各公营事业每届三年年终总结算后，所获余利平均每年不及资本总额8%时，所定奖金应即停发，不及资本总额6%时，董事长、董事应联名引咎辞职。董事长或董事营私舞弊，其他董事失于纠察或有意袒护者，除将营私舞弊人员免职并依法惩办外，其他全体董事应联名引咎辞职。董事长或董事有下列情事之一者应由督理委员会予以免职：第一，怠忽职务或为他人之利益致省民公营事业蒙受重大损失者（对于损失，须斟酌其情节令负相当赔偿责任）；第二，被监察会或监察弹劾经督理委员会查明属实者；第三，经告发，确有污点者（贪污失职查有确据、经管公款交代不清、吸食鸦片或其代用品、褫夺公权尚未复权）。

监察会主席或监察有营私舞弊情事、其他监察失于纠察或有意袒护等情况的，除将营私舞弊人员免职并依法惩办外，其他全体监察应联名引咎辞职。监察会主席及监察如有下列情事时，应联名引咎辞职：第一，董事长或董事有舞弊情形而未予弹劾；第二，未在一年内将各种省民公营事业查察一次者。监察会主席或监察有下列情事之一者应由督理委员会予以免职：第一，怠忽职务或为他人之利益致省民公营事业蒙受重大损失，而未予弹劾者；第二，被各县监进会弹劾经督理委员会查明属实者；第三，经告发，确有污点者（贪污失职查有确据、经管公款交代不清、吸食鸦片或其代用品、褫夺公权尚未复权）。

董事会或监察会任用之职员有营私舞弊情事，除免职并依法惩办外，董事长或监察会主席如失于纠察时，应引咎辞职。董事长、董事、监察会主席及监察辞职均向督理委员会为之。董事长或监察会主席之辞职或免职，其效力并及于其本人为本届董事或监察之资格。督理委员会对弹劾董事会、监察会或董监各案须向董事会或监察会调取卷宗审核之，如认弹劾案为有理由时，须得通知被弹劾之一到会做必要之陈述。因获利未达目标或下属职员有舞弊行为而辞职者，督理委员会有权决定慰留与否。督理委员会任用之职员有不当情事时，应由首席督理委员斟酌其情节予以相当处分。依规有辞职之原因而不辞职者，应由督理委员会予以免职。凡依规定应受惩戒之人员在查察期间须由督理委员会先行停职，经查明不实者应予复职。凡依规定免职或辞职照准者，应即停发其本届奖金及所有储金。①

赏罚是公司激励的重要手段，是公司治理的一部分。人民公营事业赏罚分明，重点针对督理委员会、董事会、监察会等治理机构进行赏罚激励，充分利用了股份有限公司的激励手段。但是有赏罚的存在就说明在公营事业上面有一个地位极高的管理者，这个管理者就是代表阎锡山

---

① 《山西省人民公营事业管理章程》，1936 年，山西省档案馆藏，档号 B30/1/086。

意志的督理委员会。因而从本质上讲，山西省人民公营事业是统制经济下借用股份有限公司模式，实行集权治理的企业公司。

小　结

阎锡山依靠行政手段从山西全省人民手中摊筹资金，并通过改铸钱币获得兴办各类企业的初始资本。在 20 世纪 30 年代初，阎锡山兴建了涵盖金融、交通、工矿等行业的十多个大型企业或企业集团，并将之统称为"山西省人民公营事业"，通过督理委员会、董事会、监察会、各县监进会等"四会"进行综合治理。督理委员会是最高权力机构，具有指定或更换董事长，罢免董事、监察会主席及监察的权利，还有核定山西省人民公营事业创设及变更权利；董事会是公营事业的日常管理机构；监察会负责监督董事会及其选派的经理；各县监进会负责监督监察会。"四会"治理模式模仿股份有限公司的治理形式，实现所有权和经营权分离，亦具备完善的监督机制，但其实际治理运行机制却和家族企业的高度集权甚为相似。因此，"四会"治理模式吸取了家族公司和股份有限公司两种模式的优点，既实现了阎锡山个人掌控山西各项工业建设的目的，又利用了股份有限公司的分权治理和充分监督的优点，避免了内部人控制现象的出现。山西省人民公营事业董事会的诞生就意味着整个公营事业的治理与管理趋向了规范化，董事会不仅利用股份有限公司的优势，完善各公营事业的管理，而且加强对自身的管理，其界定了会计科目，实行收支公开制度，完善各种规章制度，赏罚分明，但公营事业始终是阎锡山高度集权的治理模式。

第 三 章

西北实业公司的组织结构与人员构成

西北实业公司虽名为公司,而实质上是公司治理结构下的一个生产经营机构。阎锡山将所有公营事业,包括山西省银行、同蒲铁路局、西北实业公司集中管理,组成山西省人民公营事业,采用股份有限公司模式进行治理。西北实业公司只是其中的一部分,其虽被称为公司,但是并没有事实上的董事会、监事会等机构。

第一节 组织结构

西北实业公司下属企业在抗日战争前已经达到33个,抗日战争胜利后,随着原有企业的复产及接受日伪企业和民营企业,其下属企业已达到50多个。如此多企业统一归属公司总部管理,公司总部主要的业务部门有总务处、工业处、营业处、矿业处、电业处、会计处等。几个关键处室的业务范围如下:

一 总务处

1. 业务之划分

总务处分四个课,四个课分管不同的业务:

第一课掌管业务:文件函电之收发登记、挂号及译电、图记戳记之保管及盖用、卷宗之编存归档及保管、文件函电稿件之撰拟及各场所院处图记之颁发、各项文件之缮印打字及校对、图书之借阅及保管。总之是一些文书类的工作。

第二课掌管业务：人事之任免调遣及考绩、人事之调查及编制登记、人事之管理改进及设计、员工之训育及抚恤与奖惩、职员薪津及出差旅费之审核、职员及眷属给与之审查及核计、职员保证书之保管审查及身份证明书之填发稽核。概括起来就是管理公司人事事务。

第三课掌管业务：公产公务之登记保管购置及事务用品之核发、清洁消防警卫之检查、公役工警汽车司机及马车夫役之管理训练考勤并弹械之配备分发、员警服装之制发、职工之福利及员役之膳宿并公司宿舍之管理与设备、汽车及其他车辆之管理及调拨配备与修理、电灯电话煤水之设备及管理与修理、购置物品之审核统计及传票转账付款、交际及集会布置、各职员佩戴徽章之制发、不属于其他部分之一切杂项事务。总之是负责公司的后勤事务。

第四课掌管业务：建筑工程之设计及制图、建筑物之审查及勘估、建筑工程之指导监督及验收、土木工程之营缮、各种工程工具之检查及保管、各项工程之改造。总之是管理公司一切建筑工程事宜。

2. 事务之处理

除了将业务进行划分外，还对各课室的事务处理程序做出了详尽的规定，同时要求各课室要购置各种所需之簿册与戳记。

第一课主要是对文件、函电、文档的处理办法做出了规定。要求凡属外来之文件、函电均由第一课收发室启封摘由编号登簿注明收到日时，送由课长加盖最要、次要、常件及应属承办处课戳记分别送达，由各处课斟酌情形，遥送经协理核阅，如系紧急文电应随到随送，不得延误。如外来文函或电报封面系书人名或有亲启密启字样者，应转本人收拆。本处应办事件重要者由处长请示经协理核定，次要者由处长决定，常件由课长斟酌指定办理或请示处长裁决之。凡属交办之各项文件承办人应分别缓急即时拟办，由课长复核登簿送请处长核阅，如认为有先发必要时，得由处长批明先行缮发，然后呈送经协理补可，如系重要之件须由经协理划可后再行缮发。凡经协理划可或处长批明缮发之文函电报等由第一课书记室分别缓急誊缮校对清楚后，并送监印室分别盖用图戳，再送收发室录由编号登簿送发。第一课监印室对于誊缮校对妥当之文函电报等应分类盖用图戳，但无经协理或处长之手章时，不准盖用。

凡归档文卷均由第一课管卷室分类记明案由件数附件等登入档案编存簿。凡经归档之文卷各处课如有调阅时，须开具调令证，阅毕送还后撤回。无论文函、电报等卷在本案未了之前，须由承办人暂为保存随时检点催办，俟全案终结统一总交管卷室编存。

第二课掌管人事业务。规定凡属人员之任免或职务上之调遣事项应依据所请理由拟具意见，呈由经协理或处长核定后分别登记办理，并应将离到日期及薪津数目通知各关系处课，但关于各厂人事之任免或调遣须先与工务处合谋请示决定之。该课应将公司所有人员分别登记以资稽考。凡经核采用或调遣之人员该课除按正式手续通知各有关部门外，并得分别取具履历到差保证或调遣等书表，以资存查。该课对考核各级员司之出勤、缺勤、请假、销假、出差等除遵照公司规定之各项章则办理外，并应购制签到请假销假登记簿，分别登记以资稽考。各级职员应支之薪津及出差所领之旅费应由该课分别审计然后转关系处课核发。职员之考绩及员工差役之抚恤与奖惩，该课除遵照公司所定规则办理外，并须自动审查随时提请核办。公司本部之值日值宿，该课除遵照所定规则办理外，并得随时检点考核其勤惰。职员眷属之给与除按照规定办理外，该课应按所报人数随时抽查核计确实送转有关处课核发之。职员身份证明书除照规定填发外，并须编号登簿随时稽查或取缔。公司本部各厂所院处共有职员若干，眷属大口、小口、小小口各若干，应分别部分每十日列表统计一次。

第三课掌管公司后勤事务。规定凡属本公司之公产公物应分别编号登记于财产目录负责保管，其有关公产或重要物品之购置契约照据等项，妥为封存，其器具及用品等项均须分别标号，并于设置处所编贴器具用品明细表，随时检点其有无损坏或失少（保管物品如有损失应具明原因呈报核销）。公司所需办公器具及用品处各厂所处院各自购办外，公司本部均由第三课统筹办理。第三课应预制清理物品簿分送各处课备用。第三课购发各项物品除各处课应各填具领物簿，请准饬发者外，本处各课室领用物品须经各课课长及负责人审查盖章，如系大宗者送请处长核准后方准购发。第三课购置各项物品应责成专人负责，以多调查多比较再减价等方式办理，如遇不易购买或价格过高之物品应分别请示决定之。凡经购妥之物品除取具购入单据外，须分别登记册簿应行保管者编号、其消耗者检点之。凡购置物品所需之款项第三课应开具支付传票经课长处长盖章后，转会计处支发。凡普通用品如文具、纸张、笔墨等应由第三课统购零发者，须预先统筹、调查、招商、估价决定办理。分发时仍经核准后发给之。第三课每趋月终须将本月份内购发各项用品，分别消耗品及用具两种表式缮列详表呈送处长核阅。公司之清洁消防警卫等事，第三课应负责检点并须派人随时督促之，尤应注意厕所之清洁。第三课对工警夫役除派人确实管理外，须按定额及现役数目编制册簿，随时检点其勤惰及应具之保证或其他有关事项，如遇开补须斟酌情形填具开补单呈明处长。本公司工警需用之械弹须经请经协理核准，由第三课发给外，每趋月终应分别详表呈阅。第三课应将本公司员工宿舍按所在街巷号数、座落方向、屋间数、等级分别绘制平面图，编号登记以资稽考。宿舍之一切设备及所住人员均应分别登记，并随时派人检点各宿舍之住宿情形。宿舍除本公司自有者外，其余租赁各房应按所订契约分别处理一切有关事项。职员膳食由第三课派专人管理，应按现实生活情况合理酌定饭菜之优劣，每趋月终须将上灶人员应摊饭费分别算清，并随时督促厨役务求清洁合于卫生。员警杂役之服装每次制发，由第三课统盘筹划，呈请酌定，除依公司规定办理外并得检点工警夫役之着用领换或收回。公司汽车（除运送课管理者外）、洋车、马车、自行车等各种车辆，第三课应分别编号调配备用，并指派专人监督管理其勤惰及消耗，每趋月终须将所需灯油饲料修理等费用分别列具详表送处长核阅。电灯电话，第三课应按安设地位分制草图分别标明，除电灯须将盏数列表注明并标明线路，随时派匠检查修理免生危险外，电话应按内外线编定号码印簿随时置放，并得派人检点修理务期通话灵活。本公司设置之取暖及灶炉除按规定时间及规则办理外，其所需薪炭煤水，第三课应派人经管并按月呈核其消耗数量。公司本部及各厂所院处职员佩戴之徽章，除按照公司规定规则佩戴外，由第三课统筹制发或收回。凡属公司交际（除各处专门事务另派有专人交际者外）应酬集会等事，由第三课承经协理及处长意见分别情形斟酌办理之。凡不属于其他处课之事项，第三课应斟酌情形分别处理或请示裁决之。

第四课总管公司的建筑工程事宜。规定公司各项建筑工程第四课应由派人勘测起，经设计制图、估工计料、编订说明、招商、估价投标、比较核减费用、商订条件、订约、开工监督、验收工程支款止，均须指定专人分别办理。公司各项修缮工程第四课应按照原工程之计划修缮外，其他施工施料等手续也须全程指定专人办理。各项工程除必要者准一面请示核准、一面计划或着手修建，然后办理手续外，余均得按正式手续逐步请示核定办理。公司本部之修缮工程由课长商请处长核定办理，新建者由处长请经协理办理之。各厂所处院之修缮建筑等工程须由各厂所处院遥请经协理核定后，交由第四课以监督指导地位与各厂所处合谋会商依次进行。第四课对于各种工程除依照公司规定办法办理外，须将所施工程分别种类及进行程度缮列详表，送请处长或转经协理核阅。各项工程除连同工料包由商号修建外，其余自行雇工购料修建之工程，公司本部第四课须先分别计划所需材料，按购料办法请购备用，并须随时派人监督工人之做法及勤惰。第四课对于各项工程应分别缓急在不误工作原则下斟酌办理之，但得随时请示联系取得合法手续。第四课除自行购料雇工修缮之工程外，其余较大之建筑工程须由商号包揽者得采取投标制度，至少须有三家以上之投标商号然后比较决定之。第四课应按所管事务责成专员负责分别处理，如系公司会同其他处课协办事件须照公司所定规则合理进行。

3. 总务处办事规则

总务处应办各项事务悉由处长副处长秉承经协理按其性质情形分派各课办理之。各课应办各项事务由各课长拟具办法商承处长陈明经协理核定后办理之。应办事项如有处长认为无须经协理核定者，由处长裁决后办理之。各课课长应依照公司章程及一切规则承处长之意分别处理职务内所管事务，并负本课推进与检点之责。各课课长就其主管事务对于所属员司有指挥监督之责。各课所办事项如有互相关联者，应由各该课长协商办理，彼此意见不同时，呈请处长裁决之。各课员司应依规则承各该课长之意办理职务内所任事务。各课员司除受处长课长之指挥监督外，并应随时听受本处较高级员司之指挥。各课对外事项在公司本部者，以处长名义行之，对公司以外之各机关者，概以总经理或经协理名义行之。本处各级员司承办一切事务，应于拟具稿件或计划方案上分别加盖名章以明责任，如系事涉两处或两课以上之事件，应由各该会办处课共同盖章，但必要时可先发后会。本处各课员司承办事件自接受之时起至办理完毕，最要者不得逾一日，次要者及寻常者不得逾二日，但须检点稿件讨议办法或设计图表，筹拟计划方案审核数目等较费手续者不在此限。

此外，对工作纪律也有明确的规定。要求本处人员均须遵照规定时间到处服务，不得迟到、早退或无辜缺勤。各课人员承办一切事项除遵照本处之规定外，并须遵守公司所定一切规则，如系秘密事件不得随便泄露。本处人员因病或因事请假者均须遵照公司所定请假规则规定办理。在办公时间不得高声谈笑致碍他人工作。如举行会议，须将讨论研究结果分别记录，如有必要呈送经协理核阅。①

二　工业处

1. 业务之划分

工业处除处长、副处长、工程师及秘书外，按照业务不同，划分为两个课，此外还有一个附属试验所。工程师负责办理设计及策书事项、技术上之研究事项、工作上之改进事项以及其他工务上之督导及检点事项。秘书承处长之命负责办理撰拟及保管机要文件、公文之整理及检点事项、复核本处各课之稿件、会议录之记录及检点事项以及其他特殊交办事项。

第一课以劳力节约、材适其用、稳定人心、防止灾害为目标，其主办事项有：工人工警之教育及训练事项、各厂工人工警夫役之开补登记及统计事项、工资之调整及审核事项、各厂人员之任免调遣及考绩事项、各厂之福利及卫生筹划事项、各厂员工之奖惩及抚恤事项、各厂员工之兵役及差务事项、工会一切事项、关于工业同业公会之一切事项以及关于灾害之预防及善后事项。

第二课以提高生产、增进效率、使制品优良、成本低减为目标，其主办事项有：新计划之设计及有关工业之计划事项；各厂技术、工作及制品之改进与奖励事项；各厂之制造计划及制品成本之审核，生产量之增进督导与一切材料使用量之审核统计事项；各厂标准工作之规定、督导及研究废物利用事项；各厂之机械、设备、工具之保管、检查及修理事项；各厂

---

① 《西北实业公司总务处办事细则草案》，1946 年，山西省档案馆藏，档号 B31/1/025。

工作日报、旬报、月报、年报与产量日报、旬报、月报、年报及其他表报之审核登记统计事项；各厂应用原料及重要材料与制成品等规格之规定及检查事项；有关工业资料文献之收集保管及各种资源之调查事项；有关发明及专利之审核与呈请备案及奖励事项以及其他一切工务行政事项。

试验所主办事项有：材料之化学成分分析事项、材料之物理性试验事项、化学工业之原材料研究及利用事项、各机关工厂委托之化验事项以及其他指定之研究化验事项。凡本公司各厂委托试验之件，其结果须由试验所直接函复以期迅速。凡其他各机关请求或委托试验之件，应将结果陈报工业处长审核后函复之。试验所应备各项表册，分别登记每日要事及曾经试验分析材料物品之应用方法及结果，月终汇呈，但特殊或紧急之件应随时呈报。

2. 工业处办事规则

工业处规定凡办理各事须预先建立计划案及进度表，以备事先遵循、事后检点。各课所办各事互有关联者应由课长会商协办，如意见不一致须呈请处长裁决之。本处主管各事与其他各处有关联者应会商协办。各员司对于机要事务及文件应负严守秘密之责，不得向外宣泄。本处及各课应留置各种册簿，以便登记收发文件及应行登记及统计事项。各员司于承办之稿件及计划案上应加盖名章以重职责。各员司办理各事应分别缓急、随到随办不得积压，并须时常各自检点、避免稽延。本处及各课与各处课或厂所在事项上有联络或指示时应尽量利用电话传达以图敏捷，其重要者补送公文以备稽考。各员司因公出差时应预作周密之计划，返回后随即提出详细书面报告。为检讨各事、增进工作效率，工业处须举行下列会议：干部朝会（每日举行，由处长、工程师、课长及秘书参加）和处务会议（每月举行一次，必要时举行临时会议）。[①]

三 矿业处

矿业处除处长、副处长、秘书外，设置有两个课。秘书承处长之命负责撰拟及保管机要文件、复核各课文电函稿、处务会议记录、传达命令以及汇撰工作报告书。两个课分别掌管矿厂技术和地质勘探。

[①] 《西北实业公司工业处办事细则草案》，1946 年，山西省档案馆藏，档号 B31/1/025。

要求各课课长做到：汇通本课人员、筹划主管事务之进行，督促分配本课人员承办事项，稽查本课缮发文件有无积压、遗漏情事以及考核本课人员之勤惰。

规定矿业处主管事务如与其他各处有互相关涉者应会商办理。矿业处所属各课主管事务有互相关涉者应由各课长会商办理，遇意见不同时，呈请处长裁决之。各职员承办事务除有特别情形不能即办者外，概须当日办完，不得推延积压。各职员承办机要事务或文件须负严守秘密之责。公文处理除依公司规定程序外，应由各课备置各种簿册（收文簿、发文簿、送稿簿、会稿簿、签请簿、用印簿、发缮部、誊录通知簿），指定专员分别办理；矿业处承办文件经处长批阅后，各主管课应按批判意见依规定分别处理之："批明处理办法者，遵照指定办法处理之；批审核者，应由承办课长或指定专员负责详加审核，签附准驳意见呈送处长决裁后再行叙拟文稿；例报表件，应由承办人员随时审查统计按月汇列详表送呈处长核阅；通知事项，应为知照者录由备查；应附意见者，签注意见。"矿业处及所属各课凡与各关系部门或厂所于事务上有所联络或指示应以正式公文送达之，但事属紧急者得先以电话传达毕，再行补送公文以备稽考。各级职员如对事务或工务上有所建议时，得随时以书面提出意见签请采纳。各课领发事务用品应注意："职员经常消耗办公用品应由各本课指定专办人员按月切实估计，填具领用物品单送经课长核定后，持向庶务课领回分发之。特别用品及非消耗品应由各该管课长，将物品规格用途及数量缮具详表签请处长核定后转请各主管处，饬购领发并定章保管之（经常与特别用品之发给其专办人员应缮造配发表，随时取具各领用人员之印签，以资稽核）。"各级职员奉派出差时，应将考察事项预作通盘计划，尤须注意确守时限，考查事件实体务求翔实勿作臆断，确守考查范围，以期达成完满之任务。出差职员任务终了后，应于三日内将工作情形或考察结果提出书面报告呈送处长核阅。各职员凡因故请假者须指定代理人代行职务。职员在办公时间内应严守纪律、不得高声谈笑或随意歌唱致碍他人办公。为检讨事务、增进工作效率须举行处务会议（每月举行一次，由课长工程师以上人员参加）和课务会议（应事实需要随时举行，由各课全体职员参加）。①

四　电业处

电业处除处长、副处长、工程师、秘书外，设置两个课。工程师负责掌理电气事业之企划事项、业务之设计审核督导检点事项、技术之指导训练改进事项以及发电、变电、送电、配电之设施督导检点改进事项。秘书承处长之命掌理公文之督导检点事项、审核稿件事项、重要机密文件之撰拟处理事项、整理会议记录及章则事项、检点收发缮校送达事项以及其他临时交办事项。两个课负责的事项如下：

第一课设事务、人事、会计三系。事务系负责运输工具之保管运用及调度整修事项，燃料之购运保管事项，粮服及实物配给等经理事项，仓库之经理及材料之保管统计检点事项，废料之处理事项，日常用品及原材料采购事项，庶务管理登记计算统计事项，警卫及工警夫役之训练督导管理事项，修建之包工监工事项，各发电厂事务督导事项以及其他不属于各课系事项。人事系负责任免降迁调补事项、员工待遇计算统计事项、人事组训事项、人事机密文件处理统计事项、考绩奖惩事项、员工福利事项以及其他有关人事事项。会计系负责现金保管及出纳事项、制作传票及司帐事项、普通会计计算事项、成本会计计算事项、审核各项款项收支事项、预决算编造事项、各项表格规定事项、会计表报事项、各发电厂会计督导事项以及其他有关会计事项。

第二课设发变电、送配电、营业三系。发变电系掌管建设工事之计划实施事项、发电厂之运用统制及能率改善事项、负荷支配调整统计事项、技术指导统计事项、各发电厂工务督导及检点修理事项、变电之运用统制及能率改善并检点修补事项以及其他有关发电变电事项。送配电系掌管建设工事之计划实施事项、电气用品规格事项、内外线指导统制调查事项、内外线工事检点事项、外线保全及运用事项、内线工事电之检定指导事项、配电统计事项、各发电厂配电督导事项以及其他有关送配电事项。营业系掌管电灯电热电力营业事项、电费之计算收缴事项、调查事项、内线工事电之统制事项、营业统计事项、各发电厂营业督导

---

① 《西北实业公司矿业处办事细则》，1946 年，山西省档案馆藏，档号 B31/1/028。

事项以及其他有关营业事项。①

五 营业处

1. 业务之划分

西北实业公司营业处在 1945 年复业后，经历过三个阶段，第一阶段为"两课时期"，第二阶段为"三课时期"，第三阶段为"七课时期"。两课时期的两课为业务课和输送课。后因业务拓展，营业处增设为三课。第一课掌管事项有：各种原材料用品及机具之采购事项，各种成品、产品、废品等之推销事项，修造及加工等工程承揽事项，承受各机关委托代销物品事项，各地原材料成品之生产状况及市场动态之调查报告汇集事项，编制营业计划表及统计事项以及其他有关营业事项。第二课掌管事项有：各种原材料机具成品之运输事项，运输车辆工具之修理整备分配及保管事项，各种重要工业原料之采购及运输事项，煤炭之购运分配及销售事项，运输队警之训练管理及考勤事项，编制运输计划事项以及其他有关运输事项。第三课掌管事项有：机具原材料用品之验收发付保管及拨调事项，机具原材料用品之登记及统计事项，机具原材料用品请购时之汇核及申请添购事项，处理废品及废成品之计划及调拨事项，料品名称及号数单位之统一与编制以及其他有关机具料品之保管及收发等事项。②

"为求工作凡速"，1946 年 5 月营业处进行重新调整，"另行组设第四、五、六、七课"。第一课负责供应计划平衡和采购；第二课负责公路、铁路、航运和煤炭、矿石的运销押运；第三课负责调拨和仓库管理，包括总库及各分库；第四课负责钢、铁、机械、武器、化学和机车车辆等重工业产品的销售；第五课负责重工中的军工产品销售；第六课负责陶瓷、机制纸、火柴、盐酸、皮革、芒硝等非金属、化轻产品和民用产品销售；第七课负责轻纺产品和面粉的销售；第八课负责管理统税、商标、调查统计，搜集市场信息和经济情报等工作。至此，营业处的七个

---

① 《西北实业公司电力处办事细则草案》，1946 年，山西省档案馆藏，档号 B31/1/028。
② 《西北实业公司营业处办事细则》，1946 年，山西省档案馆藏，档号 B31/1/028。

课"总揽全公司物资供应和产品销售"①。

2. 营业处办事规则

关于原材料及机具的采购，按照事实上之需要分本地采购及外地采购两种。公司各厂所需原材料用品及机具，由第三课审核提出料品请购单交第一课，由第一课课长副课长指定承办人就地采购或通知驻外采购人员采购。承办人接到请购单后，必要时应先与有关处课研讨采购方法或填列征求意见书，送交有关各处课签注意见后决定采购。采购之料品如需向外地采购者，应注明名称、数量、规格并通知驻外人员采购（如需附样品及图样者应检附样品及图样），在当地采购者应即招商估价，如购料总值过大，须3家以上之估价单，较少者须由2家以上之估价单，然后缮造比价表附各商估价单，送呈处长副处长核定，其总值微小者由课决定，但有特殊情形者不论总值之大小均须征得厂方专家之同意方可采购。所购料品总值大小之限度因物价波动应于每季订定一次，临时以命令行之，对审定各商号估价单之工作，承办人员须秘密从事，不得宣扬泄露。料品等采购除现货现款交易外，如有一时不能完结而售主要求预借部分定款时，可斟酌实际情形预付定款一部，其数目不得超过全部价款80%并须着售主觅具殷实铺保，以昭慎重。驻外采办处及临时派出采办人员所请购原材料等需用较缓，应于订立定单或合同前，呈请公司核定，其采购时间仓促不暇请示时，可由驻外负责人员自行决定办理。驻外人员与商家订立定单或合同应由采办处或派出之负责人代表出名。驻外人员应行采购之料品可委托商人代为采购，惟须与代购商人妥拟代购合同以昭慎重。驻外人员采购料品时，应与公司营业处经常联系，除采购之料品行情应不断报告外，其他一般物价亦应随时报告，以便参考。驻外人员采购原材料品等时，应将该处所存款项及预计需用款数填制存款及需款表，经与公司联系以备有充分准备。凡在本地或外地采购规格复杂或性质特殊之料品等需要技术者审定时，可事先呈请派遣技术人员协同办理采购手续。本地或附近地区购妥之料品等无论有无定单或合同，一律填写购料通知单。在本地或附近地区购妥之原料品等，如商家交货

---

① 卢筠、梁宸栋、乔修文：《西北实业公司的经营管理》，山西文史资料编辑部《山西文史资料全集》第六卷第63辑，1998年版，第247页。

时须先到第一课填写收料通知单。第一课应设立购料登记簿，依据购料通知单存根及各驻外人员报回之表单登记购料情形，并应备具预付款项、应付账款、购存各处料品等簿，依据各种单据详细登记以备稽阅。各种单据、存根、账簿、统计图表等应由承办人员负责妥善保管，不得损坏或遗失，如遇承办人解职或调动工作时，应饬逐宗移交接办人。各种定价单及外部报来有关业务之表单等，应由各承办人于每月终汇制成册以备稽阅。职员应绝对廉洁自持忠勤服务，不得籍职权上之便利有影响公司业务之不法行为或怠工情事。①

关于原材料、成品、机具保管与调拨事务分四个部分：事务、审核、仓库、账簿。事务方面包括：收发文件及各种表册登记事项，撰拟文稿及缮写事项，物料出门证之填写及工作人员请假出差登记事项，文具用品领发及保管事项，职员签到及值日值宿检点事项，卫生及传事之管理事项以及不属其他各部之事项。审核方面包括：机具原材料用品请购时之汇核及申请添购事项，调拨机具原材料用品之审查事项，购入机具原材料用品发货单或验收通知单之核对事项，机具原材料用品请购订购及收入之登记事项，各种合同定单之校对及保管事项以及料品名称及号数单位之统一与编制。仓库方面包括：机具原材料用品成品发料之验收发付及保管事项，机具原材料用品成品废料之调拨事项，发料及发成品之处理事项，各种出入库单之填写事项以及库夫工作分派及管理事项。账簿方面包括：各库机具原材料用品成品发料分清账之登记事项，各库机具原材料用品成品发料监察簿之登记事项，各库机具原材料用品成品发料月报表之审核及缮造事项，各库每月料品之统计事项。②

六　会计处

会计处下设四课，分别掌管审核、成本、统计、出纳等事项。会计处执掌事项有账簿表单之登记及填制、业务损益之计算及编制、各项成本之计算及记载、各种统计图表之编制、现金之收付及保管、有价证券契据矿照及重要合同之保管、职工储金之经管及账簿之登记以及其他有

---

① 《营业处第一课办事细则》，1947年，山西省档案馆藏，档号B31/1/21。
② 《营业处第三课办事细则》，1947年，山西省档案馆藏，档号B31/1/21。

关会计之一切事项。具体办事规则在本书财务管理章节中涉及，在此不再详述。

七　下属工厂管理结构

西北实业公司下属工厂基本采用三级管理的模式。即采用厂长之下设课（室），课（室）之下设股（部）的管理模式，如西北炼钢厂、西北机车厂即为典型的三级管理模式（见图3-1、图3-2）。此种结构简洁高效，各部门各司其职、目标责任明确，既能保障工厂管理有序，又能节省信息传递的时间，提高执行效率，也在很大程度上节省了管理成本。

图3-1　西北炼钢厂组织机构图[①]

厂长											
工程师室		动力课			工务课	炼焦课	炼铁课	炼钢课	碾钢课			线材课	总务课		会计课		调度课	运输课
设计股	分析股	原动股	发电股	线路股	修理股	机械股	建筑股	洗煤股	焦炉股	副产股	制铁股	原料股	煤气股	原料股	平炉股	设计股	碾制股	修理股	文书股	庶务股	人事股	普通会计股	成本会计股	出纳股		

图3-2　西北机车厂组织机构图[②]

厂长（工程师、秘书）																
总务课							会计课		设计课		工务课						
文书股	庶务股	人事股	保管股	业务股	福利股	医疗股	工警队	普通会计股	成本会计股	出纳股	设计股	绘图股	事务股	车辆股	机械股	修造股	机关车股	车辆股	铆工部	锻工部	铸工部	动力部	电机部	再生部

---

① 《西北实业公司炼钢厂、机车厂、修造厂、炼钢机器厂、炼钢机器厂大同分厂、西北化学厂概况》，1947年，山西省档案馆藏，档号B31/1/003。

② 《西北实业公司炼钢厂、机车厂、修造厂、炼钢机器厂、炼钢机器厂大同分厂、西北化学厂概况》，1947年，山西省档案馆藏，档号B31/1/003。

第二节 人员构成

一 不同时期公司各类人员数量

表3-1　　　　　　　　　不同时期公司各类人员数量①

	1937年		1946年		1947年		1948年	
	人数	占比	人数	占比	人数	占比	人数	占比
职员数量	1398	8.73%	1772	12.6%	1864	8.85%	2416	10.5%
工人数量	14607	91.27%	12292	87.4%	19159	91.15%	20576	89.5%
合计	16005		14064		21023		22992	

从表3-1中数据可知，西北实业公司在抗日战争前的1937年，其规模已经发展得相当可观。日军侵略对公司造成很大的影响，1946年公司召集原有员工回厂复工，同时招募新的员工，即便如此还未恢复到抗日战争前的水平。1947年、1948年，公司从人员数量上才逐步超过抗日战争前水平。从人员结构来看，1937年职员所占比例最小，工人所占比例最大。1946年由于职员复工情况好于工人，所以当时职员比例高于其他年份。1947年随着工人的大量复工，职员所占比例开始下降。1948年，为了应对解放战争及更好地控制工人，不断增加管理人员的数量，因而此时职员所占比例有所上升。

---

① 表中数据来源：《西北实业公司概况》（1937年）、《西北实业公司历年概况》（1946年）、《西北实业公司各厂概况》（1947年）、《西北实业建设公司概况》（1948年），山西省档案馆藏资料。

二 部分课室及工厂人员构成

1. 从营业处第五课看职员构成情况

表 3-2　营业处第五课现有职员姓名一览表①（1949 年 4 月）

等级	职务	姓名	年龄	籍贯	资历
17	代理课长	郑振云	39	山西五台	山大预科毕业，太原市府秘书等
14	干事	郭人骏	53	山西忻县	山大采矿科毕业
18	干事	李荣棠	36	山西崞县	北平朝阳大学毕业
20	事务员	金广民	27	河北大兴	北平私立西北中学毕业
21	事务员	徐鹿鸣	28	山西五台	五台师范毕业
21	事务员	王东初	38	山西崞县	县立高小毕业
22	事务员	李蔚	31	山西榆次	榆次商科学校毕业
22	事务员	常丕烈	30	山西祁县	友仁中学毕业
23	事务员	安耀庭	30	山西忻县	县立初中毕业
23	事务员	李泽生	27	山西平遥	平民中学毕业
25	事务员	徐镐	26	山西忻县	县立初中毕业
25	事务员	王九卿	31	山西平定	县立初中毕业
26	办事员	杨荣亭	25	山西神池	省立代师肄业
28	办事员	卢筠	23	山西忻县	太原农职毕业
29	办事员	焦俊才	23	山西忻县	陕西第三中学毕业

从表 3-2 可知，营业处第五课各职员绝大多数具有中学及以上学历，管理人员具有大学学历。从籍贯来看，以山西忻州、晋中人居多。从年龄来看，平均年龄 31 岁。

---

① 《营业处第五课现有职员姓名一览表》，1949 年，山西省档案馆藏，档号 B31/1/114。

2. 从西北炼钢厂看工厂管理人员情况

表 3-3　　　　　　西北炼钢厂各主要负责人学习背景[①]

部门及职务	姓名	留学国家	专业	国内学习经历	兼职
厂长	郑永锡	英国	冶金电学	山西大学西斋预科	山西大学工学教授
副厂长	董登山	美国	冶金	山西大学采矿冶金科	冶金工程师
炼铁部主任	张增	英国	冶金		山西大学冶金学教授
炼钢部主任	唐之肃	美国	采矿冶金	山西大学采矿冶金科	采矿、冶金工程师
炼焦部主任	王青云	日本			
碾钢部主任	柴筱棣	法国			
修理部主任	韩屏周	日本			
工程师	梁海峤	日本			
工程师	沈香士	美国			
工程师	李之善	日本			

从表 3-3 可以看出，西北炼钢厂主要负责人均有国外留学背景，大多具有大学学历，而且专业非常对口，可以说工厂管理层皆是行家里手。这一方面源于阎锡山从国内大量招聘晋籍有留学背景的人员回省效力；另一方面，阎锡山注重山西教育，选派大量人员出国学习国外先进生产技术。

3. 个别工厂人员构成情况

西北机车厂 1947 年 8 月拥有职员 150 余人（其中干事 10%、工程师 6%、副工程师 7%、工务员 13%、助理员 15%、办事员 23%、练习生 2%、事务员 16%、监工 8%），技术人员占二分之一。拥有工人 2000 余人，其中技术工人占 70%、每日工作 9 小时，如有紧要工作，加工赶制。

西北化学厂 1947 年 8 月拥有职员 88 人，其中工务类职员 51 人（工程师 5 人、副工程师 18 人、工务员 12 人、助理员 3 人、监工 7 人、练习生 6 人），事务类职员 37 人（理事 3 人、干事 3 人、事务员 24 人、办事

[①] 徐崇寿：《西北实业公司创办纪实》，山西文史资料编辑部《山西文史精选：阎锡山垄断经济》，山西高校联合出版社 1992 年版，第 168 页。

员7人）。工人总数910人。①

西北制纸厂1947年7月拥有职员44人（其中工程师2人、副工程师6人、工务员4人、监工1人、理事2人、干事3人、事务员13人、办事员7人、雇员5人、练习生1人），拥有工人371人（其中机械工50人、电工64人、木工14人、制料工125人、抄纸工37人、运输工81人）。工作时间：职员8小时，工友11小时。②

总体来看，各厂职员与工人比例为1∶10上下，工人中技术工人占比较高，是一种较为合理的人员配置。但是明显存在工人与职员相比，工作时间较长的情况。

小 结

本章叙述了西北实业公司之管理结构与人员构成。西北实业公司大部分时期实行集中统一管理，因而其财务、业务等均归公司统一管理。公司本部拥有庞大的管理机构，常设的机构有总务处、工业处、矿业处、电业处、营业处、会计处等。总务处分四个课，主要掌管文件函电、人事任免考核、公产管理及建筑工程。工业处分两个课，第一课以劳力节约、材适其用、稳定人心、防止灾害为目标；第二课以提高生产、增进效率、使制品优良、成本减低为目标。矿业处分两课，分别掌管矿厂技术和地质勘探。电业处分两课，第一课分管事务、人事和会计；第二课分管发变电、送配电和营业。营业处经历了二课到三课再到七课的发展历程，该处掌管原材料及机具的采购、原材料及成品之运输、机具原材料用品之验收发付保管及拨付。会计处分审核、成本、统计及出纳四课。下属各工厂一般采用三级管理模式，即厂长之下设课（室），课（室）之下设股（部）的管理模式。从人员来看，西北实业公司员工总人数呈现不断增长之态，其部分工厂高级管理人员具有较高学历，甚至具有留学经历。各工厂内职员与工人配置结构较为合理，工人中技术工人占比较高。

---

① 《西北实业公司炼钢厂、机车厂、修造厂、炼钢机器厂、炼钢机器厂大同分厂、西北化学厂概况》，1947年，山西省档案馆藏，档号B31/1/003。

② 《西北制纸厂概况》，1947年，山西省档案馆藏，档号B31/1/004。

第四章

西北实业公司的员工管理

西北实业公司是山西省人民公营事业的一部分,是当时山西省工业的集大成者。"我国工业所以不能与外国工业竞争的又一原因乃由于成本过高,而成本过高,乃由于管理不善。管理不善,乃由于工厂管理人才的缺乏。工厂管理,已成为近代的专门科学,故工厂管理人才,必须学识与经验二者俱臻丰富。故今日改善工厂的管理,应先以改造管理人才为第一步。人的问题得到解决,然后再追求方法的改善。"[①] 实际上,管理最主要即是对人的管理。

第一节 人员招聘与技术培训

一 人员招聘

西北实业公司对于职员与工人的招聘都有详细的规定,对于职员的学历、能力以及工人的政治条件、技术水平都有严格的要求。

1. 职员招聘

首先从招聘练习生、练习员开始。练习员生共分为练习工务员、练习会计员、练习事务员、练习员、练习生五种。高级中学毕业或具有同等学力之学生未具履历者以练习员录用。高中肄业、初中毕业及肄业并高级小学毕业或具有与上列四种同等学力之学生未具履历者以练习生录用。练习员、练习生待遇及练习期限如下:

[①] 新三:《中国工业过去失败的原因及今后应有的改正》,《中华实业月刊》第 2 卷第 3 期,1935 年 7 月。

(1) 练习工务员、会计员、事务员学历为大学毕业者按7月1日实行之,调整给予表第26级支薪,练习期限为3个月,期满后经派充正式职员者,从第24级起支薪。专门学校毕业者按第27级或第28级支薪,练习期限为6个月,期满后经派充正式职员者从第25级起支薪。

(2) 练习员按7月1日实行之,调整给予表第29级或第30级支薪,练习期限为一年,期满后经派充正式职员者从第28级起支薪。

(3) 练习生月薪分为24000元、18000元、15000元三种,按其工作能力分别核定,练习期限为一年,期满后经派充正式职员者从7月1日实行之。调整给予表第31级或第32级起支薪。

练习员、练习生除不给年终奖励金及眷属煤炭外,其余各种给予(服装、主副食费、本人煤炭)均比照职员办理。练习员、练习生之练习期限遇有特殊情形者可由服务处所转请公司延长或缩短。练习员、练习生练习期满后应由服务处所最高主管人详加考核,其成绩优良者可呈请公司提升为职员,否则延长练习或停用。[①]

2. 工人招聘

西北实业公司招聘工人条件较多。尤其是在太原解放前夕,为了防止所谓的"伪装"活动,对工人的政治审查条件非常高。如在1947年补录工人时,规定有下列情事者不准录用:未经公司核准者;新来役龄壮丁,未持有驻地与原籍街村公所未编组证明者;已编组之国民兵未持有街村公所同意书者;凡各厂工人,如因犯罪潜逃或因事故私行离厂,未持有原服务厂所同意书,请求补用者(除不准补用外,并负责扣送或通知原服务厂所处理);有政治嫌疑及不良嗜好者。经厂方负责主管慎重审核,确有补用工人必要者,先填送补用工友申请表,经公司核准后,可录用以下人员:由军管区司令或国民兵团,拨来之役龄工友;不违反兵役法及编组之规定者;逾龄之男工,及不及龄之童工;适龄之女工,体格健壮,无家事顾虑者;由省外或省内未编组地区新来之役龄工友,技术优良,取有当地未编组证明,且无政治嫌疑者;厂方因裁编除名,经公司核准或指派补用者。

录用工人的程序是:

(1) 约谈:有无违反兵役法令及编组规定,并查询有无政治嫌疑;

---

① 《修正西北实业公司录用练习员生办法》,1946年,山西省档案馆藏,档号B31/1/017。

(2) 健康检查：有无不良嗜好及传染疾病；

(3) 考工：技术如何，按技术能力评定工资；

(4) 填送志愿书及保证书。①

如工人欲成为工业技师者，须依法考取资格证书。依专门职业及技术人员考试法施行细则附表之规定，工业技师分为：土木技师、水利师、建筑技师、卫生工程技师、机械技师、航空工程技师、电机技师、化学工程技师、纺织技师、测量技师与造船技师。②

二 筹办职业学校

西北实业公司除了从当时的山西大学以及一些工业专门学校招聘职员和工人外，还计划筹办自己的职业学校。1947年3月，西北实业公司给国民政府教育部打报告，筹办西北职业学校，申请拨款。"钧府稽政教字第5444号代电，饬遵照部颁实业机关办理职业学校奖励办法，拟定计划呈府核转等因，在此查公司在事变前曾办有职业学校，于民国23年开办电气、化学两科，24年开办机械科，25年开办纺织、矿冶两科，分设城外机器厂、城内火柴厂、榆次纺纱厂、西山煤矿第一厂四处，由各厂厂长负责主办，本建教合一之旨，以训练工人方法训练学生，曾蒙教育厅发给经费，允与省立各学校同等待遇并经教育部审核合格并曾通令全国各职校仿效，其派员来晋视察、深加赞许，按补优良职业学校办法，特给奖励金以示优异。25、26年时，电气、化学、机械三科各毕业一班，入厂服务成绩颇好，不幸事变发生，公司所属各厂沦于敌手，学校设备荡然无存，胜利后积极整顿，工厂深感中级建设人才之缺乏，意由公司继续办理职业学校培植此项人才，奠立建设基础在令前因当即着手筹划依照旧日组织更名为西北职业学校。预计必要设备费为111600000元，经常费为1428000000元，合计全年经费1539600000元，几经擘划，只能筹得三分之一，其余不足之数，拟请转咨教育部如数拨给以资补助，并呈送筹办职业学校计划草案敬请。"③

---

① 《西北实业公司各厂补用工友暂行办法》，1947年，山西省档案馆藏，档号B31/1/018。

② 《高等考试工业技师考试须知》，1947年，山西省档案馆藏，档号B31/1/017。

③ 《西北实业公司筹办职业学校计划草案》，1947年，山西省档案馆藏，档号B31/1/024。

三 举办训练班

西北实业公司经常针对职员和工人举办各种形式的培训班，培训内容既有政治理论也有国学文化，更多的是业务技术。针对公司本部职员的培训内容一般有：长官学说、公文常识、会计常识、统计常识及工厂管理。[①] 针对各工厂职员与工人的培训，不同的工厂根据本厂的员工水平及业务需求做出不同的规定、开设不同的课程。如西北炼钢厂对职员的培训，目的在于使一般职员对于本厂各部门实际工作之方法、技术之应用以及机械之构造暨原理，进一步地予以深造以充实其学识与技术。要求受训人员不得托故逃避，如名额过多时，本厂可分期训练之。训练采混合制，因工务、事务息息相关，故不分差别，一体训练之。各门讲义由各主管课长负责编订，务要配合实际需要，切忌空言泛论，教授亦由各课长各工程师担任，因故不能分身时，须临时派相当人员代理之。训练课目计分机械、电气、化学、炼铁、炼钢、碾钢、会计（内含事务、讲话）七门，每日一门，星期日照常训练。训练时间每日两小时，暂定为下午4时至6时，必要时可变更之。各门讲义由厂方印发，其他抄本铅笔一切应用物品本人自备。训练期间每期暂定为6个月，必要时可延长或缩短之。训练期满得举行毕业试验，其成绩优良者本厂得酌予奖励之。受训职员在授课时间不得随便缺席，其有因公务或私事临时不能到场时须向主管课教授声明之。[②]

西北炼钢厂也同时举办工徒训练班，目的在于提高工人技术水准、增强工人素质。计划训练人数每期为30—40名，由各课室所工徒中报名考试，经录取者为合格。训练期限每期为1年，期满须举行毕业仪式，成绩优良准予毕业者授以证书。训练课程分基本教材与专科教材两种，基本教材为国文、算术、物理、化学、英文、机械、制图等，专科教材就受训工徒工作性质分为机电、化学两班分别讲授，机电班为机械学、碾钢、电磁学，化学班为炼焦、炼铁、炼钢等。受训时间每日为两小时，其余时间仍在车间工作。在训练期内所用纸笔及讲义由厂方供给之。受训工徒工资仍

---

① 《营业一课受训人员姓名及所受科目表》，1948年，山西省档案馆藏，档号B31/1/114。
② 《西北炼钢厂职员训练办法》，1947年，山西省档案馆藏，档号B31/2/137。

按原数发给，毕业后认为成绩优异者，提高其待遇。受训工徒毕业后有在本厂长期服务之义务。教员由学识优良之职员兼任，不另支薪。①

再如西北窑厂于 1947 年 6 月 18 日开设"西北窑厂职工补习教育班"，目的在于补充员工现代工业知识、培养技术人才，以期改进品质、加大生产、发展窑业。该班设教务员 2 人，承厂长之命办理经常教务事宜，教员 9 人均选厂方员工义务担任。该班暂分初级、中级两个班，凡高小以上程度均编为中班，未受教育及粗通文字者编入初级班，凡本厂员工不分性别、年龄、职务均可报名入学。中级班课程为精神讲话、公民常识、窑业、英文、数学、制图、理化、工厂管理等 8 科，初级班课程为国文、英文、算术、常识、窑业、制图、精神讲话等 7 科。各门课程有课本者以采用课本为基准，文具均归自备，无课本者均用笔记本随时抄录。培训班授课时间以不妨碍工作为原则，特规定每日上班前与下班后行之，中级班为每日上午 7 时至 8 时（计 1 小时），初级班为下午 6 时至 8 时（计 2 小时）。培训班（中、初级均在内）所用书籍抄本均归学员自备，惟开办第一次所需初级课本 126 本，抄本 244 本，铅笔 70 支，估计需费 375400 元，拟由厂方购给一次，以示奖励，与职教员公用之书籍文具拟即统由厂方福利金项下开支供给。修业期限均定为 6 个月。② 从工厂课程表的设置，就可以大致知晓各厂对员工的培训内容（如表 4-1、表 4-2、表 4-3 所示）。

表 4-1　　　　西北炼钢厂工徒训练班授课时间表（1947 年）③

星期别	星期一	星期二	星期三	星期四	星期五	星期六
时间	下午 4 时至 5 时					
课目	国文	算术	物理	化学	英文	机械制图
教授者	孟股长	范副工程师	任副工程师	赵副工程师	王工程师	曹副工程师
时间	下午 5 时至 6 时					
课目	电磁学大义 / 炼铁	工作常识 / 炼焦	电磁学大义 / 炼铁	工作常识 / 炼焦	碾钢 / 炼钢	碾钢 / 炼钢
教室	一 / 二	一 / 二	一 / 二	一 / 二	一 / 二	一 / 二

---

① 《西北炼钢厂修正工徒训练办法》，1947 年，山西省档案馆藏，档号 B31/2/137。
② 《西北窑厂职工补习教育班简章》，1947 年，山西省档案馆藏，档号 B31/2/137。
③ 《西北炼钢厂工徒训练班授课时间表》，1947 年，山西省档案馆藏，档号 B31/2/137。

表4－2　　西北实业公司榆次纺织厂1947年工徒训练班课程表①

星期别	星期一	星期二	星期三	星期四	星期五	星期六
科目	党义/精神讲话	工厂管理	纺织机械常识	纺织工作法	工厂消防	纺织常识
教员	厂长	张工程师	杨子华	康子恭	薄子实	宋季光
时间	下午6：40—7：40	同左	同左	同左	同左	同左

表4－3　　西北修造厂艺徒训练班课程表②

星期别	星期一	星期二	星期三	星期四	星期五	星期六
下午2：00—2：40	算术 郝	算术 郝	算术 郝	算术 郝	机件设计 田	算术 郝
2：50—3：30	英语 阎	机工常识 曹	电工常识 松	机工常识 曹	机工常识 曹	国语 赵
3：40—4：20	机工常识 徐	兵器常识 安	机工常识 徐	电工常识 松	英语 阎	机工常识 徐
4：30—5：10	制图 原	机件设计 田	国语 赵	物理 苗	电工常识 松	制图 原

第二节　员工组织管理

阎锡山强迫员工加入各种组织，或强行对员工进行编组编队，目的就是为了更好地控制员工、防止共产党的渗透，为"保卫"太原准备有组织的力量。

一　成立互助团实行工农合一

1946年，西北实业公司借"为谋员工福利、改善生活、相互帮扶、

---

① 《西北实业公司榆次纺织厂1947年工徒训练班课程表》，1947年，山西省档案馆藏，档号B31/2/137。
② 《西北修造厂艺徒训练班课程表》，1947年，山西省档案馆藏，档号B31/2/137。

忠于厂务"之名，将每个工厂设置为互助团。所有员工均为团员，团下面设若干小组。每个互助团设团长1人，由各厂主管人充任，副团长1人，由团长指定之。各小组以5人至15人组成，各小组团员须保证不犯以下各事：不参加非法团体，不为非法行为，不违反所在工厂利益，不危害团员生活安全。各团员均有以下权利：检察权、纠正权、检举权、检讨权、集体制裁权。各团员均有以下义务：互助义务、遵守决议义务、服从规定义务、向团长汇报清报义务、接受批评及制裁义务。凡团员如有特别困难须由组长请求团长救济之。凡团员对团内工作特别努力者可由组长请求团长予以奖励。凡团员遇有婚丧灾难疾病时，除团员互助外，可由组长请求团长救济之。①

阎锡山在兵农合一的基础上又实行工农合一，名为促进生产实业之发展。同时成立"西北实业公司工农合一干部训练所"。该所训练地点设置于公司本部。该所由公司经理、协理兼任所长、副所长并呈请阎锡山政府之长官部派员参加办理一切训练指挥事宜。该所训练对象以重工业或国防工业在工务上担任管理工作者为限，其他办理总务之人员不在此内。每次受训以100人为限。指定受训干部除因病或有特别事故者外须一律服从命令不得托故避训。指定受训干部应按军事管理制：队长—分队长—班长—队员。该所训练课目有：工农合一制度之理论与实施、技术训练、事务训练、劳务训练、军管训练。讲师由公司各部课长及正副所长指定的专门技术人员担任。训练每期定为1个月。该所经费由公司支给之。②

二 强迫员工服役编队

阎锡山将"兵农合一"的政策沿用到了工厂。兵农合一即每6个成年男子编为一个互助小组，其中1人参军，作为常备兵，其余5人被称为国民兵，负责种地。国民兵不仅要缴纳大量田赋和征购粮，向常备兵家属交优待粮，还要给常备兵粮8石4斗、棉花10斤以作军饷。工人也被定为国民兵，也需要承担缴纳优待粮棉的任务。又提出工人只能以加工

---

① 《西北实业公司员工互助团规则》，1946年，山西省档案馆藏，档号B31/1/017。
② 《西北实业公司工农合一干部训练所章程》，1948年，山西省档案馆藏，档号B31/1/017。

增产所得抵交优待粮棉。西北实业公司出台专门的办法规定工人如何服国民兵役，所称目的是为保证役龄工人有工作、有生活并鼓励工作情绪、增加生产。各军需民营工厂现有工人凡属役龄者，不论省籍，仍在工厂做工就需服国民兵役出优待。凡服国民兵役之役龄工人除发给工资外，至本人应出之优待粮花由厂加工增产抵交，其工资及加工增产抵交优待之规定为：工资每人每日米麦各半照下列标准分等待遇：工徒2升1合至2升；副工（半技术）2升1合至3升；区工（普通技术）3升1合至4升；特工（特别技术）4升1合至6升。应交纳之优待粮花每人全年米麦各半3石，棉花5斤由各厂按实际情形加工增产，以增产所得工资抵交优待，增产所得除交优待尚有余时，归其本人享受。服国民兵役之役龄工人须尽以下义务：保障工厂安全，受军事训练，发觉伪装。服国民兵役之役龄工人在厂服役期间应照国民兵军事管理规定，由厂方施行国民兵军事管理。在厂役龄工人服国民兵役应做到"三守"（守工厂秘密、守工厂规定、守国民兵纪律）和"五戒"（戒烟赌盗欺、戒结伙行凶、戒鼓动是非、戒抗命罢工、戒潜逃怠工）。服国民兵役工人在服役期间按其工作勤惰及行为优劣或有特殊发明创造与损坏机械工具者予以奖惩。奖励包括奖工、奖金、奖章、奖状、奖字。惩处包括处死、罚充兵役无年限不优待、罚充兵役有年限不优待、夺工、罚工。服国民兵役工人如因犯罪或逃亡等人事异动由各厂报由公司转报军管区司令部备查。①

阎锡山为了弥补"保卫"太原战争中的兵员不足，将各机关团体人员进行编队。各编队人员年龄规定：甲级参战队，18岁以上35岁以下；乙级参战队，36岁以上47岁以下；老年助战队，48岁以上60岁以下；少年助战队，13岁以上17岁以下；儿童助战队，7岁以上12岁以下；妇女助战队，10岁以上55岁以下。编队范围以机关为单位，在住地分别编队：10人至20人为一小队；30人至60人为一分队；90人至180人为一中队；以机关团体为单位或按地区若干中队编为一大队。各机关团体以最高领导机关系统为编队单位，按其实有人数够一小队编一小队，与其他小队编为中队，余类推。其人数按实际情形伸缩之。各机关团体之老

---

① 《军需民营工厂役龄工人服国民兵役办法》，1948年，山西省档案馆藏，档号B31/1/017。

年妇女儿童人数不足一小队时，须编小组直属该大队领导。各队平时归各机关大队领导，训练必要时，须拨归各地区指挥。各级队设正副队长各1人，分队以下队长由队员中互选，中队以上队长、副队长由总体战行动委员会指派之。编队名册应按队别、职务、姓名、年龄、籍贯、现任职级备考。①

三　强迫员工参战助战

阎锡山将太原城称为"战斗城"，令所有能参战的工人参战，不能参战的工人助战。按照《各机关团体男女成员编队实施细则》，将工人进行编队，并组成甲级、乙级、老年、少年、儿童、妇女等队伍。而服务"战斗城"的队伍又有自己特殊的规定。编队范围要求为：编队时民众一律按地区编队；机关团体按工作单位在各地区分别编队，至其眷属编队与民众同；各街巷散居之机关团体人数较少时，须随本地区其他机关并编，无机关者随民众并编；初中以上学校须按学校系统编队，高小以下学校须按地区编队办理，但需尽量以学校为单位编之。各队编成人数除按小队、分队、中队编成外，其余依各地区按实际情形伸缩办理之。凡经编队之男女民商，其生活生产训练及婚丧事故请假外出等事由同地区参战总指挥处负责办理。为杜绝潜逃隐匿包庇等流弊发生，参战总指挥部应按队分制各种符号佩戴：以漂白布质制成图形三角形等符号并按编队性质分别冠以甲、乙、少、童、妇等字样；甲乙级参战队用圆形符号，其余用三角形；字体颜色要求甲乙二字为大红色，老字蓝色，少字为绿色，童字为黄色，妇字为紫色。各队任务为：甲乙参战队负直接参战任务；少年助战队负消防、岗哨、肃伪等任务；儿童助战队负传话、宣传、肃伪等任务；妇女助战队负缝洗、慰劳、炊事、看护等任务；老年助战队负运输、担架、做工、守护等任务。② 为了"保卫"太原，在阎锡山政府强迫下，太原全民皆兵。

对于"战斗城"编队参战也作出了具体规定，指出参战的目标是争取"保卫"太原的胜利。"战斗城"之役龄男子除编入民卫军者外，所有

---

① 《各机关团体男女成员编队实施细则》，1948年，山西省档案馆藏，档号B31/1/022。
② 《战斗城男女成员编队实施办法》，1948年，山西省档案馆藏，档号B31/1/022。

各机关团体员役、各学校员生夫役、各工厂员工、各公民营事业员役及市县民商一律编为参战队。其余妇女少年儿童老年一律编为助战队。直接参战的任务有守碉守城、配合部队作战、参军。间接参战的任务有：军火制造、军需品制造、做工修路、获粮、维持治安、抬送伤患、运输、肃伪、情报、治疗看护、宣传慰劳、炊事缝洗及其他一切供应工作。编队办法为：参战队与助战队之编成采地区制，按性质分别编成，其工作集中性质相同者尽量单独编成（各机关学校工厂民商等分别编组）；工务员学校工厂之编队按机关属地办理，不按工务员住所编组，参战助战队队员如确因工作及业务之需要不能到队参训服务时，由原部门或行政主管申请，经审查核定取得证明后始得免于入队。关于训练，参战队应速加强应急训练、注意加多战斗课目，必须于一星期内会用机步枪、轻炮、飞雷、手掷弹俾适应目前紧急局势。助战队应以后方勤务及军事辅助工作为主。总体战行动委员会负责领导指挥之全责；市县政府及各地区指挥处负执行之责。训练及使用对各成员之生活生产办公学习必须妥为调配，使两不耽误①

事实上，诸多机关工作人员不愿意为阎锡山卖命，选择各种方式方法逃避编队参战。面对如此情形，阎锡山亲自批示，要求严查彻查，不能有任何人遗漏编队。"战斗城不只是保卫太原且为开展之基础，战斗城必须办好，必须是一心的作法，如果仍蹈前辙，不彻底不实在，不只是把保卫太原的事坏了，把复兴山西的基础也坏了。乃闻近日编队仍有不肖的机关部队，将壮丁顶名穿军衣逃避了编队，还要顶补不作战的士兵和夫役，虽属少数，但这作法太坏，坏到了自杀自毁，杀国家、毁国家。必须痛除此病，有犯者赶紧得开除，退回市区令其编队，并责成建军会督导上级切实检查必须彻底，不得有一点含糊。"②

四 制定严格的战时工作纪律

阎锡山规定各机关员役及公民营事业工厂员工对承办工作迟缓贻误影响作战者依律惩处之，主要情形有：因懈怠贻误致战事蒙受损害者；

---

① 《战斗城男女成员编队参战办法》，1948年，山西省档案馆藏，档号B31/1/022。
② 《戌号手谕》，1948年，山西省档案馆藏，档号B31/1/022。

因迟缓贻误减低作战情绪或工作效用者；因计划准备不周浪费人力物力者；无特殊原因未能按时限进度圆满完成工作者以及对紧急事项未能即时办理者。除故意迟缓意图利匪者另案办理外，所犯各条按情节轻重予以下列处分：撤职、罚劳役、检讨、自省、警告。下属触犯条例，其直接上级主管应受连带处分。①

针对各公营事业，也制定了非常时期的守则：员工必须遵行规定严守秘密，勤奋工作不得迟到早退并须轮流值日值宿，严密巡查，违者按情节轻重惩处。员工非因本身婚姻或重病与其直系血亲及配偶丧事不准请假。员工非经请准不许带任何人至工作场所，违者撤职法办。员工对来并之亲友非经呈明主管长官考查清楚后，不得作保，违者议处。员工住在由公供给之宿舍内，非经该主管者核准，不准留客，违者撤职法办。员工不准包庇或窝藏奸匪坏人，违者一经察觉或被人告发，除立予撤职外，并送警严惩。员工不准私藏军火，如有自卫武器，须按规定呈请登记，违者撤职法办。员工寓所不准随便留客，如留客时，必须按规定报告该管治街公所。② 在特殊时期，如此规定已经涉及员工的日常生活，甚至是人身自由。为了防止员工逃跑或与共产党联系，公司普通职员请假或出省必须经公司经理或协理批准。1948 年 9 月 29 日，西北实业公司函（西实总二字第 804 号）。"兹决定公司及所属各单位职员嗣后如有请短假出省者，非经经协理特别许可，一律不准，除分函外希即转饬所属一体遵照为要此致电业处。经理：彭士弘，协理：曲宪治"。③ 1948 年 10 月 19 日，西北实业公司（西实总二字第 883 号）。函知留用人员及报参战开展人员出省规定，"奉董事会董总字第 572 号函内开准省政府民政厅会知，经请示核定各部门留用办公人员及报参战开展之留职支薪人员因故请求出省者，只限于父母之丧，本人结婚及本人因病有出省医治之必要者等语希知照等因奉此除分函外希即查照办理。经理：彭士弘，协理：曲宪治"。④

---

① 《战时工作纪律》，1948 年，山西省档案馆藏，档号 B31/1/022。
② 《山西全省民营事业各单位非常时期员工必守事项》，1947 年，山西省档案馆藏，档号 B31/1/024。
③ 《请假需经协理批准》，1948 年，山西省档案馆藏，档号 B31/1/113。
④ 《留用人员出省规定》，1948 年，山西省档案馆藏，档号 B31/1/113。

五　保证与连环保证

阎锡山要求新入职的工人，必须做到"三自"，即自清、自卫、自治。自己必须保证不与共产党有来往，同时必须有担保人，如被保人犯罪，担保人需要连坐。如当时电业处城内发电厂工人刘来科的《保证书》："具保人：赵桃祥、王受田，今保刘来科到电业处城内发电厂充当工人，在三自传训期间自白以往与共匪发生过之一切关系后，保证该刘来科今后就不再与共匪联系，彻底转生并努力工作立功赎罪，如有违反，保证人愿受连带处分，此证。具保人：赵桃祥（职业：炼钢厂工人，住址：沙河北16号），王受田（职业：同记公司，住址：南横街16号），被保人签名：刘来科。中华民国37年4月10日。附记：担保人可以为以下三类：第一，保证人须有正当职业，并有相当地位者；第二，在各机关部队有委任职以上者；第三，工厂中工长以上之员工，商号中之重要负责商人二人以上者。"[1]

此外，还同时制定了由担保人签字确认的《连环保证书》。如第一库的《连环保证书》式样："具连环保证书人张某今保得刘某在本库担任库房管理员，在服务期间绝对遵守库方一切规定并保证其不通匪、不放火、不放毒及其他一切不法行为，如果有以上情形发生时，保证人愿受连带处分，所具保证书是实此上。被保人：刘某，住址：太原市铁匠巷。保证人：张某，住址：太原市棉花巷。中华民国37年。"[2] 保证与连环保证，目的在于给每一位工人压力，同时形成相互监督、连带担责的恐怖氛围。

第三节　职员工作管理

西北实业公司的职员选拔条件比较高，对学历、履历、政治思想等方面都要经过严格选拔，入职后也需要从最低级的练习生、练习员开始做起，慢慢积累经验，逐级提高。公司要求所属各单位职员上岗必须佩戴徽章，职员徽章系铜质小圆形章面为黑底白圈内为白色（西北）二字，

---

[1] 《保证书》，1948年，山西省档案馆藏，档号B31/1/113。
[2] 《第一库连环保证书》，1948年，山西省档案馆藏，档号B31/1/113。

背面铸有号码。① 公司对于职员日常工作、岗位调动以及年终考核都有详尽的规定。

一 办公规则与程序

公司要求各级职员承办文件须保守秘密，机要文件不得有丝毫泄露。要严守办公时间及岗位，闲杂人员不得随便延入。办公时间应静肃庄穆，不得高声笑谈，致碍他人工作。案头文件纸张应放置整齐，下班时分类收藏抽屉或公事橱内不得散乱桌上。应用文具须放置适当地点经常保持清洁，下班时将墨盒及墨水瓶盖住，以免凌乱。墙壁上不得随意粘贴纸条。办公时应注意节省电力，非必要不可轻启电门。不得随地吐痰及抛掷纸烟头，以重卫生而防意外。②

公司办公程序要求，收发室应备文件收到簿及公文送达簿，于收到外来之公文函电时，应即刻将收到日期登簿，于接到发外文件时，亦应将件数及送交处所登簿送发，在本市者并须于送达时，请收到处所在簿上加盖图戳以便稽考。收发室对于外来公文函电除私人函件转交本人，密件原封送交办公室启阅外，其余普通文件均应即刻启封挂号摘由，（如附有汇票或现款时，应将票款先交会计五课）随收文簿送交文书课按照来文性质，加盖主管各部室戳记仍发交收发室分登各部收文簿，再送交办公室转送各部长核阅，各部长核阅后，应按其性质加盖分课戳记，并分别最要、次要、常件，发交所管课室拟办。其不属各课室者，由部长摘定人员办理之。各部长核阅到文时，如认为事关重要，须由经协理决定者，应提呈经协理核示。各课于交办事务应由课长随时检点其缓急常要分交各主管职员承办之。

承办人对于交办事件，必须郑重其事、细阅批注，如系涉及旧案函，应通观全卷务须处理适当，前后相应、不致两歧。承办人对于交办事件，有疑问时，应商承主管课长核办，主管课长不能解决时，应转请部长指示之。承办人对于交办事件，无论新事旧案必须审察本事件必经之过程

---

① 《西北实业建设公司职员徽章佩戴办法》，1947 年，山西省档案馆藏，档号 B31/1/023。
② 《西北实业建设公司各处课室会办公室规则》，1947 年，山西省档案馆藏，档号 B31/1/023。

与关系方面等等，加以精密考虑妥为处理勿稍疏漏。承办人对于交办事件中之期限数字尤应特别注意，以免错误。承办人对于撰拟稿件时，必须摘由拟就后，加盖本人图章，交课收发登簿送交主管课长核阅斧正，呈送部长、经协理等核阅，经划行盖章后发缮。

凡时间之有关两部或两课以上者，应由主管部课会知关系部课。凡关于会办事件，无例可援者，应由主管部课签送关系部课请其签注意见叙稿后，仍会关系部课长盖章，如有不妥处，得由关系部课长酌予修改。凡关于普通事件有会稿之必要时，由主管部课拟稿送会，但遇必要时，得先缮后会，免误时间。各课长对于到文，认为无叙稿之必要时，须拟注存案字样加盖名章送交管卷员保管。

拟妥之文稿经判行盖章后，仍须发交原主管部课长转交原拟稿员，详细覆阅，再送缮发。缮写公文时，呈电须用楷书，函件等须用行书（但不得过事草率），如打字时，亦须整齐洁净，不得含混模糊，以免误事，缮毕或打毕在原稿后页左角处加盖缮写或打字员名戳，以便稽考。公文缮写或打字终了后由校对员负责校对无讹，在原稿后页左角处加盖校对员名戳。公文缮清校对后由书记室登簿送印（监印员将本件盖印后亦于原稿后页左角处加盖监印员名戳），用印后仍发交书记室收转收发室挂号登簿分发。

收发员接到缮发之文件后必须详细检点本附各件，有无错误遗漏，再行封发（每日应发之文件须分缓急在可能范围内必须送出，并将送文簿由收发员详细查核以免积压与错误）。文件发出后由收发室加盖发讫戳记，将原稿退还原主管课室保存（在本案未了前稿件由主管课室暂为保管，本案终了后将全卷整齐移交管卷室保管）。管卷室收到文卷后须将本案详细覆阅分别先后归卷（如有附件一并归入）并书明档案事由、登簿编号粘签归档以便检调。各部课室调卷时须用调卷证，写明卷名件数加盖本人名章持向管卷室调用，阅毕仍将原卷送还索回调卷证。①

为了改进职员的工作作风、革除敷衍塞责，西北实业公司又出台了《西北实业建设公司职员工作改进办法》，将职员分为工务和事务两类。工务方面以工作场所为工作岗位。例如负炼焦炉责任的工务员必须将座

---

① 《西北实业公司办公程序详解》，1945 年，山西省档案馆藏，档号 B31/1/18。

位设置在焦炉前且严守岗位并监视督导等工作。事务方面以办公所在地（按所负任务区分）为工作岗位。工务方面职员需要做到：（1）对工人勤惰要考察；（2）对出勤人数要明了；（3）对工友日常生活要了解；（4）对本位工作及技术要得到实地经验指导及确实监督；（5）对机器之构造用法及生产能力等要全部清楚；（6）要有实地工作的精神；（7）要有眼看千遍不如手过一遍的观念；（8）要有耻不若人的勇气；（9）要有改进发明的企图；（10）要有谦虚和蔼的态度；（11）要有学到老研究到老及负责深入彻底的志气；（12）要有今日事今日毕与由上而下的层层检点、由下而上的层层负责的习惯；（13）要有备忘录实行事事必载。事务方面的职员要做到：除工务职员任务（4）与（5）之外的各条，另外还需要做管理及训练之事项，事事做到"四到"（腿到、眼到、口到、心到）。职员工作岗位必须将负责工作人员姓名标贴座次以便识别。工作岗位如有二人以上之工作人员时，除各于其座次标贴姓名外，还应填列职员一览表，粘贴工作场所以便查询。练习员生必须按练习事项分赴工作岗位实地练习，以养成严守工作岗位与实地工作习惯。厂方负责人应经常赴各工作岗位察巡。[①]

二 会议与会文会稿

西北实业公司将会议分为常会与临时会议两种。常会于每星期五下午6时召开，其出席人员为经协理、各处课厂院所会社长。临时会于必要时召开，其出席人员由经协理临时指定之。凡会议事项有关人员须事先通知列席但无表决权。各种会议经理为当然主席，经理因事不能出席时，由协理代行之。出席会议人员应绝对遵守开会时间，不得迟到或早退。出席人员应保持会场秩序，不得随意闲谈。出席人员提请讨论事项，应起立发言，在发言人未陈述完毕以前，其他出席人员不得同时起立发表意见。提议案件、应于会前一日拟送秘书室审核，规定议程，依据顺序提请讨论，在一案未决以前，其他议案不得提出。讨论事项应以出席人半数以上之同意，决议文应由主席宣示之。各种会议均须设置记录员，办理编刊议程及记录等事务。讨论事项完毕后，记录员应将记录决议文

---

① 《西北实业建设公司职员工作改进办法》，1948年，山西省档案馆藏，档号B31/1/35。

逐案朗读、以免错误。会议决定实施事项应由秘书室通知主管部门遵照办理。会议记录做成后，应送呈经协理核阅，再行发表，并印送各室处课厂会院社及各出席人员参阅。①

公司会文会稿以处会处为原则（例如甲处之课会乙处之课时，应先经过其主管处，不得直接洽会，但同处之课可互相签会）。关于会文之手续规定：(1)会知：来文有先行会知关系部分之必要者，应于摘由片上批注"会知某处某课"字样，由承办人持往关系部分洽会，会后再行拟办。(2)请审核：来文有先请关系部分审核之必要者，应于摘由片上批注"请某处某课审核"字样，由承办人持往关系部分审核，经审核同意或更正后再行拟办。(3)请签注意见：来文有先请关系部分签注意见之必要者，应于摘由片上批注"请某处某课签注意见"字样，由承办人持往关系部分接洽签注，经签注后，再行参照所签意见拟办（上述手续不论何项均于办毕后，除存查者外，其应拟稿者须于拟稿后再行复会）。关于会稿手续规定：(1)先会稿件：凡重要稿件，有先会关系部分之必要者，应于拟稿后先经所属课、处长核阅盖章再由承办人持会关系部分，经审核同意后，交由主管处长批发或请经协理判行。(2)发后再会稿件：普通稿件无先会关系部分之必要者，应于收发室发讫将原稿退回时，再由承办人持会关系部分。不论会文及会稿承办人持会关系部分时应将案由顺便说明以免隔阂。关系部分收到会文及会稿时，除有特要事件外，应尽先处理，不得推诿。各处课室会人员对于会文及会稿除应即时处理外，其有稍涉重要或周折较多须加研究者，亦应于3日内会毕，如3日内不能会毕，可将延长时日之理由签出，送交原会部分，不得压搁。②

三 缮发文件及归档调卷

公司各部课室对于送交缮发文件及归档调卷等事做了具体规定：各部课室稿件拟妥后送经主管部课长斧正盖章经经协理划可后，仍随原簿发还主管部课转交书记室缮写，但遇急要文件由经协理办公室或各部长

---

① 《西北实业公司会议暂行规则》，1946年，山西省档案馆藏，档号B31/1/18。
② 《西北实业建设公司各处课室会会文会稿办法》，1948年，山西省档案馆藏，档号B31/1/026。

直接送交书记室者不在此限。书记室收到各部课室送缮稿件应由书记长检点本附件数并详阅文字，如有疑问时，当面问明以免缮写错误，经检点相符后，即在送稿簿上查明，加盖书记室戳记以资证明而免遗失。书记长应将收到稿件分别缓急派交各员缮写如期印发。在缮写终了后，必须由校对员逐字校对，盖章登簿用印发出。收发室收到送发文件，须检点本附各件相符后，在原簿上加盖收发室戳记，原簿退回文件应分缓急如期发出，不得积压。各部课室收到收发室之退稿后，除在原簿上盖戳外，并考查本案已了、未了分别存卷。

各部课室关于存案文件应登簿送交管卷室收存。管卷员收到各部课室之归卷文件，应逐一详阅，编号登簿归卷归档，并妥慎保管。管卷员对于经管文卷应另编总号、将卷名、字号、年月登入卷宗编号簿内，各项圈内文件亦须逐件摘由，俾便稽查。各部课室检阅卷宗时，一律须用调卷证，向管卷室调阅用毕，仍将原件交回擎回原证。①

四 到离职与调迁

西北实业公司对各级职员的到离职或调迁都有明确的规定。公司规定各单位采用职员或雇员、练习生，除须请准后方得录用外，并须将职务薪级分别拟订一并呈核。凡经核准任用之员生到职时，在公司本部者应携带核准原件，向总务处第二课办理到职手续及填具各项书表，其在各厂所院处社者，应由各该主管部分函报到职日期，并应填送各项书表。凡属员生之调迁，除本部分内者可自行调迁外，如与其他部分调迁时，应由调迁部分之主管人员互相合谋同意，经由经协理之核准后，交由总务处第二课办理通知。凡经核准调迁之员生，其薪津起止应照下列规定办理：（1）本市者应以离到实在日期止薪及起薪；（2）其与外县各厂所调迁者，除止薪应按离职日期停发外，其起薪日期则应按实到日期，再如旅途应需日期计算，如超过旅途日期尚未到差且未申叙理由者，其超出日数按旷职论。凡经核准离职之员生，属于公司本部者，应由各主管处课将核准原件送总务处第二课办理离职手续，并通知各有关单位，但须将离职日期确实注明，其不属于公司本部者，由各该主管

---

① 《西北实业公司缮发文件及归档调卷办法》，1945年，山西省档案馆藏，档号B31/1/18。

自行规定，分别办理。关于到职、离职及调迁文件，除通知有关部分知照外，并得在公司周报发表，不另行文。公司本部离职员生，应向总务处第二课索取手续清理表，经有关处课加注应办手续，业经完竣后，方可向会计处结算薪津，倘未经履行此项手续，而径向会计处结算薪津时，会计处可拒绝之，其在各厂所院处社者，得由各该主管指定承办部分办理之。离职员生如有意图蒙蔽，而不履行上项手续致有未清之事项发生时，得由保证人负完全责任。离职员生保证书自离职之日起3个月后方可退还。①

五 年终考核

西北实业公司关于职员考核都有专门的考核表。考核表除了个人的简历外，考核内容包括：工作成绩、操行、学识等方面。工作成绩占60%，操行与学识各占20%。工作成绩、操行及学识各栏已列举考查要点，考核时在考查要点后面用简短字句做出评价并在其后给出分数。如考查对象是各课室会首长，还需要考查其统驭力、决断力、实行力、创造力、视察力之强弱。考查不必拘泥于列举的考查点，可以根据个人之实际情形如实填写。功过可以相抵，相抵后如尚有余功余过，可以在总评分内加减之。下面是1948年1月营业处第四课的两份职员考核表：

甲、《周恩锡年终考核情况》

职务：事务员；姓名：周恩锡；年龄：26；籍贯：曲沃；薪津等级：24；

简明资历：运城第三中学毕业，曾充纱厂事务员银行职员。

任职年月日：1946年4月10日；

考核项目：

（1）工作成绩：勤劳（甚够）、守时（能做到）、负责（甚够）、事务技能（很好）、工务技术、其他（本项评分：60）

（2）操行：思想（纯洁）、言论（正确）、行动（稍浮）、嗜好（无）、能否遵守纪律（能）（本项评分：16）

---

① 《西北实业公司职员离到职及调迁办法》，1946年，山西省档案馆藏，档号 B31/1/18。

（3）学识：学力（尚可）、识见（尚可）、经验（颇够）（本项评分：20）

功过特记：无

初核考语：（略）（处长）复核：（略）（经理协理）总评分：96

等次：（略）决定奖惩：

乙、《董继先年终考核情况》

职务：事务员；姓名：董继先；年龄：22；籍贯：陕西三原；薪津等级：21；

简明资历：陕立第三中学毕业，曾充新记西北实业公司职员。

任职年月日：1943 年 5 月 1 日；

考核项目：

（1）工作成绩：勤劳（稍差）、守时（尚可）、负责（稍差）、事务技能（尚够）、工务技术、其他（本项评分：45）

（2）操行：思想（纯洁）、言论（正确）、行动（稍浮）、嗜好（无）、能否遵守纪律（尚能）（本项评分：15）

（3）学识：学力（尚可）、识见（中常）、经验（中常）（本项评分：12）

功过特记：无

初核考语：（略）（处长）复核：（略）（经理协理）总评分：72

等次：（略）决定奖惩：[①]

第四节　工人特殊管理

由前述可知，西北实业公司拥有庞大的工人群体，抗日战争前工人已达到 16000 余人，中华人民共和国成立前已接近 23000 人。下属工厂在抗日战争前拥有 30 多个，中华人民共和国成立前已达到 50 多

[①] 《西北实业建设公司营业处第四课职员年终考核表》，1948 年，山西省档案馆藏，档号 B31/1/114。

个。对工人的有效管理，较大地提高了生产效率，促进公司及山西各项建设事业的迅速发展。而且在阎锡山"保卫"太原过程中督促工人加班生产、支援前线，甚至直接组织工人参战助战，在很大程度上为解放太原造成了阻力。

一　工人工作规则

西北实业公司的轻工业和重工业、军事工业和民用工业在不同时期，生产计划有所不同。在太原解放前，其生产基本上服务于战争，好多工厂生产转向军事工业。国防性工厂工人的情绪稳定及努力生产，有利于工厂的稳定及对战争的支援。此时，公司更加重视国防性工厂工人的管理，国防性工厂工人被视为常备兵，实行军事管理，给予同常备兵一样的待遇。

1. 关于组训

在厂工人应就实际情形每8人至12人编为一组，每组内设正副组长各1人，由厂从工友中选任之。每5—10组编为一队，设队长副队长各1人，由厂就职员监工中选任之，其领导系统依下列程序（逾龄及不及龄男工不应编入组内）：厂长—副厂长（工程师）—课长—队长（队副）—组长（副组长）—组内工人。在厂工人对正副组长以上管理人员之指挥监督须绝对服从。为加强自卫力量，增进工人智能与肃伪常识，在不耽误工作时间的前提下，施行军事与政治训练。

2. 关于待遇

工人每月工资以本人实际出勤日数比照本月份评定粮价，按米麦各半折价计算，以下列日给标准分等待遇：工徒：1升4合至2升；副工（半技术工）：2升1合至3升；正工（普通技术工）：3升1合至4升；技工（特别技术工）：4升1合至6升。加工与奖工合计如按月计算，每日不得超出1个工，按月计算每月不得超出30个工。加工奖工罚工均以本年一月份评定粮价按米麦各半折价发给或扣除之。工资于每月结算一次。

3. 工作时间及休假

每日实际工作时间定为9小时，其上下工时间须按季节随时令变更，由厂方公布之。每次上下班应严守规定时间，不得迟到早退，如系连续工作，接班者未到，退班者应候其到班后，交代清楚方准离班，如接班者逾15分钟尚未到班时，由原工友报告监工人员以误点论处。工人迟到5分钟以上30分钟以下者以误点论，半月内迟到3次者罚半工，迟到6次者罚一工，9次者罚一工半，以此类推。如迟到至30分钟以上者即以旷工论，每迟到一次罚半工，至既不请假又无故不到者则为旷工，每旷一工罚一工，除由监工人员每日稽核登记外，每半月总结一次。工人在工作时间因疾病或有其他特别事故须早下班者，经监工人员许可后，方准下班。如在规定工作时间以外需用延长时间者另给加工工资。在规定休假之日均给工资（做包工者除外），如休假日之前一日及后一日连续请假者不给，若于休假日照常工作者加一工。

4. 义务与守约

工人有保障工厂安全发觉伪装受军事训练之义务。工人须遵守以下条约：绝对服从厂方之军事管理，守工厂秘密、守工厂管理规则、守军人纪律，戒烟酒盗欺、戒结伙行凶、戒鼓动是非、戒抗命罢工、戒潜逃怠工。

5. 奖惩

有下列情事之一者发给奖金、奖章、奖状、奖字等奖励或呈请公司表扬之：（1）对工作、技术、原料机具上有特殊发明与创造或有改良之事实者；（2）在非常时期不顾艰险奋勇保卫防护工厂安全者。有下列情事之一者须给予奖工增加工资及记功之奖励：（1）改良机具而致省工省料者；（2）发现危险者能即时报告或能防止者；（3）遇有危险能救护同人免受灾害者；（4）能发觉破获伪装分子及盗窃者；（5）在半年内不请假不误点亦未受其他惩处者；（6）在三个月内教育工徒能独身担负部分工作，经厂方认为有奖励必要者；（7）品行端正、热心工作、遵守厂规者；（8）技术优良能超出标准产量者；（9）限期工作能提前完成者。工人工作在全月内不旷工、不误点，连续出勤并未受到其他事故之处罚者奖二工。

有下列情事之一者呈请处死或罚充兵役，无年限不优待：（1）捏造是非鼓动工人罢工者；（2）煽惑工友作反动工作者；（3）捣毁重要设备致使厂方蒙受重大损失者；（4）借故结伙行凶有意扰乱厂方秩序者；（5）在厂内私售毒品或盗卖厂内枪弹器材者；（6）有意引火或以爆炸性药品危害厂方安全及他人性命者；（7）泄露厂方重要秘密者。

有下列情事之一者罚充兵役，有年限不优待：（1）勾引外人来厂盗窃或自行偷盗厂内机具财物者；（2）野蛮成性，不守厂规不服领导，侮辱厂方人员者；(3) 斗殴成伤或肆意行凶情节重大者。

有下列情事之一者，除名或遣归编组或停止全年或半年优待粮花及罚工与记过之处分：不守厂规、故意与厂方为难者；有不良嗜好屡教不改者；故意损毁机具浪费材料者（除赔偿外，执行上列处分）；因怠工与过失而致厂方蒙受损害者（除赔偿外执行上列处分）；对主管人员之领导阳奉阴违者；托故旷工，在请假期内另操副业者；未经管理人员许可擅离工作岗位或私行离厂者；无故旷工达5日以上者；喧哗吵闹斗殴暴行妨害他人工作者；在厂内聚赌或宿娼者；出入厂门不受厂警检查或越栅爬墙不走厂门出入者；饮酒昏醉入厂者；污秽公共用水及机具者；不按规定时间上下班者；在厕所外随意大小便不顾公共卫生者；消极怠工、玩忽职守者；遗失证章及通行证者。在厂役龄工友如有潜逃，厂方知其住址且距离较近者，准由厂方会同驻地街村公所查获之。如已逃归原籍准按执行逃兵归队及常备兵潜逃惩处办法办理之。①

6. 劳务日报

公司实行劳务日报制度，及时了解工人的增减情况及每日的出勤情况，以下是公司的劳务日报表（见表4-4）：

表4-4　　　　　　　　　西北实业公司劳务日报表②

			本日应有人数	本日缺勤人数				本日出勤人数	出勤率	本日增减人数	
				事假	病假	旷工	合计			采用	解雇
里工	男工	成年工									
		童工									
		合计									
	女工	成年工									
		童工									
		合计									
	小计										
	里工本月累计										

---

① 《西北实业公司国防性工厂工友服务规则》，1948年，山西省档案馆藏，档号B31/1/20。
② 《劳务日报表》，1947年，山西省档案馆藏，档号B31/1/30。

续表

	本日应有人数	本日缺勤人数				本日出勤人数	出勤率	本日增减人数	
		事假	病假	旷工	合计			采用	解雇
包工									
包工本月累计									
工警夫役 / 工警									
工警夫役 / 汽车司机及助手									
工警夫役 / 管库夫									
工警夫役 / 车马夫									
工警夫役 / 其他									
工警夫役 / 小计									
工警夫役本月累计									
总计									
全部工人总累计									

说明：1. 工人年龄在17岁以上者为成年工，16岁以下为童工。

2. 包工栏应将厂内之包工人数及厂外之临时包工人数合计，但须于备考栏内分别注明厂内、厂外各若干。

二 服役及优待

阎锡山为了迫使工人加紧生产，借国防部要求所有民营企业工人参军之规定，要求所有工厂员工参军，但又为了保障军备供给，国防性工厂还不能停产，于是阎锡山想法变通，实行兵农合一，将国防性工厂工人做工代替参军。在国防性工厂做工就意味着已经服役，可以不上前线，但可以享受现役军人待遇。阎锡山讲到，"国防部最近颁布新兵役法，规定除国有国防工厂经核定合格之专门技术员工及因公出国或犯无期徒刑以上罪行并因病不能担负作战任务者准缓役外，其余公务人员、工人一律不准缓役，自36年起彻底实行本省国防工厂全属民营均非国有，按兵役法规定均须编组服役，我们如果照此办理势必将工厂一齐停顿，但又不能违背政府法令不办，尤其对工人生活问题更不能不想法解决，因此我对此事就很费力考虑，经过多少次的研究，在不违反政府法令、不停顿工厂制造、能使工人生活优裕的三种原则下给你们想出一个三者兼顾的办法，就是按兵农合一规定实行以服国防工役顶服兵役，赚上一个兵的粮饷及优待，仍然在工厂做工。按一个兵的待遇合计起来和你现在当工人所赚的差不多，对你的生活还很优裕，我因为不了解你们大家的意思，派军管区张主任到各厂和你们合谋商量，看你们是同意我想的这一个办法还是同意照兵役法实行编组当兵的办法，据张主任合谋回来报告我，说你们各厂的工人全体一致同意赚一个兵的待遇，在工厂服工役，顶服兵役的办法，并且你们全体表示今后一定好好地努力做工，遵守厂规、严守军人纪律，做一个现代化的工人来报答国家。我听了很喜欢，你们果能个个如此做到，那真是头等现代化的工人，希望你们确实做到并努力做工，增加国防生产换得自己生活优裕。最后，你们知道这个好处就是兵农合一给你们的，如果没有兵农合一就没有这个好办法，今天工厂里实行了这个办法，不只是山西的工人能沾上兵农合一的这个光，在山西的外省工人也同样沾了兵农合一的光，你们今天既能实地身受其惠，应该努力维护兵农合一给予你们的权利"。①

根据国防部的要求及阎锡山的指示，西北实业公司对所属各工厂进行分类，即国防性工厂和轻工业工厂。对各类人员也进行了分类，分为缓役或在营服役等。军管区司令部规定应送之编制表按各厂全部机具工作能力需要人数列入国防工厂，将事务、会计、仓库等人员一律列入编制内，理由系制造军火不对外营业独立性质。轻工业工厂编制表不列事务、会计、仓库等人员，统由公司直接派人管理，故兵役问题应由公司总二课以统筹办理。军管区规定不论任何机关团体学校工厂所用之杂役不得补用甲级壮丁（18—36岁）故各厂列报编制名册时，应特注意此点。为符合兵役规定计，决定榆次、平遥兰村所设之发电部分另刻图记名曰"榆次发电厂""平遥发电厂""兰村发电厂"，各该厂注意须办理两种手续，一种系国防性工厂、一种系轻工业工厂，其兵役范围各有不同。国防各厂造送、请领证书与名册时注意：职员厂矿警杂役（乙级壮丁）领缓役证，工人领在营服役证。轻工业厂应注意：各厂能缓役者只限于工程师、副工程师、工务员、助理员、监工员、工长、工头。其余人员一

---

① 《阎长官兼军管区司令为实行国防工人服役优待告国防工人书》，1947年，山西省档案馆藏，档号B31/1/030。

律编组出优待。列报编制名册时,应将熟练技工之役丁,尽量列入工长工头范围,其余童工、女工、老年工列为工人。军管区规定此次新发之各种证书均须人、证、机关三者相符,厂中对各工人所发之通行证、证章、符号等文件必须注意并转知工人,对于现住街村,户籍上须预先更正。①

国防工役(即在国防性工厂工作的工人)视同在役军人享受优待。为了鼓励工人加紧生产,公司出台国防工役优待办法,规定各受委托制造武器之工厂现有工人,凡属在役龄者不论省籍一律顶服兵役,除按常备兵给予待遇外,并予享受优待,其待遇及优待规定如下:(1)按一等兵待遇主食(米麦各半)全年3石8斗8升8合。饷辅食草鞋费全年289.672元;(2)优待米麦各半7石5斗,棉花12斤半。(3)按市价全年共折合米麦各半13石6斗9升,60工,每日平均3升7合5勺多。(4)对于每工每日平均之3升7合5勺,照下列标准分等待遇:工徒1升4合至2升,副工(半技术)2升1合至3升,正工(普通技术工)3升1合至4升,技工(特别技术)4升1合至6升。(5)标准工以外之奖工、加工等每日不得超过一个工,按一月份生活指数粮价折合发款。凡服国防工役之工人除享受优待及现役兵一切权利外须尽下列义务:保护工厂安全、受军事训练、发觉伪装。国防工役在服役期间应照军事管理规定由厂方施行军事管理。国防工役服役守约规定如下:(1)三守:守工厂秘密、守工厂厂规、守军人纪律;(2)五戒:戒烟赌盗欺、戒结伙行凶、戒鼓动是非、戒抗命罢工、戒潜逃怠工。服工役工人在服役期间按其工作勤惰及行为优劣或有特殊发明创造与损坏机械工具者予以下列奖惩:(1)奖励:奖工、奖金、奖章、奖状;(2)惩处:处死、罚充兵役无年限不优待、罚充兵役有年限不优待、停工全年或半年优待、罚工。②

三 太原解放前特殊政策

临近太原解放,阎锡山政府更加不安,加大对工人的控制,甚至不

---

① 《厂长会议宣布之有关兵役事项》,1947年,山西省档案馆藏,档号 B31/1/030。
② 《国防工役优待暂行办法》,1947年,山西省档案馆藏,档号 B31/1/030。

允许工人与外界联系。1948年年底,西北实业公司出台《肃清工厂阵营安定工人生活维持工人情绪增加工作产量办法》,要求做到:(1)肃清工厂阵营:旧日三自传训,其情形特殊者重新考查教育。断绝工人与外区的商业行为,在此次生活波动当中发现情形特殊者加以清理。加强工厂组织工作并在工友中选拔忠贞积极分子。稳定工友生活使与外间不发生联系。研究布置加强组织工作及肃清阵营。(2)安定工人生活、维持工人情绪:工人工资以6斗为平均标准。间接费由除在工友预算工资中匀出1斗外(连给工友工资共计7斗),如有不敷应行自了。兵工室直属各厂加间接费2升(连在工友预算工资中匀出之1斗,间接费共1斗2升)。如期如数拨给工资粮,如因粮缺不能拨给时应请示办理,不得因无粮而致工人打杂工。粮拨出后各公司负责发到工人手中。粮尽可能少拨面粉,如发面粉时按二袋一折合,不缴面袋并许过秤,短少在5两以上者并予补之。以前拨出之粮未能收到者迅予清理。(3)增加工作产量:计划每月产品数量,月终比较超出或不足。逐日计算产品数量,使能符合期成数量。外购料费能按时拨付。设备费能照预算案需要筹拨。特殊增产及发明予以奖励。①

第五节　日籍人员管理

在抗日战争胜利后,阎锡山私自留用日籍工业技术人员和军事管理人员,使之为己服务,以增强自身的实力。对于留用的日籍人员,实行严格管理的同时又实行特殊的待遇。

一　登记发证

阎锡山政府针对日籍技术人员,专门出台《山西地区日籍技术人员登记办法》,规定登记人员须持有服务机关之证件,到日管组申请登记,但无职业者登记时,须有职业之日人二名以上介绍,经核准后发给之。登记证分三种:服务手簿、留用手簿和身份证。服务手簿发给武职人员,

---

① 《肃清工厂阵营安定工人生活维持工人情绪增加工作产量办法》,1948年,山西省档案馆藏,档号 B31/1/035。

留用手簿发给技术人员，身份证发给眷属及无职业者。登记人员须填写登记表二份（日管组制），并缴免冠一寸半身相片3张（有眷属15岁以上者照缴三张）由日管组办理。各种手簿及身份证经日管组组长许可后发给之，领取时须本人署名盖章。登记后须填写卡片以便考察。凡无登记证之日籍人员可随时取缔。①

二 规范管理

为了规范日籍人员及其家属的管理，便于稽核，防止发生意外，阎锡山政府特出台《山西地区管理日籍技术人员办法》，规定凡在本地区之日籍人员及眷属均须向日管组申请登记，经审核合格后发给登记证。职业日籍人员在职离职及调用时，均须向日管组声明，经与任用机关核定许可后，始准办理。关于出生死亡婚嫁继承，凡日籍人员出生死亡婚嫁继承等人事变更时，须即日报由日侨俱乐部转呈日管组分别登记之。关于日籍人员邮件，凡日籍人员来往信件须经日管组检查认为无重大情事时，分别投交邮局发送，但必要时得扣留之。关于旅行：凡日籍人员在省内外旅行时，须携原服务机关证件，向日管组申请，经审核无误时，呈请发给旅行证，但在未设日管分组县份，须由当地最高机关核发。关于遣送，凡遣送日籍人员归国时，须遵照中央命令办理。关于物品出售：凡日籍人员物品出售分军用品及普通品两种（军用品原则上禁止出售，但必要时由日管组处理之，不得私自出售；普通物品可自由出售，但必要时经日管组指定管制之）。关于教育，凡日籍人员子弟教育时，须由日侨俱乐部呈请日管组，经请准后，方可设学校教育之，一切经费由日侨俱乐部负担。关于思想，凡日籍人员思想问题，应由任用机关负责，分别考察，如有嫌疑时，随时报知管理机关，呈请上级核办。关于生活，凡日籍人员生活由各服务机关负责处理，如有特殊情形时，得向日管组陈述理由，以便设法，但无职业者须另行处理。对日籍人员认为有训诫感化必要时，须集中管理之，管理办法另定之。为防止日籍人员失踪逃亡及一切不法活动，应填具5人连环保证书二份，送日管组存查。②

---

① 《山西地区日籍技术人员登记办法》，1948年，山西省档案馆藏，档号B31/1/034。
② 《山西地区管理日籍技术人员办法》，1948年，山西省档案馆藏，档号B31/1/034。

三 特殊待遇

抗日战争胜利后，阎锡山政府对留用的日籍人员给予特殊的待遇。尽管当时阎锡山地盘逐渐缩小，物资趋于匮乏，但在待遇上，中日员工之间有着巨大差别。下面是1946年1月西北实业公司的一个请购单（见表4-5）：

表4-5　　西北实业公司物品请求单（1946年1月13日）[1]

品名	单位	数量	单价	总价	用途
酱油	瓶	8	70	560	总顾问室用
罐头（菠萝蜜）	个	4	225	900	总顾问室用
鱼子	公斤	6	37.5	225	总顾问室用
日本酱	斤	23.25	11.2	260	厚生课藤冈课长用
大刀鱼	公斤	97.4	26	2532	本部各课及日籍职员自由配给
白面	公斤	36.6	278	10175	日籍职员12月份配给职员4名份
白面（煤矿二厂）	公斤	28.8	278	8006	日籍职员12月份配给职员2名份
白面（炼钢厂）	公斤	1061.4	278	295069	日籍职员12月份配给职员95名份
白面（电力部）	公斤	364.8	278	101414	日籍职员12月份配给职员30名份
白面（化学厂）	公斤	294.6	278	81899	日籍职员12月份配给职员26名份
白面（织造厂）	公斤	18	278	5004	日籍职员12月份配给职员3名份
白面（皮革制作厂）	公斤	36.6	278	10175	日籍职员12月份配给职员4名份
白面（机车厂）	公斤	519	278	144282	日籍职员12月份配给职员41名份
白面（氧气厂）	公斤	28.2	278	7839.6	日籍职员12月份配给职员4名份
白面（毛织厂）	公斤	105	278	29190	日籍职员12月份配给职员7名份
白面（洋灰厂）	公斤	118.2	278	32860	日籍职员12月份配给职员12名份
白面（纺织厂）	公斤	72	278	20016	日籍职员12月份配给职员5名份
白面（太原面粉厂）	公斤	10.2	278	2836	日籍职员12月份配给职员1名份
白面（面粉分厂）	公斤	20.4	278	5671	日籍职员12月份配给职员2名份
白面（火柴厂）	公斤	26.4	278	7339	日籍职员12月份配给职员3名份
白面（电化厂）	公斤	69.6	278	19349	日籍职员12月份配给职员6名份
白面（印刷厂）	公斤	14.4	278	4003	日籍职员12月份配给职员1名份

---

[1]《物品请求券》，1946年，山西省档案馆藏，档号B31/1/276。

续表

品名	单位	数量	单价	总价	用途
白面（窑厂）	公斤	42.6	278	11843	日籍职员12月份配给职员5名份
白面（炼钢机器厂）	公斤	160.8	278	44702	日籍职员12月份配给职员17名份
白面（太原油脂厂）	公斤	32.4	278	9007	日籍职员12月份配给职员4名份
白面（制纸厂）	公斤	117	278	32526	日籍职员12月份配给职员9名份
白面（修造厂）	公斤	12.8	278	3558.4	日籍职员12月份配给职员2名份
白面（印刷厂）	公斤	14.4	278	4003	日籍职员12月份配给职员1名份
白面（炼钢厂）	斤	7	278	1946	田中藤三郎12月份眷粮
白面（炼钢厂）	斤	7	278	1946	吉田义卫12月份眷粮
酱油	瓶	2	70	140	总顾问室永井用
红梅	个	5	225	1125	总顾问室永井用
灰布（炼钢厂）	码	28	780	21840	职员冬服材料，补4名份子
灰布（修造厂）	码	14	780	10920	职员冬服材料，补2名份子
灰布（面粉厂）	码	49	780	38220	职员冬服材料，补7名份子
灰布（煤矿二厂）	码	189	780	147420	职员冬服材料，补27名份子
灰布（织造厂）	码	14	780	10920	职员冬服材料，补2名份子
灰布（机车厂）	码	119	780	92820	职员冬服材料，补17名份子
味之美	袋	1	50	50	榆次纺织厂佐藤荣作新年配给
砂糖	公斤	1.54	649.4	1000	榆次纺织厂佐藤荣作新年配给
顺风烟	盒	30	22.5	675	榆次纺织厂佐藤荣作新年配给
僧帽洋酒	瓶	1	225	225	榆次纺织厂佐藤荣作新年配给
洋酒	瓶	1	250	250	榆次纺织厂佐藤荣作新年配给
橘子罐头	桶	1	125	125	榆次纺织厂佐藤荣作新年配给

从表4-5可以看出，阎锡山政府对日籍职员配给的生活物品可谓十分齐全，不仅包括吃穿，还包括辅食、饮料。平均每名日籍职员每日供给约1市斤的白面，高级管理人员还供给洋酒等饮料以及罐头、鱼等辅食。此外，日籍工作人员还在一定条件下享受免费医疗。[①]

[①] 《西北实业建设公司暨各单位日籍技术人员诊疗免费办法》，1947年，山西省档案馆藏，档号：B31/1/017。

小　结

本章讲述了西北实业公司对员工之管理。管理之核心实际上就是对人的管理，因而本部分也是本书重点之一。从员工的招聘、培训、组织、工作、考核等各个环节，公司均制定有详尽的办法。公司对于员工招聘具有较高门槛，而且具有较长的见习期。公司通过筹办职业学校、举办培训班等方式培养熟练工人。公司通过成立互助团实行工农合一、强迫员工服役编队、强迫员工参战助战、制定严格的战时工作纪律等措施加强员工的组织管理。针对职员工作，从办公规则与程序、会议与会文会稿、缮发文件及归档调卷到离职与调迁，再到年终考核都制定有详细的管理办法。对于工人，制定了工作规则、出台服役及优待办法，战前为了加大生产还有专门的特殊政策。而留用日本人是阎锡山冒天下之大不韪之举，阎锡山留在西北实业公司的日本人大多是一些技术人员，公司对该部分日本人及其家属进行规范管理、登记发证，同时给予特殊的生活待遇。

第 五 章

西北实业公司的薪酬福利管理

西北实业公司拥有较为完备的薪酬福利制度，尽管一些福利仅仅停留在制度层面，有一些福利覆盖面较窄，还有一些福利随着政局的变化逐渐减少甚至取消，但总体来看职工在公司可以享受相对较好的待遇和较为全面的福利。公司不仅成立了专门的福利委员会，还成立工人俱乐部、员工消费合作社，从饮食、穿戴、教育、就医、休闲娱乐等方面对工人提供全面的服务。一方面可以使工人安心工作，提高生产效率；另一方面在于将工厂办成一个独立封闭的社会，以防工人与外界接触，避免与共产党联系。

第一节 福利委员会

西北实业公司较为完备的福利体系是在抗日战争胜利后，被阎锡山政府全面接收后逐步建立起来。同时也制定了较为完备管理制度。各工厂依据公司的要求和工厂的实际，均建立了有关福利设施。

一 福利委员会制度

西北实业公司于1946年专门成立福利委员会，并出台《职工福利委员会组织简章》，规定该会设主任委员1人，由公司经理充任；委员若干人，由协理、各处处长、各厂厂长及每一单位职工各方各推选代表1人充任之。除主任委员外，任期均为1年，但可连选连任。该会设干事若干人，由委员中互推兼任或聘会外人员兼任。该会委员及干事概为义务职，委员会每月开会一次，必要时可开临时会议，由主任委员召集并任主席。主任委员因故不能执行职务时,可就委员中委托 1 人代理。福利委员会之任务包括:关于福利事业之审议推进及督导事项;关于福利金之筹划保管及动用事项;关于福利事业经费之分配稽核及收支报告事项;其他有关福利事项。各厂可遵照职工福利社设立办法举办本厂职工福利社。依法提拨之福利金应由委员会存入公营银行保管,非经委员会会议通过,不得动用。①

福利委员会下设四组,分别是:(1)教育组,负责员工训练之实施;员工子女教育之筹划;书报及播音之设置与管理;各种研究团体之组会;其他有关员工教育一切事宜。(2)体育组,负责国术及各项运动器械与场地之设置;各项运动团体之组织;练习各项运动之领导;各项友谊比赛之联络;员工卫生设备之筹办;其他有关员工体育一切事宜。(3)共济组,负责员工婚嫁及直系亲属丧葬之互助;员工本身疾病患难之抚恤;员工养老储金之倡办;员工遇有疑难或纷争问题之调解;其他有关员工共济一切事宜。(4)游艺组,负责各种音乐戏剧及其他艺术团体之组织;各种艺术表演及展览之筹备;练习各种游艺之领导以及其他有关游艺一切事宜。各组设组长 1 人并可设主任 1 人及组员若干人,秉承委员会之命分别办理各该组一切事宜。委员会每月召开会议一次决定应办事项,交由各组执行之。②

各厂根据福利委员会规定,建立本厂的福利社。如西北化学厂成立"西北化学厂职工福利社",设主任 1 人,下设两组。总务组负责公文撰拟缮校收发及印信保管事项、人事管理事项、经费出纳事项、庶务事项以及其他不属于业务之事项。业务组负责改善生活事项、补习教育事项、康乐事项、人事服务事项及其他有关福利事项。福利社各组设总干事、干事、助理干事若干人,承主任之命办理各组事务。福利社主任、总干事、干事、助理干事均由福利委员会派充之。福利社举办之业务有员工消费社、浴室、理发室、图书室、体育场、宿舍、诊疗所。福利社经费应由公司福利委员会统筹办理。福利社举办之业务除物品消耗须依成本

---

① 《西北实业公司职工福利委员会组织简章》,1946 年,山西省档案馆藏,档号 B31/1/051。

② 《西北实业公司福利委员会规则》,1947 年,山西省档案馆藏,档号 B31/1/212。

收费外，其余概以免费为原则。①

二　公司福利设施概况

公司设立福利委员会，各厂设立福利社。截至1947年7月，公司已建设的福利设施有：（1）职工食堂计43所，可容工人5370人就餐。（2）职工宿舍约计2400余间，可容工人12000余人寄宿。（3）职工补习班：公司本部设有工人业余补习班，每日下班后由职员轮流教授。各厂职工设补习学校并按工人程度分为高级、初级两班，教员从职员中选任。（4）职工子弟学校：分初级、高级两班，经费由福利金下支给。此外各单位均设有自卫等训练内容。（5）医院及诊疗所：公司本部设有医院，内设内科、外科、齿科、耳鼻咽喉、皮肤花柳科、眼科、妇产科、小儿科等，规模较大，设施较完善，因公受伤与积劳成疾之职工经各单位主官证明均可免费治疗，症状较重者并可住院治疗。职工人数太多，为保健计并实施下列两项办法：职工健康定期检查和预防传染注射。各厂散居城内城南城北各地为诊疗便利计，于1947年先后筹设各厂诊疗所十余所。（6）职工俱乐部运动场：设有规模宏大之俱乐部一所，各厂均设有运动场，利用工暇精练各种技术，增进健康，调解工作情绪，1947年举行了秋季运动大会，博得各方不少赞誉。（7）其他如浴室、理发所、书报室、托儿所、询问代笔室、农园等也逐步兴建起来。②

从具体各厂来看，不少工厂福利社建设取得了较大的成绩，如西北炼钢厂、西北机车厂、西北化学厂、电业处发电厂等几个规模较大的工厂都建立了较为全面的福利设施。

西北炼钢厂拥有员工3000余人，且厂址距城较远，诸多不便，故福利事项之完善与否关系至为重要，接收以来即积极举办。计有宿舍、食堂、医院、澡堂、理发所、合作社及训练班等设施分述如下：（1）宿舍及食堂：职员宿舍有房屋413间，可容纳245人；工友宿舍共有房屋631间，可容纳1500人。职员食堂一处就食者260余人，工友食堂业已筑成，可容千余人同时就食。（2）卫生设备：医疗所一处，计分内科、外科、

---

① 《西北化学厂职工福利社章程》，1946年，山西省档案馆藏，档号B31/1/051。
② 《山西全省民营工厂职工福利概况》，1947年，山西省档案馆藏，档号B31/1/212。

齿科三部门，并有 X 光及超短波太阳灯等设备。澡堂设于职员宿舍，男女轮流洗浴；设有职员理发所、工友理发所各一处，专供员工理发。(3) 合作社及运动娱乐：设有员工合作社一所，在不盈利之原则下，专事购销员工日用必需品，运动场计有篮球、足球、排球、网球及田径赛等设备。娱乐室计有音乐、戏剧、棋类等项，工余之暇各员工可就其所好分门运动或娱乐。(4) 教育：厂内设有技术研究会，各部门工务人员均可入会，每星期开会一次，专门研究各部门之现实问题，如有疑难事件由各工程师分别解答。成立以来对各部门工作之改进收效甚宏。工徒训练班就厂内工徒之资质优秀者再加教育。计分机电与冶化两班。教员由厂内职员兼任。①

西北机车厂之福利设施有：(1) 宿舍：156 间，计分职员眷属宿舍、职员单身宿舍及工人宿舍，所需电灯、煤、水等由厂供给。(2) 食堂：分设职员及员工食堂两处，除供给电灯、煤水等外，其他厨夫人员亦由厂开支。(3) 医疗所：厂内附设医疗所一处，药费由公司请领，实报实销，聘用医士、助手、看护各一人归厂开支。(4) 浴室：分职、工两处，由厂供给煤水等费。(5) 理发室：一所，需费由厂开支。(6) 俱乐部：分体育、音乐、戏剧三组，一切设备与需费由福利金下开支。(7) 职工补习班：分初中及高小两班，课本、文具均由福利金项下开支。(8) 子弟学校：厂内附设职工子弟学校一所，所有教员薪津及文具等费均由福利金下开支。②

西北化学厂之福利设施有：(1) 宿舍：本厂设有职工宿舍三处：第一处为新厂宿舍，有房 20 间，居住职员眷属 40 余人，并有自来水浴室等项设备。第二处为旧厂宿舍，有整修旧房 9 间，住职工眷属 20 余人。第三处为印刷厂旧址宿舍，占用厂房 12 大间，居职工 300 余人。以上各宿舍逐日由厂派厂夫一名或数名办理担水、打扫等事项，并设有共有伙房，供给煤炭及一切厨灶用具，此外晚上有工警守卫戒备。(2) 食堂：该厂

---

① 《西北实业公司炼钢厂、机车厂、修造厂、炼钢机器厂、炼钢机器厂大同分厂、西北化学厂概况》，1947 年，山西省档案馆藏，档号 B31/1/003。

② 《西北实业公司炼钢厂、机车厂、修造厂、炼钢机器厂、炼钢机器厂大同分厂、西北化学厂概况》，1947 年，山西省档案馆藏，档号 B31/1/003。

食堂，除工人食堂正在计划筹备外，现有职员灶两处，工警夫役灶一处，职员灶专派一人管理，用厨夫5名，上班职员100余人，每日两餐饭厅设备及厨房用具一切颇为完备。工警夫役灶，有上班警役60余人，所有伙食管理亦系由厂指定专人办理。(3) 诊疗所：设置于厂内中心，周围树木林立，空气新鲜，并设有食堂，对于伤员职工之饮食疗养，甚为适宜。所内医师3人、护士3人，专司医疗事宜。医药设备大致完全，如有缺少，即由公司医院供给之。(4) 理发室：理发匠由2人增用至3人。室内设备，亦颇完全，每日打扫洗濯等事，颇为勤慎。理发时间上午为职员，下午为工友，以免紊乱，价目较为市价减半。(5) 浴室：为谋员工身体康健起见，设有浴室两处，室内设备俱全，每日有专人管理、换水打扫等事。(6) 体育场：在厂内中心诊疗所前面开设运动场数处，其中有排球、篮球、网球、足球、跳远等数部，以供职工业余锻炼体格、联络感情之用，运动者甚为踊跃。(7) 农园：就厂内空地开辟农园两处，约有5亩，按季节种植各种蔬菜。此外又将东山及姑姑沟（前炸药厂旧址）用地17亩租给村民耕种，按种植田禾收租，廉价售给职工食堂以供职员午餐之用。(8) 员工消费社：自设立消费社以来，为时已久，惟因基金缺少，仅办理职工少数之用品及购配事项，现正在积极进行扩充业务中。(9) 图书室：厂内图书室设置已久，历有国内外购到关于化学工业书籍及各种科学周刊等200余册，有专人负责管理，职工借阅均有规定手续。(10) 阅报室：该厂订阅本市及外埠各种报纸，计有《大公报》《中央日报》《复兴报》及《民众报》等数份，除在室内设备坐凳以便员工阅览外，并在院内公布栏粘贴两份，俾众浏览。(11) 俱乐部：自创办以来购到中外乐器十余种，员工在工余之时，欢聚同乐，互相研究学习，并拟组织各种戏剧团。(12) 工人训练班：每日下工后，由绥署派来军事教官二员训练自卫，并由高级职员讲解工作上的技能，以及改进工作上的普通学识。(13) 询问代笔室：厂内工人文盲甚多，由厂劳务股指定专人兼办关于工人询问一切有关文字常识等事宜，并代为家属往来信件。(14) 洗衣补衣室：厂内设有洗衣补衣室一处，安设自来水洗衣盆及各种用具等，以便员工使用。(15) 其他：为迎合职工生活之需用，正在计划筹设托儿所、职工子弟学校、工友识字班、职业介绍所，并扩大员工消费社等，使各职工专心致志，效力于生产工作。①

西北实业公司电业处城内发电厂截至 1948 年 5 月，拥有职员 76 人（其中女 3 人）、工人 193 人，员工合计 269 人。其中厂内福利社有职员 8 人（男 5 女 3），其福利设施有：（1）食堂：三处，共容纳 110 人，组织伙食管理委员会，由员工自发管理。（2）宿舍：共 54 间，可容 162 人，均设有床板、电灯、自来水等。（3）家庭住宅：三处 88 间，共住 32 户，均设有电灯、厨房、厕所、自来水等。（4）医院：与西北实业公司同一医院。（5）浴室：三所，每次可容 30 人沐浴，设有自来水管，利用锅炉废水，每日开放时间为：中午 12 时至下午 3 时，下午 7 时至 10 时。（6）图书室：分电气、会计杂志、各种书刊及各类统计表。（7）体育场：有篮球队、排球队，在规定时间举行。② 西北实业公司电业处城外发电厂，共有工人 245 人，福利社职工 11 人，其中职员 3 人、工人 8 人。其福利设施有：（1）食堂：一处，由职工组成伙食管理委员会自发管理。（2）宿舍：现有 65 间，住工人 34 家，设有电灯、床板、自来水等。（3）家庭住址：现有一处，住 10 家，设有床板、电灯、自来水、厨房、厕所等。（4）医院：与西北实业公司同一医院。（5）浴室：现有 1 所，每次可容 10 人沐浴，设有自来水管利用锅炉废水，每日沐浴时间为：中午 12 时至下午 3 时，下午 7 时至 10 时。（6）理发室：一所，可理发 15 人。（7）体育场：组有篮球队、排球队，在规定时间运动。③

此外，如西北育才炼钢机器厂职工福利社设置了消费社、农园、养猪场、浴室、图书室、体育场、食堂、宿舍、城北诊疗所等。西北电化厂职工福利社设置了食堂、宿舍、家庭住宅、浴室、洗衣室、图书室、体育场、医诊所、理发室、询问代笔室。西北洋灰厂设置了食堂、宿舍与家庭住宅、诊疗所、浴室、理发室、俱乐部、体育场、员工消费分社等。西北火柴厂设置了宿舍、浴室、理发室、乒乓球场等。西北煤矿第

---

① 《西北实业公司炼钢厂、机车厂、修造厂、炼钢机器厂、炼钢机器厂大同分厂、西北化学厂概况》，1947 年，山西省档案馆藏，档号 B31/1/003。

② 《西北实业建设公司电业处城内发电厂厂工福利事业概况调查表》，1948 年，山西省档案馆藏，档号 B31/1/113。

③ 《西北实业建设公司电业处城外发电厂厂工福利事业概况调查表》，1948 年，山西省档案馆藏，档号 B31/1/113。

一厂设置了员工食堂、宿舍、员工理发室、洗衣补衣室、医疗所、小学校、补习班、员工消费分社等。西北实业公司电力处暨太原面粉分厂设置了食堂、宿舍及家庭住宅、员工诊疗所、员工进学会、理发所、浴室、图书室、体育场等。西北实业公司太原面粉厂设置了食堂、宿舍、家庭住所、医药诊疗室、浴室、理发所、洗衣室、图书室、补习班、俱乐部、体育场、询问代笔室等。西北实业公司太原纺织厂设置了食堂、职工宿舍、医疗所、员工消费合作社、工友训练班、职工浴室、理发所、俱乐部、体育场、托儿所、哺乳室等。[①]

第二节　员工消费合作社

在解放战争期间，由于地盘逐渐丢失，粮食及原料供应紧张，阎锡山政府经济已经捉襟见肘。面对物资的日渐匮乏，不得不采取生活物资统筹分配的办法。阎锡山政府在西北实业公司成立员工消费合作社，员工的各类生活物资由公司统筹分配。

一　员工消费合作社章程

随着太原市各街道成立消费合作社，西北实业公司于1947年成立员工消费合作社，规定凡公司所属太原市各单位之员工及眷属均须加入公司员工消费合作社。要求各单位接到入社志愿书后，须普遍征询各员工并鼓励入社之情绪，尤须说明入社之好处，如不入社，嗣后想买面、布、盐、炭均无处可买。[②] 公司专门成立《西北实业公司员工消费合作社章程》，规定合作社以置办日常生活用品、供应社员之需要为目的。该社为有限责任组织、各社员以其所认股额为限负其责任。以西北实业公司及所属各厂处所为业务区域。凡在公司及所属各厂所服务之员工，凡愿意入社者应有社员二人以上之介绍或直接以书面请求理事会

---

① 《西北实业公司炼钢厂、机车厂、修造厂、炼钢机器厂、炼钢机器厂大同分厂、西北化学厂概况》，1947年，山西省档案馆藏，档号 B31/1/003。

② 《西北实业建设公司员工消费合作社筹备委员会函》，1947年，山西省档案馆藏，档号 B31/1/129。

同意后并报告社员大会即为入社之社员。脱离公司及各厂处所职务者及死亡者即为出社。有妨害本社社务、业务之行为者以及有犯罪或不名誉之行为者，可提经社务会出席理监事会四分之三以上之决议予以除名。出社社员可请求退还其已缴之股款，但合作社须以货物偿付出社社员之退还股金。股款之退还于年度终了结算后决定之。合作社社股金额每股国币10元，社员每人认购100股，至多不得超过股份总额20%。社员不得以其对于本社或其他社员之债权抵消其认购之社股，亦不得以其认购之社股抵消其对于本社或其他社员之债务。社员不得出让其所认购之社股。合作社设置社员代表大会、理事会、监事会及社务会。合作社业务主要有：（1）米面杂粮酱醋糖杂货布匹文具等之供应；（2）理发沐浴洗衣膳食等公用业务。供应配售物品以本公司产品为唯一来源，但公司不能生产者可向外购进或加工制造之。合作社售货价格以不营利为原则，但须酌加直接费用（如合作社经费、搬运包装费、利息及损耗等）。

该社售货以现金交易为主（为便利员工换取物品并易于稽考起见，可发行购物证，实行凭证换取物品）。合作社代社员订购货物，但须预交代价之一部或全部。每年十二月月底为结算期，应于年终结算时，造成资产负债表、损益计算表、财产目录、送经监事会审核并报告社员大会。年终结算后，如有盈余时，除弥补累积损失及付股息外、其余数应平均分为100份，按照下列规定办理：10%为公积金，5%为公益金，10%作为理事及事务员之酬劳金，75%作为社员分配金。①

二　员工入股办法

为了规范员工入股消费合作社，员工消费合作社规定凡员工在本市居住者，其本人均准入股为本社社员（范围以太原市内城南、城北及榆次兰村东西山各厂所员生为准，日籍职员领有眷粮者除外）。父母无职业且父须在60岁以上。配偶无职业者。子年在23岁以下仍在求学者，但公费生不准入股。女须在23岁以下无职业且未出嫁者（如仍求学，比照男

---

① 《西北实业建设有限责任公司员工消费合作社章程》，1947年，山西省档案馆藏，档案号B31/1/19。

子办理）。未出嫁女职员之父母无职业且父须在 60 岁以上。已出嫁之女职员比照男职员办理。不符以上规定而在本社入股者，一经查出即取消其社员资格，并没收其股金。如已在其他合作社入股领粮而又在本社入股者，除没收其股金外，并须将以前所领食粮如数追回。① 员工消费合作社在运营过程中也发现一些未兼顾到的人员。如 1947 年 12 月 19 日，员工消费合作社给太原平执会（平民经济执行委员会）发函（西消筹字第 48 号）请示三种情况：（1）工人失业后，其本人及眷属能否再入街合作社领购食粮？（2）新补或由外省及外县返太原市之职员可否继续入股？（3）工友如有病不能赚工资粮时，其食粮如何解决？上级经研究决定采取以下三点办法：（1）工人如失业时，由西北公司出具证明经本会审核后准入区合作社；（2）新补或由外省及外县返本市之职员可继续入股；（3）工友如因病不能领工资粮时，由该公司出具证明经本会审核后，准临时按加利息配售食粮（因病在五天以内者不配售）。②

三　食品配售办法

西北实业公司员工消费合作社 1948 年 2 月 1 日发函（西消配字第 55 号），规定了配发食油和土盐的标准。关于食油，规定凡本社社员不分内外区、男女社员每大口及小口各配 1 斤，小小口半斤（价按每市斤 10 万元计算）。关于土盐，补配上年 12 月份者不分内外区，男女社员每大口配发半斤，小口及小小口 4 两，价按每市斤 6480 元计算。本年一月份者不分内外区、男女社员每大口配发半斤，小口及小小口 4 两，价按每市斤 12500 元计算。配售油盐均由公司垫款，由一月份薪内坐扣，凡公司本部人员个别分取，各单位人员由各单位统领分拨并自备盛具。③

员工消费合作社 1948 年 3 月 7 日发函，对有关副食品配售价与量做出了规定。"查本社前购存酱油、食油、黑甜酱、腐乳、醋等副食品多种，经提十四次常务理事会议决，仍照旧历年配售办法按零售市价 8 折

---

① 《西北实业建设公司员工消费合作社修正入股限制办法》，1948 年，山西省档案馆藏，档号 B31/1/142。
② 《西北实业建设公司员工消费合作社函》，1947 年，山西省档案馆藏，档号 B31/1/129。
③ 《西北实业建设公司员工消费合作社函（西消配字第 55 号）》，1948 年，山西省档案馆藏，档号 B31/1/142。

配售各社员食用，兹将配售要点分列于后：配售品种价格及定量：（1）酱油每斤45000元，高醋每斤10000元，每人各限购2斤。（2）甜酱、豆酱、黑酱每斤各4万元，菜油、麻油每斤各12万元，每人各限购1斤。（3）腐乳每块3000元，每人限购10块。（以上价格均系八折实价）上项食品之配售不分内外区、男女大小口一样配售，但非社员不予配售。上项食品以售完为限，售完即予停售。"[①]

第三节 员工抚恤

西北实业公司较为完备的抚恤制度也是在抗日战争胜利并完成接收后逐步建立起来的，公司针对职员与工人工作性质的不同，制定了不同的规则。

一 职员抚恤规则

职员抚恤金分五种：终身抚恤、一次抚恤、特别抚恤、退职年金、婚丧补助金。凡职员因公受伤，经医士证明确成残疾，不能继续任职或改任他职时，由本处负责人复查属实，呈由经协理转请总经理照下列各款核给终身抚恤：（1）服务未满5年者每月给全薪15%；（2）服务5年以上未满10年者每月给全薪30%；（3）服务10年以上未满13年者每月给全薪40%；（4）服务13年以上未满16年者每月给全薪50%；（5）服务16年以上未满19年者每月给全薪60%；（6）服务19年以上未满22年者每月给全薪70%；（7）服务22年以上未满24年者每月给全薪80%；（8）服务满24年者每月给全薪90%；（9）服务满25年者每月给全薪。各请领恤金职员其伤疾如经医疗，复能任职者应停止其恤金。

凡职员因公遭险身故或积劳病故，经本管负责人复查属实，呈由经协理转请总经理照下列各款核给一次恤金：（1）服务未满1年者给予3个月薪金；（2）服务1年以上不及2年者给予4个月薪金；（3）服务2年以上不及6年者给予6个月薪金；（4）服务6年以上不及10年者给予

---

① 《西北实业建设公司员工消费合作社函（西消配字第82号）》，1948年，山西省档案馆藏，档号B31/1/142。

9个月薪金；(5) 服务10年以上者给予全年薪金。

凡职员因年老退职者，应由本管负责人呈由经协理转请总经理照下列各款核给退职年金：(1) 职员年达65岁者应即退职，其服务在10年以上者给全薪20%，服务满16年者给40%，以后每满2年加给10%，服务满25年者给全薪。(2) 职员年逾60岁，如精力衰弱、不甚任事自行呈准退职者，其服务在10年以上给前款规定标准之半数。(3) 职员虽未年达65岁，而精力衰弱、不堪任事自行呈准退职者，其服务满35年给全薪。

凡职员本人或子女嫁娶并父母死亡得由本管负责人核实事实，呈请经协理按其服务成绩酌予补助金。终身恤金退职年金均由本人按月具领至死亡之时为止，一次恤金由财产继承人具领，婚丧补助金由本人具领。所称职员以已下聘书者为限。所称服务年限应以职员任职未经间断者为限。所称薪金系以发生抚恤原因时之月支数目为准。公司抚恤基金由总管理处暨各厂所各部门于每年开支项下酌拨充之。①

二 工人抚恤规则

1948年9月，西北实业公司出台了《西北实业建设公司工友抚恤规则》，对工人各类伤残给予不同的抚恤。制度规定抚恤对象为本公司及所属各单位工人因执行职务或有特殊功绩伤亡者。所称工友系指长期受雇之工役警夫而言（临时工外包工除外）。对工人之抚恤分三种：一次抚恤、特别抚恤和丧葬费。规则中所称因执行职务伤亡者是指：死亡者、残废或心神丧失不能工作者、受伤一时不能工作者。规则中所称心神丧失系指神经受损及精神失常而不能治疗者，所称残废以具有下列情事之一者为准：伤毁视能、伤毁听能、伤毁语能、伤毁一肢以上机能、伤毁其他重要机能。规则中所称有特别功绩伤亡者是指下列情事而言：明知危险奋勇救护同人或公物者；不惜牺牲抵抗强暴、营救灾变者；奉命在危险地区工作、尽忠职守者。规则所称受伤一时不能工作者系指执行职务时，遭受以外及不可避免之伤而言，如因嬉戏斗殴、玩弄机具、行为不检、体质衰弱至伤者不予抚恤。

---

① 《西北实业公司职员抚恤规则》，1947年，山西省档案馆藏，档号B31/3/139。

工人因执行职务死亡者，依下列规定抚恤之：（1）抚恤金部分：自己无过失者：按其服务年资核给一次恤金。有特殊功绩者：除给前款一次恤金外，可由主管申述事实，报请公司按情节核给1—3个月工资之一次特别恤金。自己有过失者：核给恤金时，最多不得超过无过失者一次恤金数之半数。（2）丧葬费部分：丧葬费规定金圆券50元。规则所称服务年限以公司成立后到职之日起算，须继续服务有案可稽者，如在敌伪时期工作者按光复接收后到职之日起算。

工人因执行职务而致残废或心神丧失不能工作者依以下规定抚恤之：（1）自己无过失者：符合前述残废情形之一者，核给2个月工资之一次恤金；符合前述残废情形之二者，核给4个月工资之一次恤金；符合前述残废情形之三者，核给6个月工资之一次恤金。（2）有特殊功绩者：除给予恤金外可由主管申述事实，报请公司按情节核给1—3个月工资之一次特别恤金。（3）自己有过失者：核定恤金时，最多不得超过无过失者给恤金之半数。

工人因执行职务受伤一时不能工作者，依下列规定抚恤之：（1）自己无过失者：除由公司医院或各厂医疗所予以免费治疗，并供给医药外，在治疗期间，前三个月按月照给全数工资，自第四个月起，按月改发半数工资，至多以6个月为限，但住宿医院者伙食由本人担负。（2）有特殊功绩者：除依照前款抚恤外，可由主管申述事实，报请公司按情节核给1至3个月工资之一次特别恤金。（3）自己有过失者：在治疗期间，前一个月工资照给，自第二个月起按月改发半数工资，至多以三个月为限。

请领丧葬费及抚恤金须具有主管证明书及医院医师之证明或诊断书方可有效。核定抚恤金自工人死亡残废负伤之日起算，按本人最后日给本工工资，以每月一日公司调查小麦市价折合计算。领受死亡抚恤金及丧葬费之遗族，以在服务单位登记有案或经确实证明者为限，除遗嘱别有指定外，其领受顺序为：配偶、子女、父母、孙男孙女、祖父母、同胞兄弟姊妹。有下列情事之一者，丧失其抚恤金领受权：背叛中华民国确有证据者；丧失中华民国国籍者；受6个月以上有期徒刑之宣告或褫夺公权者。死亡者如无遗族时，除由服务厂所填具死亡报告书报请公司备查外，并须指定人员代为茔葬，所需费用由应领丧葬费项下开支。死亡者家属居住远方，不及赶到棺验时，可代为棺验，应领恤金俟其遗族到达时，填报请款书再向公司请领其恤金限期，由死亡之日起以一年为限，逾期不予发给。①

第四节　寿险医疗及个别访谈

1946年年底，西北实业公司已建立了较为完善的医疗救助体系，公司本部成立了医院，尽管医院规模很小，但是也设立了几个常见病的科室。医院设有内科、外科（包括皮花科）、妇产科（包括小儿科）、眼耳鼻咽喉科、齿科、药局、调剂室、检查室、护士室（包括病室）、理疗室、事务室。② 一些大点的工厂也成立了医疗所。公司还为公司职员统一办理人寿保险。公司成立个人工作访问团，了解民声，解决员工心中的问题。

一　参加人寿保险

从1946年10月的一则通知，可知晓西北实业公司开始推广人寿保险，首先在职员中推广。《西北实业公司通知：通知推行邮政简易人寿保险由》（西实会秘字第55号），"据山西邮政管理局储金汇业局人寿保险专员张君傅龙迭次前来请求设法提倡先由公司职员参加人寿保险事宜，并送到办法说明书及传单多份，以便发给各员明了一切，惟张专员口头声明每人每月只缴保费100元至400元，多少听便，最好一次缴足半年者，因为一次缴半年可少缴半个月保费，并予九五折之优待权力（此系最近规定），业经提出业务会议讨论决定先由公司本部推行外，将说明书及传单登记表各附发一份，希即分发同人评阅，由各处课长提倡推行并依式制表登记，迅速送交总务处汇总核转会计处核发薪时照数扣缴，以省手续为要。"③

---

① 《西北实业建设公司工友抚恤规则》，1948年，山西省档案馆藏，档号B31/1/31。
② 《西北实业建设公司医院办事细则》，1947年，山西省档案馆藏，档号B31/1/22。
③ 《推行邮政简易人寿保险的通知》，1947年，山西省档案馆藏，档号B31/1/24。

二　住院与就医

1946年，西北实业公司医院仅有4个病房20张病床。为了规范入院、出院手续，公司出台了《西北实业公司收容伤患出入院规则》，规定因公司医院床位有限，发生意外时，伤患可以就近在各厂所指定相当房舍作为临时收容之所，其需要转送其他公、私立医院时，由医院或各该厂所相互恰办之。西北实业公司医院收容的对象之原则为：（1）尽先收容因公受伤员工；（2）其有特别情形时，须由经协理之许可收容其他患者；（3）以无隔离传染病之设置，法定九种内科传染病以不收容为原则。医院入院手续是，因工受伤必须住院治疗者，应由各主管厂所部室首长出具证明，直接送院。各科大夫在门诊时，发现伤患中有住院之必要者，须出具诊断书，由医院签准其住院。伤患入院时，其有各所属首长或患者家族出具保证书之必要者，须由医院随时商酌办理之。各厂所之有医疗场所者，一切入院手续应责成该属医务人员办理之。关于入院时间，医院规定普通伤患在上午8时至下午5时，临时发生之急性伤患应随到随收，准入院后，再行补办手续。以病床有限，唯恐收容已足量，徒劳伤患往返计，在送伤患前，主管厂所应先与医院电话627号预为联络，以便护送其他医院诊疗。伤患入院时，应一面将伤患径送所属各科，先行诊治，一面持证明文件向护士长恰办入院手续。在诊断时间以外入院者，一切手续由主宿医师及护士长履行之。伤患出院时，经各科大夫决定后由护士长办理出院手续，再由各该厂所派员领回。久病不愈须返籍休养或转地疗养与给资遣散者，由医院商同所属厂所请示经协理决定之。伤愈后，已成残疾者，由所属厂所负责或由医院请示善后事宜。其不幸因伤病太重病故者，因院内无停尸房间，为恐久置腐臭并防止传染计，医院须通知所属厂所于2小时至5小时以内到院认领尸体埋葬，但距离医院太远之厂所除通知厂所外，应随时报请公司核办。如伤患已愈，倘有希图偷懒拒绝出院者，可由医院呈准强制施行之。出院时，应将公私物品分别与护士长交点清楚，方准离院。住院患者如违反公司章则与医院规定或有其他不法行为者，除惩处办法临时请示外，必要时应由医院呈请予以强迫出院。住院期间医药之消耗，因工受伤者免费，其余均酌收材料费。住院期间，除特殊情形外，以不带随侍员工，由医院增设之护士、夫役服侍为原则。①

对于就医费用，1947年8月公司根据各类费用及病种的不同制定了相关规定。职员诊病后，应取得花费收据，呈缴主管负责人查核并依照下列各项规定补助之：挂号费全数由公司补助；药费及普通手术费公司补助半数；住院病房费公司补助；膳费个人自理。患病职员需要实施特别手术时，其费用应另案呈请核定。职员如患性病所需医药或因滋养身体服用补剂其花费公司不予补助。②

三 个别访谈

1946年9月，西北实业公司成立个别工作访问团，目的在于明了工人工作情形、解除同人工作困难、鼓励同人工作情绪。访问人员按性质及关系，由各处厂所院会社分别派人员担任之。每次出席访问时，由总务二课召集之。访问事项有：个人之承办事项、承办事项是否够办、工作是否感兴趣、工作有无困难、对自己工作有何改进及心得。每次访问报告汇总后，须召集有关方面开检讨会议检讨之。③ 此举在当时具有重要的意义。公司能够以低姿态与普通员工开展个别沟通交流，不仅可以发现工作中的问题，还可以了解工人的心理状态，更重要的是体现阎锡山政府的一种政治抚慰，可以及时处理问题于苗头状态。同时此举也或多或少带有心理疏导作用。

第五节 员工薪酬情况

西北实业公司员工薪酬经历了一个由优厚到捉襟见肘的过程。薪酬最高的时期是在抗日战争前。日军入侵使西北实业公司遭遇灭顶之灾，公司大伤元气，甚至在抗日战争胜利后，虽公司规模扩大，员工待遇始终没有恢复到抗日战争前的水平。

---

① 《西北实业公司医院收容伤患出入院规则》，1946年，山西省档案馆藏（1947年1月），档号B31/1/22。

② 《西北实业建设股份有限公司补助外埠各单位职员医药等费办法》，1947年，山西省档案馆藏，档号B31/1/22。

③ 《西北实业公司个别工作访问团规则》，1946年，山西省档案馆藏，档号B31/1/23。

一 抗日战争前薪酬高、差距大

西北实业公司自 1933 年 8 月开始运营,经过几年的发展,到抗日战争前已经取得了巨大的建设成就。当时职员与工人的薪酬较高。从表 5-1 可以看出来,在 1936 年 5 月时公司各级职员的薪酬标准。先不考虑当时货币购买力,假设助理员(办事员)平均收入为社会最低生活标准,即为 18.5 元。先不论经理、协理之收入,仅仅达到技师最低级的九级就能领取到 160 元,是为社会最低收入之 8.6 倍。即使是最低级的工务员(事务员)收入也是社会最低收入之 1.6 倍。由此可知,当时西北实业公司职员整体收入较高,但是存在收入差距过大的问题,经理收入甚至达到了最低级办事员收入之 50 倍。

表 5-1　　　　　　　西北实业公司职员薪级表①　　　　　　单位:元

	经理	协理	技师/理事	技士/干事	工务员/事务员	助理员/办事员
一级	400	320	320	160	80	29
二级	350	280	300	150	75	26
三级	300	240	280	140	70	23
四级			260	130	65	20
五级			240	120	60	17
六级			220	110	55	14
七级			200	100	50	11
八级			180	90	45	8
九级			160	80	40	
十级					35	
十一级					30	

二 抗日战争后每况愈下

抗日战争胜利后,阎锡山抢占接收先机,原西北实业公司所属各工

---

① 《西北实业公司人员薪级表》,1936 年,山西省档案馆藏,档号 B31/1/012。

厂又重归其下。当时战乱刚停，各项管理均未步入正轨，金融秩序还未恢复，工人薪酬暂以粮食付给，但是所付粮食足够工人本人及部分家人食用。1945年10月，公司为提高工人待遇，加大工作效能，并确实实行按劳分配，使劳享合一，对工人实行编伙，并按伙分粮。各厂就现有工种及人数分别编组编伙，每组10人为原则，其情形特殊者，可酌予增减，每组设组长1人，由组内互推之，以若干组为一伙，设伙长1人，由本伙各组长中互推兼任之。各种工人之编伙应视其工作性质，依下列规定分编：木工（按制品种类或工作程序分组）、锻工（以炉为单位按制品种类分组）、铸工（按工作程序分组）、钳工（按工作种类分组）、机工（按工作种类或机器种类分组）、原动工、刀具工、检验工、修理工。原动、刀具、检验、修理四种工人各按工作需要之人数分组，如人数过少时，可合编为一组。

各种工人不分工种一律定为全年每人底粮小麦8官石4斗，技术加粮小麦6官石（以下均简称为"石"），每工工资均以小麦计算，按每月一日所在县城内小麦市价（根据食粮供销部登记人民交易之市价）折发法币。各工匠中如有技术特优者，其待遇另定之。编伙以外之兵夫工资每人均按全年小麦8石4斗计算，平均每日应得工粮2升8合，照工人工资折算办法折发法币。工资均应按月结算清发。工资清发后各组应将所得工资分为两部，一部是每人全年8石4斗的底粮，另一部是技术加粮，其分配办法如下：（1）底粮：以300天平均每工日得小麦2升8合，将所得全部工资照此标准计算出底粮部分，应得若干按全组人数平均分配之。（2）技术加粮：全部工资除底粮以外，所余部分即为技术加粮，分作百份，各组均照下列规定标准分配之：伙长津贴提1%；救济费提1%；其余98%（按本组各工友之技术及劳力由组长公平评定每个工友应得成数，送伙长核准，转呈工务主任核定并须经本组工友半数以上之赞成分配之，组长提最高成数）。（3）救济费：系专为补助因公负伤者，即不另提（何月由何月提）。在工作数量内如因公家材料供应不及致减少工作时，其少做数量仍照发工粮以免工人吃亏。能改良工作方法或提高工作效能，能省工省料者，按其节省价值从优给奖，反之费工费料致公家遭失较大损失者酌情形议处分。工人食粮照规定标准由公供给，月终按折算工资所用之标准市价（即每月一日市价）坐扣。工作服装亦由公发给，照价平均按月坐扣。伙夫及柴炭由公家供给。工人眷属食粮由厂核实人数按眷粮规定标准价供，由工资内坐扣，如欲兑粮，在我政权达到县份准予平兑，但眷粮及兑粮均不得超过其本人应得工资之范围。工人因公受伤者，经主管核准工资照常支给并由厂方送往医院治疗，临时所需之医药费由厂负担，以病愈为止。① 由此可知，当时每个工人全年底粮为8.4石，全年技术加粮食为6石，合计14.4石。按全年300个工作日，每工平均日得粮0.048石。

随着阎锡山政府占领区域的逐渐缩小，粮食逐渐短缺，到1947年时，工人工资平均每人每日为3升7合5，按米麦各半发给并照下列标准分等待遇：技工（特别技术）：4升1合至6升；正工（普通技术工）：3升1合至4升；副工（半技术）：2升1合至3升；工徒：1升4合至2升。工粮半数发给现品半数折发现款。工人每日工作时间通常为8小时，系按季节随时令调整，如须加工每日不得超过4小时，其加工部分凡满4小时者按半加发工资，不满4小时者按点加发工资。② 此时，工人平均日得粮为0.0375石。

1948年，公司开始限制工人的工资。如西北发电厂（当时城内发电厂有工人143人、警夫役51人，共194人。城外发电厂有工人212人、警夫役27人，共239人）为"响应渡过难关号召，撙节工资食粮起见"出台《工友工资限制办法》，规定城内外厂电机工、锅炉工、运搬工工作时间每日为12小时，按1又1/2计工。工作时间以外加工足1小时者，加1/8工。城内外厂修理工及本处电工工作时间每日为9小时，按1又2/10计工，工作时间以外加工足1小时者，加1/10工。公休例假在非常时期暂行取消工资，出勤工人工资照给，缺勤者不给。工人每月不旷工不误点不请假者仍奖励两工。凡不必要之加工应切实检点，尽量减少，其最高工数以55工为限，平均工数，城内者不得超过43工，城外者不得超过46工，总平均以45工为限。城外厂工人工资每月合粮总数以186石3斗（警夫役13石6斗6升，工人172石6斗4升）为限。城内厂以148石3斗（警夫役29石1斗7升，工人119石1斗3升）为限。平均每人

---

① 《兵工各厂工人编伙办法》，1945年，山西省档案馆藏，档号B31/1/022。
② 《山西全省民营工厂工人工资现况》，1947年，山西省档案馆藏，档号B31/1/212。

每工实得工资食粮城外厂不得超过1升6合7，城内厂不得超过1升7合3，两厂总平均不得超过1升7合。[1] 如果以每个工人每日得粮1升7合计算，可以折合为0.017石。与前各阶段相比，已大大减少。

到1949年3月，工人每月领取食粮数量更少。如表5-2所示，当时西北实业公司轻工业各厂工人每人每月平均得粮0.4098石，平均每日为0.0137石，与1948年相比，更为减少。

表5-2　　　轻工业各厂工友自3月16日起逐月需用工资食粮统计表[2]（1949年3月26日）

厂名	工友人数	月需小麦数（石）	每人每月平均数（石）
毛织厂	46	19.5	0.4239
太原纺织厂	282	113	0.4007
太原面粉厂	26	10.5	0.4038
面粉分厂	60	26	0.4333
织造厂	268	125.5	0.4683
配煤所	12	4.5	0.3750
卷烟厂	236	103	0.4364
消费社	13	4.7	0.3615
公司本部	314	120	0.3822
实验场	49	19.5	0.3980
火柴厂	163	64	0.3926
印刷厂	60	26.5	0.4417
共计	1529	636.7	0.4098

三　太原解放前捉襟见肘

进入1949年，阎锡山政府控制区域所剩无几，处于资源极其匮乏状态。公司已无法为员工提供足够的粮食，甚至好多工厂出现了粮食短缺问题，缺粮也同时带来了分配不均的现象。

---

[1] 《工友工资限制办法》，1948年，山西省档案馆藏，档号B31/1/048。
[2] 《轻工业各厂工友自3月16日起逐月需用工资食粮统计表》，1949年，山西省档案馆藏，档号B31/1/268。

各工厂纷纷向公司汇报本厂缺粮情况，诸多工人因食不果腹无法保障生产，要求公司多拨粮食。如1949年1月7日，西北窑厂给公司发函（西北窑厂公函38年第2号）叙述本厂惨状，要求公司拨粮。"据职厂工友报告自上年8月份限完工资粮以来，职厂一般工友所赚食粮每月不足维持生活，旧有积蓄亦经贴垫，艰苦支持已历五月之久，技工月得粮，最高者八九斗、最低者六斗，普通工友仅四五斗，且因不能按期拨发，常感接续不上，家中人口较多者豆饼麸麴亦不够吃等情，经调查食粮接续不上者90人，约占全厂工友38%，刻下即无食粮者25人，约占10%，许多工友因生活逼迫有请调他厂者、有哭诉艰苦请给长假另谋生路者，亦有不时请短假出外寻找食粮者，一般情绪至为不安，影响生产甚大，相应函报即请。公司统筹设法改善以利工作而安情绪为祷。谨呈经理彭，协理曲。西北窑厂厂长宫占元。"①

西北炼钢厂也于1949年2月17日给公司发函（西实钢38总字第34号）陈述因缺粮导致工人患病增多，要求尽快解决粮食问题，"躬查本厂工友近来因食粮缺乏或以麸麴充饥，营养不足以致感患疾病者日益增多，而出勤率日益减低，困难重生，几至束手。此种情形尤以炼焦课至为严重，截至现在计，因病眼瞎者王恩和等4人，患夜盲症者孟甲生等28人，患眼炎者李玉巍等18人，是皆由于饥饿与食用麸麴所致并且焦炉工作因出勤人少顾此失彼，机器随之时生故障，炉温亦复降低，工友等在顺利情形下虽饥寒交迫当可勉强支持，若困难当前则更裹足不前，本月14日因炉门破坏，修理提门机及推焦杆等全日仅出焦炭12炉，夜班欠勤工友竟达半数以上，工作无法进行，不得已由炼钢运输等课临时调用工友18人始行出炉，但各课出勤人数亦少，经常调用势有未能，长此以往将必陷于停顿，海峤职责所系难安缄密。现因饥饿而患病工友计有128人，拟请对该等先行设法筹给一部食粮俾资疗养不特救济该工友等生命，并可藉以维持焦炉工作，于公于私庶得两全，如何之处敬请"。②

纺织厂于1949年3月统计工人存粮天数，350名工人中，无粮工人

---

① 《函报工友食粮缺乏、生活艰苦实况请统筹改善》，1949年，山西省档案馆藏，档号B31/1/285。

② 《函请设法筹给食粮俾资疗养救济》，1949年，山西省档案馆藏，档号B31/1/285。

达到195人，存量仅仅1日的91人，存粮2—3日的27人。①意味着近90%的工人断粮或即将断粮，其形势更加严峻。

面对缺粮及分配不均的情形，无法生存的工人开始纷纷向公司反映，甚至一些工人直接向山西省动员戡乱财务管理委员会反映。该会将函转发山西省人民公营事业董事会，董事会只能将原因推给西北实业公司分配不均。其于1949年2月23日发函（董会字第26号）称"山西省动员戡乱财务管理委员会移来2月17日签呈开奉交下西北实业公司工人2月12日呈。会长函称自去年12月份至本年2月份三个月的工资粮均未发到，工人们有在太原市讨饭的，有将亲生子女出卖的，现在有两三天见不到饭的，有走的、有死的，都是叫苦连天。但西北实业公司职员每月能拿白面百余斤，五台山纸烟两条，还有薪饷、煤炭及一切花费，对工人们什么也不发，还说工人是牛马，非打骂不可，请设法迅予解救等情，奉批财二处等因查西北公司上年截至11月份以前各月工资预算粮均按应拨数悉数拨清，所有12月份工资粮业已拨发，现粮及现款折麦1863石625合，工人应领工资粮拟请批由该公司按工人需要在已拨粮款内匀配分发"。②此外还发现一个现象，公司于1948年12月给西北煤矿第一厂发函（西实工一字第629号），指出该厂8、9月份警夫役工资计算册内所盖名章部分不合规定，并将工资计算原册发交煤矿第一厂，"查该厂报送之8、9两月份警夫役工资计算册经核册内所盖名章计八月份盖指纹者290余名，油印名章者2名。九月份盖指纹者20余名，且所盖指纹有一人代盖十数人者，似此情形殊与规定不合且恐发生弊端，兹将原册发还，希按规定办理并另行报核为要"。③在缺粮且人员流失剧增的时期，工资计算册，被大量代签，也许不仅仅是代签，或许存在冒领之嫌。

面对如此严峻的形势，西北实业公司经理彭士弘向太原绥靖公署发函（西实工一字第4号），请求按月拨粮并多配杂粮。"近据各厂工友纷纷反映称自上年八月份起，奉令紧缩减低工资后，职等除技工、正工尚可勉强维持其简单生活外，至于副工、工徒就个人生活实感困难，而食

---

① 《太原纺织厂工友生活实况调查表》，1949年，山西省档案馆藏，档号B31/1/285。
② 《请已拨粮款匀配分发》，1949年，山西省档案馆藏，档号B31/1/285。
③ 《函西实工一字第629号》，1948年，山西省档案馆藏，档号B31/1/285。

粮又不能按期拨发，现已近一月份，上年11月份工粮尚未发清，抵垫无力，断炊堪虞，更以近来拨发之粮多系黑豆，食之不易消化，有碍健康，影响工作甚巨等情，查该等所称确系实情，为安定工友生活，不影响军火制造计，敬请嗣后对工友工粮按期拨发并尽量多配其他杂粮，所有上半年11、12两个月份欠粮请迅予结清，以免断炊，再以旧年将尽，为体念工友生活艰苦，一月份工资粮请提前拨给并搭配一部细粮以应需要而利生产谨呈太原绥靖公署。"①

而阎锡山政府已经无力供给工人食粮。阎锡山在1949年3月6日以太原绥靖公署名义亲自给西北实业公司回电（太原绥靖公署代电第518号），仍然是要求西北实业公司均匀分配粮食，"据该属西北修造厂工人宋秉钧反映，去年2月份的食粮只发麸皮面及黑豆三成，其余七成尚未得到。本年一二月份的食粮和薪饷至今尚未拨发，整日空腹上工等情。查该公司12月份工资粮已拨发，现粮及现款据查共计2289石799合，所有该厂工人等应领之食粮着由该公司从已拨粮内设法匀配维持。本署即行设法继续筹拨以安工友情绪。希即遵办为要。主任：阎锡山"。②

此时各工厂已无法继续维持之前的生产，粮食的短缺迫使各工厂开始裁撤员工。1949年3月12日，公司高层秘密用纸条批示给予自主离厂之员工现洋2元的补贴。"此次由厂方主动着离厂自谋生活之工友以厂长名义每人给现洋2元（开除及自动离职者除外），此项开支先由公司预借，发毕列册报核。（此款必须发给本人并限五日内列册报核，此项办法只厂长知之，勿要公布）"。③ 随后各厂针对自主离厂员工，逐一发放现洋。西北修造厂发函（西修38函字第69号）反馈称，"查职厂此次离厂自谋生活工友1439名，公司预借银元4414元，按每人二元计，实发2878元，尚结余1536元。为体恤离厂工友生活困难计，复由职厂福利金项下每人加发银元1元，计实发1439元，除结余银元1536元另案呈缴外谨将发款姓名册随函送缴，并请将由厂福利金支发银元1439元一并核销

---

① 《函请按月拨发并尽量多配其他杂粮》，1949年，山西省档案馆藏，档号B31/1/285。
② 《西北修造厂工人食粮着由该公司已拨粮内匀配》，1949年，山西省档案馆藏，档号B31/1/285。
③ 《给予自主离厂之员工于补贴》，1949年，山西省档案馆藏，档号B31/1/285。

为裤"。从电文可知，西北修造厂除擅自做主为离职员工多发1元外，还不及时归还公司预借银元。此外，自谋生活工人竟然达到了1439人，说明该厂实际经营状况不良，足见当时的西北实业公司已经被缺粮拖垮。

第六节　其他福利措施

西北实业公司还有诸多福利事项，如成立俱乐部、制作工服、配发牛奶、举办期刊社、给女工孕假等，大多是在公司效益较好的时候举办起来，在公司缺粮濒临倒闭时好多福利也就无法兑现。

一　成立西北俱乐部

公司成立西北俱乐部，旨在"增进职工情感、焕发职工情绪、提高工作效率、促进整体精神并加强戡乱建国实力"。俱乐部设理事长1人由公司职工福利委员会主任委员兼任之，理监事若干人，由福利委员会委员分别兼任，理监事会决定本部兴办事宜。设立主任、副主任各1人，均由理事长聘任之，其职权如下：主任承理事长之命，综理本部一切事宜。副主任：襄助主任。主任副主任之下分设总务、事务、会计三组，分别处理各组一切事宜，各组按事务繁简分设干事若干人。俱乐部下设电影、话剧、歌剧三队，各队设队长及指导员若干人，分别办理各队研究与排演事宜。俱乐部营业状况及收支情形由会计处拟定办法派员办理之。俱乐部由福利委员会领导，其业务范围归总务处主管，性质与消费社医院同。理事会每月召开常会一次，如遇特殊紧急事项得由理事长随时召集开会。本部部务会议每周召开一次，由主任或副主任召集之研讨部内各组队经常事宜，如有情节较大困难较多，部务会议不能处理，需提交理事会解决之。①

二　发制服配牛奶给孕假

公司职员制作有统一的制服。如1948年4月10日，公司对职员夏服的制作做出规定："公司职员本年度夏服援照上年度旧例发给，公司自制

---

①《西北俱乐部组织章程》，1946年，山西省档案馆藏，档号B31/1/026。

土黄色哔叽布制服一套（帽子一顶、上下身各一件），式样与上年度制发者相同。职员制服由织造厂承做，由各单位总领分发，工料价均由公司支付。公司本部及太原市城内外各单位限五日内造具名册二份报送公司以便转知织造厂派员分别量制。"①

公司为特殊人群（不含眷属）配发牛奶，配发对象为：结核病人（痨病）；消化器障碍的病人；重病恢复期病人；维生素缺乏病人；贫血及一般衰弱的人；五日以上的发热病人；体重小于身长 1/3 以下的成人（如身长 150 厘米体重在 50 斤以下者）；15 岁以下童工符合以上标准者每人每日领奶数不得超过四分之一磅。牛奶配发办法为，按职工总人数 2% 发给，备发牛奶总数为 1200 桶，但每一员工不得超过 3 桶，由各该厂主管人员负责。医院住院患者备发牛奶总数为 400 桶，每日每人半桶至一桶。医院门诊需要营养之患者备发牛奶总数为 300 桶，每人半桶至一桶，每日备发数量为 5—10 桶。员工眷属营养不良，经经协理核准医师检查合于规定者备发牛奶总数为 500 桶。领用牛奶员工须将空桶空箱送还医院以便凭桶向善救分署续领，送不到时，由各该厂主管人负责赔偿。员工营养过于不良者可亲到善救分署检查登记另行请配。手续不明者临时电话问公司医院。外县各厂可就近到当地善救分署工作队按规定洽领。②

按照当时阎锡山政府的规定，山西省人民公营事业董事会发函（董总字第 126 号函），准予给小产女工以孕假。规定女工小产怀孕未满 5 个月者应给假 2 星期，怀孕 5 个月以上者，应给假 4 星期，其入厂工作 6 个月以上者假期内工资照给，不足 6 个月者减半发给。③

三　规范婚丧公份

西北实业公司统一规定职员婚丧等事的公份，并从每月工资内扣除。1946 年 9 月 21 日出台《修正送公份办法》，办法规定凡公司本部同仁如遇婚丧等事（限于直系亲属）各级职员应一律随送公份。同仁婚事丧事

---

① 《西北实业建设公司制作职员夏服注意事项》，1948 年，山西省档案馆藏，档号 B31/1/23。
② 《配发牛奶办法》，1946 年，山西省档案馆藏，档号 B31/1/23。
③ 《女工小产给假暂行规定》，1947 年，山西省档案馆藏，档号 B31/1/31。

公份应由该管处课主管人员通知总务处第三课办理。总务处第三课接到通知后,除在揭示板上通告各同仁周知外,并将应送礼洋先行垫付,再通知会计处由各同仁薪饷内坐扣。不论婚事或丧事,各同仁随送公份外,其有须亲身帮忙参加典礼者,可另行酌办。公份标准,理事干事级以200元,事务员办事员级以100元为限。送礼后,当事人以谢帖通知,不另设酒饭招待。公司所属各单位同仁举办婚丧等事亦应遵照执行。公司本部及各单位同仁婚丧等事,为增加情感,维护整体,亦应互相联系,彼此通知,办理公份。在本部者由总务处通知,在各单位者由主办庶务部分通知,但参加与否,各同仁自行酌定,不加勉强。[①] 如此统一公份标准,既能平衡职员关系的疏远,又能为职员减轻负担。

四　筹办期刊

西北实业公司办有《西北实业月刊》《西北实业周刊》等期刊。如《西北实业周刊》征稿通知欢迎下列稿件:总经协理有关经济生产训话及文言之研究单发;工厂一切动态;营业实况(生产数字与有关之各项报告通讯等);实业上各项技术之改进与发明;人事、工作之仿效与鉴戒;有关实业之各项学术研究。此外,为增加阅读兴趣,特开副刊专栏征求下列稿件,但以短小精悍者为限:各厂间及工人间之小事,幽默故事笑话、文学小品,家常琐事,其他有关实业之新闻。规定来稿文言语体不拘,字数除特约撰述者外,以3000字为宜。来稿一经刊载,报酬从丰,但指定工厂撰写者除外。本刊对来稿有删改权。来稿送交公司编审委员会。[②]

此外,一些工厂也办有自己的期刊。如西北机车厂办有《机声》月刊,目的在于调剂员工生活并改进交换技术。该社有社长1人,由厂长兼任,主任2人,总务主任1人,编辑、干事各若干人,均由厂内员工义务兼任之。发行刊物稿件由厂内职工供给特约撰述,对非特约稿件可酌给与润笔。刊物为非卖品,但须酌收一部工料费。该社为厂内福利设施之一,可动用积存福利准备金,但须经社长之许可。征收的稿件有时评、

---

① 《修正送公份办法》,1946年,山西省档案馆藏,档号B31/1/23。
② 《西北实业周刊稿约》,1946年,山西省档案馆藏,档号B31/1/23。

论著、译述、技术研究、工作常识、文艺创作、游戏小品等。各部分同人除特约撰述者外，均有投稿之义务。来稿文言语体不拘，但须缮写清楚。来稿一经刊载酌致薄酬（特约撰述者除外）：甲等 5000 元，乙等 4000 元，丙等 3000 元，丁等 2000 元。[①] 筹办期刊，首先可以传播官方的主导思想，其次可以实现技术的交流，再次可以方便员工发表心声，对员工进行价值引导。

小　结

本章叙述了西北实业公司之薪酬福利管理。公司成立福利委员会，建立各类福利设施，成立员工消费合作社，低价配售粮食和生活用品，对工伤及退休员工给予抚恤，为职员参加人寿保险，制定员工就医用药办法，对员工进行个别访谈，成立西北俱乐部，为职员发制服，为特殊人群配牛奶，给女工孕假，规范婚丧公份减轻员工负担，筹办期刊等，可谓十分周全。然而随着阎锡山政权濒临覆亡，这一切福利也随之消失。关于食粮配发，在抗日战争前，员工薪酬较高，但是级别较高者与级别较低者差距很大。抗日战争胜利后，员工待遇逐年下降，在太原解放前时已经是捉襟见肘了，甚至出现了好多工人无法生活的情况。

---

① 《〈机声〉月刊社简章》，1946 年，山西省档案馆藏，档号 B31/1/24。

第六章

西北实业公司的财务管理

西北实业公司在成立之初,财务管理还不是很规范,后请财务管理专家从账目和表格方面进行了规范,确保公司财务会计的规范运行。抗日战争胜利后,公司逐步采用现代会计制度,从制度层面实现了公司财务管理的规范化、现代化。

第一节 抗日战争前规范科目与账形

公司成立之初财务管理还采用旧式记账方式,而此方式根本不适应公司业务的迅猛发展,急需进行财务管理的改革。

一 建立会计规程草案

1935年,时任经理梁航标为了提升公司的效益,从天津公立甲种商业学校聘请著名会计师韩瑞芝指导公司会计制度的全面改革。韩瑞芝根据公司的实际情形,采用逐步推进的办法,将公司账簿由传统的中式账簿过渡为新式账簿。同时,在韩瑞芝的指导下,制定了《太原西北实业公司及所辖八厂会计规程草案》。该草案共分14章:第一章绪论,第二章总则,第三章原料之采购领用及管理,第四章工资之处理,第五章间接费之处理,第六章会计科目,第七章传票,第八章账形与账簿,第九章表单之种类及杂形,第十章西北煤矿第一厂特殊会计科目及账形,第十一章西北毛织厂特殊科目及账形,第十二章各厂特殊账表名称及账形,

第十三章结算及决算，第十四章附则。[1]

二 规范科目与账形

实际上，韩瑞芝对西北实业公司的会计制度改革主要是会计科目的确立和记账方式的改革，触及的是实践层面的账与表，还未建立起现代意义上的会计制度体系。因为此次改革始于总管理处时期，参与此次改革的胡景沄解释说明到，当时将总公司账目与总管理处账目分开，便于统计计算。公司的记账程序如下（见图6-1）：

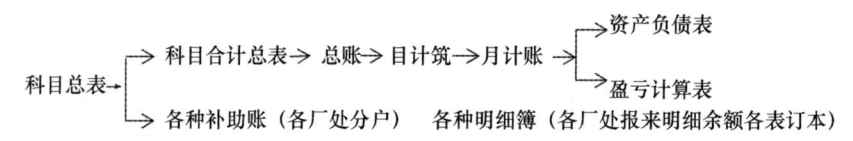

```
                  ┌→ 科目合计总表 → 总账 → 日计算 → 月计账 ┬→ 资产负债表
科目总表 ─┤                                                └→ 盈亏计算表
                  └→ 各种补助账（各厂处分户）  各种明细簿（各厂处报来明细余额各表订本）
```

图6-1 西北实业公司记账程序图

1. 每日收到各厂处科目合计表，加总管理处科目合计表，汇制科目合计总表，然后反其收付，记入总账中各该科目内。

2. 每日依据各厂处及总管理处报来之科目合计表，按表内科目，将每日之收付总数，反其收付，逐笔抄入各该补助账各厂处户内。

3. 每日根据总账各科目之余额，制日计表，此日计表内各科目之数即表示公司所属各厂处所有资产负债盈亏之数。

4. 每月终根据总账各科目制月计表，俟数字相对后，再将各厂处报来之资产负债表及盈亏计算表，汇总编制总资产负债表及总盈亏计算表。

5. 各种补助账，皆系依各厂处分户，每种补助账户各余额合计之总数即等于总账内各该科目之余数。

6. 各厂处报来之各种四柱表、余额表、明细表，皆应各厂科目分别订存，以作补助账中每一户之明细补助记载（即明细簿）。[2]

---

[1] 韩瑞芝：《太原西北实业公司及所辖八厂会计规程草案》，《商职月刊》1935年第1卷第1—6期，第2卷第1—6期。

[2] 胡景沄：《太原西北实业公司统一所属各厂会计组织之概要》，《会计杂志》1936年第8卷第4期。

第二节 抗日战争后采用现代会计制度

西北实业公司在抗日战争胜利后开始注重规范财务管理，采用现代会计制度。1947年6月26日，在公司第26次会计会议上会计处黄信实课长向会议报告"查此次重新规定新的会计办法及其内容梗概业经由张处长向大家说明，兹就个人参加审查的情形向大家简单报告，报告此新办法定名为《西北实业公司会计规程草案》，其内容分七编"。①

《西北实业公司会计规程草案》于1947年7月1日正式颁发。第一编总则包括：通则、会计报告、会计科目、会计簿籍、会计凭证。第二编普通会计事务处理细则包括：会计科目规程、预算规程（预算单位及预算核定、预算之编造、预算之执行）、决算规程（决算单位及决算准则、账簿及记账、传票发行处所、传票发行期限及日期）、决算规程施行细则（传票发行、每日决算（传票及科目日计表、记账、转账通知单之填制及发送、转账通知单之受理、总括整理）、每月决算、年度决算及年度开始之整理）。第三编成本会计包括：成本会计制度、成本计算方法、成本计算表。第四编财产包括：财产规程、财产规程施行细则（总则、财产之新设增设及改造、财产之保管移转、不用财产、财产之撤除消失及破损、财产之拍卖出借捐赠及交换）、折旧规程。第五编现金。第六编现金出纳规程。第七编附则中说明了决算单位与决算附属单位之决算关系；西北实业附属医院会计规程；西北实业公司电业处所属运城、临汾、太谷、忻县电所榆次电灯营业所会计规程；西北实业公司天津采办处、北平采办处、石门采办处、临汾物料运销处、西安购销处、京沪办事处会计规程；会计科目固定资产机器及设备说明一览表；各种预算表单样式；各种决算表单样式；各种财产整理表单样式。②

一　规定会计基本标准

《西北实业公司会计规程草案》规定公司会计年度采用历年制自1月

---

① 《西北实业公司第26次会计会议记录》，1947年，山西省档案馆藏，档号 B31/1/064。
② 《西北实业公司会计处会计规程草案》，1947年，山西省档案馆藏，档号 B31/4/001。

1 日起至 12 月 31 日止。公司应以国币"元"为记账单位，小数至分位止，厘位四舍五入。公司会计系统计分二级：总会计（公司会计处负有汇总各单位分会计账目之责）、分会计（各单位会计，直属于总会计）。公司所属各单位会计制度应按资本之独立或不独立与本公司距离之远近、性质、规模分别采用查账制、报账制、报销制或查账报销混合制。各种账簿表报单据均由公司印发，各单位不得随意印制。规程所定之会计科目及账簿表报单据之名称大小样式颜色，不得随意增减或变更，如因有特殊关系拟变通办理者，非经陈明公司核准不得自行变更。各种账簿表报单据之保存年数应依法定年数保存之。公司各部分及各单位每年年底应拟具次年全年收支预算报送公司审核编制全公司全年预算，提交业务会议审核后施行。公司各部分及各单位每月 25 日以前应拟具次月收支预算（应在全年预算范围以内）报送公司复核，编入全公司预算提交业务会议审核后施行。公司及各单位每月办理月算一次，每年分上下两期各办理结算一次，年度终了时应办理年度决算一次。各项表报在分会计应编制四份，以一份存查，三份送总会计汇核合并。凡保管料品收发之计价，均应以购入实价及其连带费用平均价格办理之。银钱物品之出纳均须以合法之证件为凭。有国币以外之货币交易时，应就当地当时市价折合国币办理之。折合之价在结算与决算时，若与市价悬殊，须调整之。

二 详列会计科目

公司会计科目分普通及成本两部。

普通会计科目分资产、负债、资产负债共同、资本、利益、损失等六类。资产类包括：固定资产、流动资产和递延资产。其中固定资产包括：（1）附属事业投资（凡本公司对所属营业机关所投之资金皆属之，投资之数计入借方，收回转让售出或减少之数计入贷方，其借方余额表示本公司对所属营业机关投资之总额）；（2）矿区；（3）坑道；（4）生产设备；（5）电气设备；（6）土地；（7）房屋及建筑；（8）机器；（9）业务设备、工具、器具、图书仪器、零件机具、运输设备、制造设备、蒸汽给水设备、未竣工程、杂项设备。流动资产包括：现金、零用现金、备用款、贷出款项、存放银行号、应收账款、应收票据、应收进益、预定买进料品、应收预定料品账款、材料、贮藏品、燃料、制成商品、矿产品、副产品、本成品、在制品、在修品、在制自用资产、代制品、代修品、自制材料、买进材料、寄销品、废坏料、寄存商品、发往各办事处成品。递延资产包括：预付款项、预付费用、开办费（职员薪金、夫役工资、柴炭费、伙食津贴、生活津贴、用水、利息、邮电费、旅费、书报费、文具纸张、印刷费、医药费、租金、税捐、修缮费、试验费、搬运费、车马费、保险费、照明费、电话费、膳费、夫役伙食、零星用具、车骡费、杂费）。其他资产包括：暂记欠款、应收欠款、付出保证金、储备员工食粮。

负债类包括固定负债、流动负债、递延负债和其他负债。其中固定负债包括：长期借款、摊提开办费准备、各项折旧准备。流动负债包括：应付账款、应付票据、短期借款、抵押借入款、透支银行号、抵押透支银行号、应付职工薪资、应付职工奖金、应付利息、预定销出料品、应付预定料品账款、寄存商品价。递延负债包括：预收款项、预收进益。其他负债包括：暂记存款、应付存款、收入保证金、售品暂存、暂估料品价款、接受资产估价。资产负债共同类包括：各办事处往来、各厂往来、公司本部往来、成本调节、本期损益、前期损益、本年损益、上年损益、全体损益、普通往来。资本类包括：资本、法定公积金、特别公积金、提存基金、盈余滚存。利益类包括营业收入和非营业收入。其中营业收入包括：销货、机具修配收益、配销收益、染色收入、代制品收益、卖电收入、线路补助费收入。非营业收入包括：资产盘盈、资产变价收益、利息收益、汇兑收益、收回呆账、货币易换收益、暂估料品价贷差、多分配管理费用、多分配营业费用、多分配财务费用、多分配制造费用、成本调节贷差、杂项收益。

损失类包括营业损失和非营业损失。营业损失包括：销货成本、机具修配成本、配销成本、染色成本、代制品成本、卖电成本、销货退回、营业费用（职员薪金、夫役工资、夫役伙食、伙食津贴、生活津贴、印刷费、书报费、邮电费、租金、文具纸张、电话费、照明费、医药费、修缮费、旅费、膳费、柴炭费、车马费、搬运费、包装费、广告费、佣金、税捐、交际费、服装费、零星用具、杂费）、管理费用（职员薪金、夫役工资、伙食津贴、生活津贴、书报费、印刷费、邮电费、租金、文具纸张、照明费、税捐、医药费、修缮费、旅费、柴炭费、膳费、保险费、马车费、汽车费、零星用具、夫役工资、交际费、车骡费、财产折旧、抚恤费、摊提开办费、试验费、奖励金、服装费、搬运费、杂费）。非营业损失包括：货币易换损失、资产盘损、资产变价损失、财务费用、呆账、暂估料品价借差、少分配管理费用、少分配营业费用、少分配财务费用、少分配制造费用、成本调节借差、杂项损失。

成本会计科目分原料、人工、费用三类。原料类即为在制品。人工类即为在制人工。费用包括：在制制造费用、制造费用（杂料、燃料、机器修理、机器消耗、动力费、机器皮带、零星工具、杂工工具、工人膳费、停机工资、薪金、租金、奖励金、摊提及折旧、照明费、文具纸张、柴炭费、修缮费、各种津贴、工作材料、用水费、税捐、福利费、试验费、电极费、包装费、修缮准备费、碾钢机费、模型费、选料损耗、搬运费、车马费、旅费、抚恤费、医药费、书报费、印刷费、邮电费、电话费、交际费、服装费、警备费、材料保管费、公司费用、小学校费、炼焦费、浆纱费、水道费、职员食粮折价、杂费）、已分配制造费、已分配营业费用、已分配管理费用、已分配财务费用、营业费用成本、管理费用成本、财务费用成本。

三　规范会计凭证

公司会计凭证分两种：原始凭证和记账凭证。原始凭证分3种：外来凭证、对外凭证、内部凭证。公司自外间有关系之人或机关所取得之凭证称为外来凭证。外来凭证应有交易发生之日期、交易之事项、金额及签收之字样并须有对方之签章等方为有效。公司接到外来凭证时，应由经手人及主管人盖章，其应经经协理核批者须俟核准后方得处理。外来凭证分为下列8种：财产材料货品订购之书据契约及购入之发票收据；财产材料货品之遗赠收据核准命令及其他证明书据；银行号给付之存款证据；现金汇划兑换之证明书据；资金投放之证券或收据；应收预收款项之收款证据；交付税捐所得之收据；其他外来会计事项发生经过之单据或其他书类。公司开给外间有关系之人或机关之凭证称为对外凭证。对外凭证发生时，应自留副本或存根，其所记之事项、金额及日期不得与正本有所参差。对外凭证除经手人盖章外，必须依次经主管人及经协理签章方为有效。对外凭证分为下列8种：产品或其他料品定售赊售之书据、发票及收据；借入款之借据；收入款项及货物之收据；公司债之债票；应付款项之付款证据；售出产品给付购主之提货凭证；税捐缴纳之申请书类；其他对外会计事项发生经过之单据或其他书类。公司内部所制存之凭证称为内部凭证。内部凭证发行时应自留存副本或存根并须经经手人及主管人员盖章方为有效，其应经经协理核批者须俟核准后方可处理。内部凭证分为下列 11 种：人工雇佣解雇迁调之书据、工作时间报告或其综合分析后之表单书据及工人工资支给之表单书据；薪俸工饷津贴抚恤赔偿等支给之表单收据；材料货品产品出库入库等通知单；应收应付预收预付款项等通知单；折旧呆账及各项摊销之计算书表；其他各项费用经过之证明书据；各项运费旅费支付之计算书表；各项费用分配及分摊之计算书表并其他证明书据；各项收入之发票收据之存根并其他证明收入发生经过之书据；所属各厂所处之会计表报以及其他各种表报；法案决议批谕及其他可资证明内部会计事项发生经过之单据或其他书类。本公司记账凭证分为下列 4 种并规定复制正副两份：现金收入传票（根据现金收入会计事项及原始凭证编制之）、现金付出传票（根据现金付出会计事项及原始凭证编制之）、转账收入传票（根据转账收入会计事项及原始凭证编制之）、转账付出传票（据转账付出会计事项及原始凭证编制之）。记账凭证应以原始凭证替代为原则。公司现有原始凭证替代记账凭证者有下列 6 种：材料制成品副产品半成品配件废坏料等出库通知单；现售赊售定售等通知单；定售提取通知单；借款借据；食粮折价请款凭证；领款及缴款单据。替代记账凭证之原始凭证须经制票员及各关系负责人员签章方可交记账员记账。无论传票及替代传票均应登入传票目录簿以备查考。

四　明确簿籍报表

公司及各单位账簿分下列 3 种：序时账簿（日记簿）、分类账簿（总分类账和明细分类账）和备考簿。日记簿按日根据正传票顺序记载之分下列两种：现金出纳日记簿（分传票号数、科目、摘要、金额等栏）和转账日记簿（分传票号数、科目、摘要、金额等栏但得以传票及科目日计表代替之）。总分类账为每一科目之总括，记录分日期、传票号数、摘要、借方、贷方、借或贷、余额等栏，根据科目日计表记载之（公司应设总分类账两种：一为本身用者，二为根据本身及各单位报表登记用者）。明细分类账为各科目之详细记录，根据副传票记载之。明细分类账须按事实之需要分别规定特种格式分类账。备考簿为记载明细分类账之未能记载事项或登记与会计科目无关之重要事实，以便查考之用，根据传票或有关文件记载之。各种账簿须采用订本式及活页式，惟总分类账须为订本式。订本账簿应顺序编列页数。活页账簿在未发出前，应分类编列，顺序号码由会计或其指定人员妥为保管，并登入登记簿由记账员于需用时签领之。其领用之活页应由记账员负责保管，随时订入账夹内，不得任意放置。订本式账簿除已经用尽者外，在年终决算后不得更换新账簿，至活页式账则应另换新账。每年已用之活页式账，应分别装订成册保管之。无论订本账或活页账均应登入账簿目录簿以备查考。

公司及各单位会计报表计分下列 4 种：日报表、月报表、结算报表和决算报表。日报表包括：科目日计表（根据每日各科目传票填制）和现金库存日报表（根据现金账及库存现金填制）。月报表包括：差额及合计试算表（根据总分类账各科目之借贷方总数及余额填制）、各科目月报表（凡重要各科目应根据明细分类账逐户填制）、损益月报表（根据各损益科目账及有关资料填制）、品名成本计算表（根据在制品补助账填制）、成本汇总表（根据成本计算表填制）、资金预算表（此表于每月 25 日以前填报公司）。结算报表包括：资产负债表（根据结算日总分类账填制）、损益计算书（根据结算日总分类账填制）、营业实际报告表（根据总分类账各科目借贷方总额及余额填制）、各科目明细表（根据明细分类账逐户填制）、成本计算汇总表（根据成本计算表填制）、全体资产负债表（由公司根据公司本部及各单位资产负债表合并填制）、全体损益计算表（由公司根据公司本部及各单位损益计算书合并填制）、全体营业实际报告表（由公司根据公司本部及各单位营业实际报告表汇编）、全体各科目明细表（由公司根据公司本部及各单位各科目明细合并填制）。决算报表包括：资产负债表（根据下期资产负债表填制）、损益计算书（根据上下两期损益计算书合并填制）、全体资产负债表（由公司根据公司本部及各单位资产负债表汇编）、全体损益计算书（由公司根据公司本部及各单位损益计算书合并汇编）、全体营业实际报告表（由公司根据公司本部及各单位营业实际报告表汇编）、全体各科目明细表（由公司根据公司本部及各单位各科目明细表汇编)、成本计算汇总表(由公司根据各单位成本计算汇总表分别性质汇编)。各项报表应按顺序编号每结算期重编一次。各项报表均须依照规定按时填制日报表,于次日寄出,月报表于 7 日内寄出,结算及决算报表于 14 日内寄出并各留存副本备查。① 如太原棉织厂 1947 年上报公司 1945 年 9 月 21 日至 1946 年 12 月 31 日期间的各类表格有:营业实际报告表、资产负债表、损益计算书、营业损益明细表、非营业损益明细表、固定资产明细表、流动资产明细表、递延资产明细表、其他资产明细表、流动负债明细表、其他负债明细表、成本计算汇总表。②

五 规范资产管理

公司资产估价除另有规定外,应以成本为标准,如成本高于时价,以时价为标准。资产之成本应以下列各项规定之:关于购入者,按取得时之代价及其因取得并为适合于制造及营业上使用而支付之一切必要费用;关于建造者,按建造时之代价及其自设计建造装置以致适合于制造及营业上使用时为止之一切必要费用;关于成本或时价不明者应用估定或鉴定方法决定之。资产之时价指其在结算或决算时当地市面通行之价格而言。因加工改良或改造修理而增加原有资产之价值或效用者应将其支出之费用加入各该资产之成本。旧房屋机器及其他固定设备之拆卸费及因变更配置而支出之费用不得作为资产之成本。固定资产之估价应以成本减除其折旧准备之余额为标准。新购各项固定资产折旧年限规定如下:(1) 机器:木质机器 6 年折清;钢铁机器:蒸汽动力机械 15 年折清、蒸汽锅炉 15 年折清、矿山机械 12 年折清(勘探机 5 年折清)、电气机械(干燥地区)30 年(潮湿地区)15 年折清、线路设备(电线)35 年(铁杆)20 年(木杆)15 年、面粉机器 20 年折清、工作机械 15 年折清、化学机械 12 年折清、炼钢铁机械 15 年折清、露天钢铁机械 12 年折清、制纸机器 20 年折清、制火柴机器 20 年折清、纺织机器 25 年折清、酿造机器 20 年折清。(2) 工具:木质 3 年折清;铁制 10 年折清。(3) 仪器 25 年折清。(4) 设备:沟渠河坝 15 年折清;桥梁铁道 30 年折清。

---

① 《西北实业公司会计处会计规程草案》,1947 年,山西省档案馆藏,档号 B31/4/001。
② 《太原棉织厂提交各类报表目录》,1946 年,山西省档案馆藏,档号 B31/4/155。

(5) 建筑：泥土建筑（瓦顶）15 年（土顶）5 年折清，砖瓦建筑 40 年折清，洋灰铁筋建筑 80 年折清，土围墙 10 年折清，砖石围墙 20 年折清。
(6) 器具：木器 5 年折清；铁器 15 年折清。（7）图书：30 年折清。
(8) 运输工具：大车 5 年折清，骡马 5 年折清，汽车 10 年折清，炭矿运输车（木）5 年折清，炭矿运输车（铁）10 年折清。折旧资产预计应余残值者，应先从其成本中减除残值以其余额为计算折旧之总额。公司折旧计算方法暂采综合折旧法。固定资产在取得时已经过相当年限之使用者，应按其耐用程度估定使用年数，照规定折旧率计算其折旧额。递耗资产之各年度应扣除之折耗数额，应依递耗资产可能出产之总量与各年度实际出产数量之比率，乘其成本减除残值后之余额而算得之。固定资产因特殊事由在其使用年限之中途毁灭或废弃者，可以其未折尽之余额列为毁灭或废弃年度之损失。

六　规范出纳及会计交代

公司及各单位出纳事项以法币、银行支票、银行汇票、邮政汇票及其他经经协理指定之外国货币为限。公司出纳事项由会计处长统理，各单位负责人分掌之。各单位应按事实需要请准定额备用金领存库内，但遇特殊情形需要增加时，得陈明理由增加之。各单位领款或交款时须填具规定单据并签章后办之。收入款项时均须填发编有连续号数及经主管人员签章之收据交付款人收执。支出款项时均应向取款人掣取合法完备之收据，但事实上不能取得收据者得由经手人申述理由，开具支付证明单，签名盖章并经主管人员签章方得认为有效。支出款项应尽量利用银行支票以免点现出现错误。各单位如遇有余存款项时，应以存入国家银行及本省公营银行号与公司指定之银行号为原则，但均须报告公司备查。

会计人员经解除或变更其职务者应办交代，但短期给假或因公外出者不在此限。会计人员办理交代应由该主管人监督交代。会计人员交代时，应将图记文件公物银钱及其经管之账簿传票表报单据及应办未了时间悉数列入规定之交代表内，交付后任其已编有目录者，应照目录移交。账簿及传票均应依规定按各该目录簿点交之交代人员，应将经管之账簿由前任人员盖章于其经管最末一笔账项之后，新任盖章于其最末一笔账项之前，以明责任。交代未清楚前，前任不得离职任地，但因病或其他特殊原因不能自办交代者得委托代办交代，但交代内容仍须由前任负责。双方交代完毕后应由双方在交代册上盖章并由该主管人盖章，交代表册为二份，一份报公司一份备查。①

七　加强现金管理

公司出台《各单位库存备用现金调节办法》，旨在便利各单位零星及紧急支付兼顾资金之集中运用。规定凡资本支出、大宗购料、员工薪津及其他大宗支出均由公司随时领付。除此以外之零星及紧急支付得按各月核定之现款预算内各该项目总额六分之一预借存库备用，但有特殊情形者不在此限。预借库存额经陆续支用达其 2/3 以上时，得由公司请领补足。超过该项额数时，除有特定用途之专款外，应即将其超过部分解缴公司。每月月初按规定标准借得之预借额与上月月底结存之预借未用额及已用额须分别办理领缴手续以资清理。②

现款预算需要经过公司预算编审委员会审核。1948 年 10 月，公司出台规定规范现款预算之审核。规定公司所属各单位负责人依其目前业务进行状况指示各有关人员提供预算资料，由各单位会计人员（或办理预算人员）汇总编拟经各负责人拟定后每月 25 日前报送公司。各单位预算编造完竣送达公司本部会计处第二课后（以下简称会二课）依下列程序进行审查：各单位预算送达后由会二课先做初步之审查；经协理召集预算审查会议，各委员均须出席，并由经协理指定之本部各有关课长，会二课课长及其课长以下有关人员列席；本会开会审查各单位预算时应通知该单位负责人列席；会计处长将总预算及分预算连同资料提出会议并说明其内容，必要时得指定会二课课长及该课有关人员解释；总预算及分预算经会议审查决定后于每月 5 日前由会二课主稿经会计处长复核后分别通知各单位严格遵照执行。③

此外，公司对预算结算决算及成本管理都有详尽的规定。后文会

---

①《西北实业公司会计处会计规程草案》，1947 年，山西省档案馆藏，档号 B31/4/001。
②《各单位库存备用现金调节办法》，1947 年，山西省档案馆藏，档号 B31/1/20。
③《西北实业建设公司预算审查委员会每月现款预算审查办法》，1948 年，山西省档案馆藏，档号 B31/1/35。

详述。

八 下属工厂规范财务管理

西北实业公司不仅从宏观角度制定了会计制度、规范了财务管理，而且也要求下属工厂根据自身的生产情况，在公司大制度下制定符合自身实际的会计管理制度。如西北机车厂出台《西北机车厂会计工作概况及过账程序》，规范了本厂的账簿系统、财会管理系统及会计管理程序。涉及的传票有现金收入传票、现金付出传票、转账收入传票、转账付出传票。涉及主要科目有资产、负债和资产负债共同，须填制科目日结表。其中的资产包括固定资产［器具、房屋及建筑、土地、机器、图书仪器、运输设备、制造设备、杂项设备、未竣工程（填固定资产明细表）］、流动资产［现金、存放银行号、材料、机件、工具、制成零件（填流动资产明细表）、在制品］和其他资产［付出保证金、暂记欠款（用其他资产明细表）］。流动负债即应付职工薪资（用流动负债明细表）。其他负债即暂记存款（用其他负债明细表）。资产负债共同包括：公司本部往来和成本调节。在制品包括：在制品分清账（成本单）、已分配制造费用、已分配管理费用、制造费用（使用成品别成本计算表、流动资产明细表、成本计算汇总表）。[①]

西北机车厂同时规范了会计课及所掌事项及过账程序。西北机车厂会计课包括出纳股、普通会计股、成本会计股，另有计算工资组。出纳股，承办厂中现金收付、银行存提、登录现金日记账、造报库存表及薪饷等事项。普通会计股，承办缮制现金转账传票及造报预算表及其他一切有关的普通会计事项。成本会计股，承办本厂一切修制品之成本计算。该厂营业依公司规定为集中营业制度，凡对外制修物品必须经由公司营业处，通知到厂，再由工务课按照实际工作能力决定是否承造，如能承造时，即按制修品性质开具制修品指定书，以通知各生产部分准备开工，并转报成本会计股登记。其指定书系按实际需要情形分类编字，现在经常用者分十二个字，如"子"代表修理车辆，"丑"字代表修理杂品等，均系按制修品性质之不同分别编字列号。再如有某种产品式样杂同，而

---

① 《西北机车厂会计工作概况及过账程序》，1947 年，山西省档案馆藏，档号 B31/1/064。

其数量特别庞大时，则又另编分号登记，以分析一种产品之批数，按批分别计算。本股接到指定书时，除分别登记成本单外，另设有各种指定书、稽核簿分类登记，此项稽核簿目的为检点各种产品之开工完工及交库日期，并稽查原来人工单据之是否齐全，以做整理工作之借鉴。

计算成本方法，公司规定为预计、实际两种制度，预计成本：系依照实际产品数量用时价估计之一种成本，在每月实际产品完成时，工务方面将各批产耗用原料人工数量报由业务股，依据公司营业处通知之市价调查表所列每月市价分别填注价格，然后转本股将预计之制造费用及管理费用分别分配加入，求得单位成本，列表填报公司，俟核准批回后即依据此成本数字转账，关于制成品方面者办理入库手续，关于修配品者则填修配品完成报告单，分别通知委托各厂及公司注账。实际成本：系依实际产品数量用账面价格计算之一种成本，其经过步骤可分述于下：(1) 各生产部依照工务课所下之制修品指定之各批工作，先行办理领料手续，然后施工制造，惟本厂大批工作系修配交通工具使命，最大限期急迫而各种车辆之零件又多繁杂异常，事前若无充分备品准备，实难完成其迅速敏捷之任务。故本厂为修车便利起见，特设预备品仓库，专负检点补充各种车辆零件之责。领料单计分材料领单与零件领单两种，领料手续办毕后再将实际施用人工情形填报人工分析表及成品交库单或修配品完成报告单，分送有关各部门并于每月终了汇总全月人工总数，填制人工汇总月报表，遥送本股以与前送之分析表互相核对。(2) 仓库方面接到生产部之材料领单或零件领单后，除发料外，并填制材料出库单与零件出库单，送本股注账，各部如有退料或废坏料，交库时，并按规定交库手续办理退料入库单与废料入库单，分送本股转账，在每月终了结出余额汇总后，仍须与会计课之材料及零件总账互相核对一次，以免错误。(3) 工务课方面平时除将接收到各生产部所送之人工分析表或成品交库单及修配品完成单，分别存转本股外并于每月终了汇总各部全月修制品数量编制修制品完成汇总月报表通知单，报送本股以与前报之成品交库单及修配品完成单互相核对。(4) 本股接到各部所送之各种工料表及完成单后，除将零件入库之工料费用先行整理外，至普通之修制品整理工作如下：先将零件与材料出库，按其使用性质分为直接料与间接料，分别转入在制品或制造费用账户；将人工汇总表之工数与人事股送来之工资表所列之数，互相核对，求得各生产部平均工资率，分别填于每批人工分析表，结出工资额，再分为直接工与间接工，分别转入在制品或制造费用账户；工料整理完毕后，即将全月实际发生之制造费用，按预定之分配费用率分别转入在制品账户；工料费用整理完毕后，将本厂应负担公司之管理费用按预定分配率分别转入在制品账户；至此在制品各户分别结出总成本与单位成本，然后依照工务课送来之修制品做成汇总月报单，依据完成之产品数量及成本调节各账户。[①]

第三节　公司的预算结算与决算

西北实业公司实行预算与决算制度，此外每月还有结算。事前有预算，过程有月算结算，年终有决算，公司总部可以时时监控各厂的运营情况，可以根据成本及盈利情况，做到随时调整生产过程。

一　预算规程

首先，公司成立了预算编审委员会，成员由经理、协理、襄理及工业处、矿业处、电业处、营业处、总务处及会计处之处长、副处长组成。[②]

公司预算在会计处长统辖下由各预算单位负责人分掌之。总预算由会计处第二课办理。各预算单位负责人为各单位之首长，各预算单位负责人每年应按下列各项目及规定月日编造下年度预算缮具六份提交会计处长：资本支出、营业支出、营业收入、原料材料购入资金、资金计划、总损益计算。会计处长应审查前条各项预算并编造总预算，连同参考资料全案提交业务会议承受经协理之裁决。预算决定后会计处长即以预算命令之方式通知各预算单位负责人。

资本支出预算须根据下列各款按规定之表式编造之：各项资本支出须按设备项目名称排列，并记载每一项目所需之总金额，更分别详记构成每一项目所需之经费。各项资本支出须分别填具资本支出计划书。凡

[①] 《西北机车厂会计工作概况及过账程序》，1947年，山西省档案馆藏，档号 B31/1/64。
[②] 《公司成立预算审查委员会》，1948年，山西省档案馆藏，档号 B31/1/35。

资本支出须在一年度以上始能完成者,为继续资本支出其预算总金额应按各年度所分配之金额切实划分,详加说明并依照规定之表式编造。资本支出计划书内须详述下列各事项:必要之理由、计划之概要、完成后之效果及收支之预算。营业收入预算须根据下列各款按规定表式编造:数量(参照既往之实际成绩及推断该预算年度之特别情形算出);单价(有一定单价者以一定之单价,其无单价者则根据适当之资料算出);期间(关于相随新设事业之收入在期间未满一年者以月数计之)。营业支出预算须根据下列各款按规定之表式编造之:关于劳务费须根据某月某日之人员人数及薪资额计算;关于物品费须根据数量单价之乘积;关于物品之单价,公司有规定者照规定计算,否则须根据某月某日之时价计算。关于前列各款以外之费用,须根据适当之资料计算,并注明算出之基础。原料材料购入资金预算须根据经常需用、有必须储存之料品及直接耗用材料之购入计划按规定之表式编造。

各预算单位负责人须在核定之预算范围内执行其单位预算任务。各预算单位负责人对既定目的之预算金额不得使用于其他目的。凡事实上因必要之理由而发生预算金额不敷应用或因紧急不得已开支预算以外之费用而须追加预算时,可提出申请书陈明理由请求核定。凡因补充不可避免之支出之不足而须彼此互相流用预算之定额时,可提出申请书陈明理由请求核定。[①]

具体的预算办法,公司于1947年也作出了详尽的说明。对于资本支出之预算编制须注意:各项建设事业按名称分别排列记载,其所需之总预算额并详列构成每一事业之各细目所需之费用;关于各事业须按名称分别编制事业计划书附预算表于后。事业计划书内须详述必要之理由、计划之概要、施行后之效果及收支预算。每一事业需要继续2年以上者,为继续事业须计算各年度之分配额,使用继续资本支出预算书格式。构成及单位之称呼须按表式所示统一之单位,但各单位使用以往习惯所用之单位称呼及使用不相同之单位称呼者应速改善使用一定单位之称呼。单价以营业处前所送制作1948年度预算原材料市价调查表为根据计算之。预算书须编制一式三份。

[①] 《西北实业公司会计处会计规程草案》,1947年,山西省档案馆藏,档号B31/4/001。

对于营业支出之预算也作出明确规定。制造预算编制须注意：关于原材料及物料费依数量单价积数计算，单价以营业处前所送制作1948年度预算原材料市价调查表为根据计算。劳务费系以1947年12月底所有员工人数及待遇为标准，预算本年度所需要之员工人数待遇，至于职员之薪级均以维持原级不变。管理费之预算须注意：劳务费根据1947年12月底所有员役人数及待遇为标准而计算人员额数及待遇。物料费按使用物料之品名数量单价计算之，但单价以营业处前送制作1948年度预算原材料市价调查表为根据计算之。费用根据1947年度实绩，考虑1948年度之情形算出之。折旧费由会计处计算填入。试验所收支、医院收支及大同工厂管理处支出预算书根据前项编制注意事项内，试验所长及医院院长及大同工厂管理处处长，编制报送公司总务处。医院、试验所收支差额及大同工厂管理处费用支出为管理费负担额。营业费预算之编制须注意：劳务费根据1947年12月底所有员役人数及待遇为标准而计算人员额数及待遇。物料费按使用物料之品名数量单价计算之，但单价以营业处前送制作1948年度预算原材料市价调查表为根据计算之。费用根据1947年度实绩考虑1948年度之情形算出之。关于1948年度各办事处之营业费用预算由营业处编制之。门市部及各代办工厂之营业费预算由各该处所编制，营业处本身之预算及各营业处所之预算由营业处合并编制总预算。

销货预算之编制须注意：销货收入分别按各厂之制成品品名之单价数量计算之。单价以营业处前送制作1948年度预算原材料市价调查表为根据计算之。各成品之销货成本按1948年度制造成本预算，此项制造成本预算由会计处通知。各办事处之销货损益预算由营业处编制，关于各代办工厂及门市部，各自编制销货预算并报送营业处。各办事处及门市部销货成本预算内所列各成品之价格为各成品之制造成本预算价格，再加以搬运所需之运杂费等之价格。原材料购入之预算须注意：原材料贮藏品各库就本年度使用之品名数量，根据所属工厂之制造费预算，分别计算调拨及购买，与上年年底库存量比较而计划本年度需要购买之品名数量，按照规定之表式编制原材料贮藏品收付明细表，报送公司营业处。关于资本支出预算所需之机器及建设材料，各库各按所属工厂之资本支出额算，就机器及建设材料分别调拨或购买，编制资本支出机器及建设材料购入预算书报送公司营业处。单价以营业处前送制作1948年度预算原材料市价调查表为根据计算之。营业处第三课按照各库预算编制购料预算。①

二 决算规程

公司决算在会计处长统辖下由各决算单位负责人分掌之，总决算由会计处第一课办理。各决算单位负责人命其所属决算附属单位负责人主办其所掌管科目之决算。各决算单位规定各决算单位负责人为各单位之首长。各决算附属单位所掌管之会计科目并由其所属之决算单位负责人规定之，并须通知其他各决算单位。各决算单位负责人应按其所掌管之科目编制科目日计表及每月月底之试算表册、各科目明细表送交会计处长。科目日计表须每月造送，试算表及各科目明细表其年度中各月份于下月20日前造送，年度末月份则于下月底以前造送。会计处第一课接到各决算单位送来之试算表及各科目明细表后，应即编制合并试算表。各决算单位互相间资产负债及损益之转账均应以内部往来科目整理之。

各决算单位应设置日记账、总分类账及各明细分类账，以记录其所掌管各科目逐日之增减变化。会计处第一课应设置联合总分类账以记录公司全体科目每月之增减变化。各决算单位之记账日期为传票上加盖"记账日期"戳记之月日，按照"记账日期"戳记之月日于现金传票为现金收支之月日，于转账传票则为传票发行之月日。凡传票均应由各决算单位及决算附属单位发行之，但有特别情形时可由前述以外之单位发行之。凡属同一决算单位所掌管之科目，其互相间之转账传票应由各决算单位发行之。凡属不同决算单位所掌管之科目其相互间之转账传票，应由转账事由发生之决算单位按照下列各款发行之，但有特别情形时须经会计处长核准后始得另行商定发行单位：资产或负债移转之转账传票须由资产或负债转出之决算单位发行之；决定收入或变更已决定收入时之转账传票须由掌管该收入科目之决算单位发行之；变更经费负担单位之转账传票须由掌管因转账而须科目减额之决算单位发行之，但有金额变更之情形仍由传票原发行之决算单位发行之；工事或制作完成之转账传票须由整理该工事或制作关系科目之决算单位发行之；订正已整理科目

---

① 《三十七年度预算编造注意事项》，1948年，山西省档案馆藏，档号B31/1/34。

之误谬，其转账传票须由掌管该订正科目之决算单位发行之，但有金额变更之情形则由传票原发行之决算单位发行之；整理暂记科目之转账传票须由掌管整理该暂记科目之决算单位发行之。

转账传票发行期限应按下列各项办理：固定资产保管移转之转账传票须于移转事实发生后10日内发行。固定资产以外之资产负债移转之转账传票须于移转事实发生之日发行。决算收入或变更已决定收入时之转账传票须于该金额确定之日发行。变更经费负担单位之转账传票须于变更事由发生之日或变更事实发生之日发行。工事或制作完成之转账传票须于该工事或制作完成之日发行。订正已整理误谬科目之转账传票须于订正事实发现之日发行。整理暂记科目之转账传票须于整理本科目确定之日发行。传票发行之日期虽应以发行传票之日期为原则，但对本月发生之事实截止本月底难以发行传票者则虽在下月，亦须按该月底之日期发行传票。

每年决算结束后，公司要专门对各单位之账册进行检查。检查范围包括：决算规程施行细则之实施；账簿启用手续；账簿传票之装订与保管；其他有关账据表册事项。检阅人员由会计处长就会计三课人员中指定。检阅方式暂采用抽查法，必要时得行全部检阅之。抽阅月份由检阅人员临时决定，但至少须抽阅两个月份为限。检阅之依据为公司已明令颁发之章则法令办法等。每检阅后3日内检阅人员制作单位检阅报告书，并须加具意见呈请处长核阅。整个检阅工作终了后，仍由检阅人员汇编检阅综合报告书，加具意见呈请处长核阅。①

三 月算与结算

公司各单位月算结算及决算除资本独立者应半年计算一次，全年决算一次外，其余均以集中办理为原则，惟距离远或情形特殊者得单独办理，但须明白规定。公司及各单位每月办理月算一次，以每月之末日为月算期。每至月算期，除计算损益外，其制造各单位并须计算实际成本一次。各单位月算报表须于7日内日寄出。每至月算期，公司及各单位

---

① 《西北实业建设公司每年决算终了后检阅帐据表册暂行办法》，1948年，山西省档案馆藏，档号B31/1/20。

应将当月应计损益分别整理转账计算一次。公司月算后应根据本部及各单位之各种报表分别合并编制全体报告表。每届月算期公司及各单位应依照规定摊提开办费及固定资产折旧费。公司及各单位每年分上下两期办理结算两次，上期以 6 月 30 日为结算期，名曰某年上期结算。下期以 12 月 31 日为结算期，名曰某年下期结算。如遇结算期为例假日，仍以是日为结算期。公司及各单位于年度终了时应办理决算一次，并应根据上下两期结算数字编制名曰某年度决算。公司每期结算后应根据本部及各单位结算表办理全体结算上期，名曰某年上期全体结算，下期名曰某年下期全体结算。公司年终结算后应根据本部及各单位年度决算表报办理全体决算，名曰某年度全体决算。公司及各单位各项资产及负债科目应于结算期前详细检查内容，加以适当整理。公司及各单位间之往来应于结算期前从速查明转账，其未达账目应由公司及各单位于结算时详细清查整理，如提前编制结算表时得将未及查清差额列为未达账。公司及各单位每期结算时应将 6 月或 12 月应收、预收利益及应付预付费用按实际情形确实整理之。各种国币以外之货币应按结算时之作价与账内所记国币定价之平均价比较，如其作价低于账内平均价时，应将其差额以"易换损益"与"兑换"科目转账。公司及各单位各项损益应于结算日除另有规定外均应转入"本期损益"科目，次期开业日即改用"前期损益"科目处理，各单位并应照制传票转公司本部往来。公司根据本部及各单位之前期损益数逐笔转入"全体损益"科目。公司及各单位每期结算应按照规定编制结算报表，年度终了后并应编制决算报表。公司及各单位与每期结算后应根据上下两期结算报表合并编制全体结算报表，年度终了后并应编制全体决算报表。各种结算报表及决算报表均应由会计人员负编造及复核之责。各种结算报表及决算报表应制订成册妥为保存。公司编报董事会各种报表应依照公司组织章程所规定者，惟财产目录可以各科目明细表代替之。[1]

---

[1] 《西北实业公司会计处会计规程草案》，1947 年，山西省档案馆藏，档号 B31/4/001。

第四节　公司的成本管理

西北实业公司制定了规范的成本管理制度，同时在公司的日常运营中，从办公、生产以及非生产性环节均比较注重成本的控制。

一　成本会计制度

公司规定各制造单位应各按制造情形分别采用分批或分步成本计算方法，其采分批成本计算方法者由工务部分按批发行制造指定书。成本计算种类分预计成本与实际成本两种。预计成本计算应于每月25日以前编造下月份产品预计成本计算表报送公司备核。此预计成本经公司核批后即作产品入库价格。实际成本计算应于月算时或每批完成时将产品实际所耗用之原料、人工及制造费用与应分摊公司管理费用计算转账并编造产品实际成本计算表报送公司备核。成本计算对于耗用材料价格原则上暂用账面平均价格，但互相调用成本价格应按预计成本计算。各单位实际成本与预计成本比较发生之差额应于每期结算时以损益处理之。

成本计算应依据会计科目中成本会计科目之规定分别按成本要素及作业部门计算之。公司成本会计科目分为制造成本、生产成本及电力成本三种。成本会计应设置下列各账簿以记录各"目"：原料总账或材料总账、人工总账、费用总账、作业部门明细表。公司之成本计算方法为分步成本计算和分批成本计算两种。分批成本计算各厂除设置规定之账簿外尚须设置制品分清账以记录并计算每批制品之制作成本。成本计算之计算价格为账簿票据价格。成本计算之期间以每月一日起至月末日止为一月。分批成本计算工厂为下列各厂：机车厂、修造厂、育才炼钢机器厂、育才炼钢机器厂大同分厂。分步成本计算工厂为下列各厂：西北炼钢厂、西北窑厂、西北洋灰厂、太原纺织厂、榆次纺织厂、太原棉织厂、榆次棉织厂、太原织造厂、西北毛织厂、太原面粉厂、太原面粉分厂、榆次面粉厂、平遥面粉厂、临汾面粉厂、西北化学厂、西北电化厂、西北火柴厂、西北火柴厂隰县分厂、西北皮革制作厂、西北制纸厂、晋华卷烟厂、西北印刷厂、太原氧气厂、三原化学研究所、西北煤矿一厂、二厂、三厂、四厂、东山铁矿厂、寿阳铁矿厂、电业处。

关于成本计算方法，凡以制造生产为目的所开支之一切原材料人工费用均应计入成本科目。分步成本计算工厂其月末在制品须估价由当月制造成本内减除，减除额于下月开始时转回制造成本内。凡以相同之基本原料在同一制造程序下或以近似方法制造数种制品时，对于制品之各主要成本间规定一定之关系比率，而对于制品与制品间亦规定一定之关系比率以分步成本计算方法计算各制品之成本。制造产品如有副产品发生时之成本计算则系将副产品之标准费价由总成本内减除之所得，余额为主要产品之总成本。补助部门费用之分配以直接分配方法为之。费用分配终了后在分批成本计算工厂除必要之手续外尚须按在制品分清账分别分配于各制品。在分批成本计算下间接费用之分配标准以其制品制造所需之直接工数为之。关于成本计算期间之收支事项，于当月内不能以现金收支者，须各以应收应付科目之转账整理计入当月份成本收入或成本费用内。[①]

下属各工厂也针对自身的生产特点，制定适合自身的成本管理办法。如育才炼钢机器厂于1946年5月制定了本厂的成本计算办法。办法规定，本厂成本计算以采取分批成本制度为原则，必要时可采用分步成本制度。成本计算期间以每月初至月末为计算期间。成本计算办法分预计、实际两种。本厂成本计算按下列部门分别计算之：（1）制造部门：机械部、钳工部、翻砂部、木工部、铁工部、铆工部、炼钢部、电机部；（2）辅助部门：厂本部、检验部。成本依性质之不同分为下列两种：（1）制造成本：原料费、人工费、制造费用；（2）管理费用：制造成本加公司本部管理费用所得之和即总成本。制造成本之要素分下列三项：（1）原料：制作时所需之直接原材料；（2）人工：制作时所需之直接人工；（3）制造费用：所有一切制作上之必要之间接材料间接人工及间接费用。按细目分别列述于下：生产部费用：（1）杂料：凡制作上所用之间接材料皆属之，如滚珠、洋钉、铅丝、盐酸、焊锡、铅油、木螺丝、氧气、扫帚、抬筐等。（2）燃料：凡各部门为取暖锻冶、烘钢及锅炉等燃烧所需之焦炭、石炭劈材等，但翻砂部不在此限。（3）机器修理：凡整理各部门机器及各种设备所用之材料人工。（4）机器消耗：凡为生产所消耗之各种

---

① 《西北实业公司会计处会计规程草案》，1947年，山西省档案馆藏，档号 B31/4/001。

油类、棉纱及油笔等。(5) 机器皮带：凡机器上所使用之皮带及附属品。(6) 零星工具费：凡工作所使用之零星工具如锉刀、麻花钻、锯条、改锥、折尺及本厂自行制作工具时之人工等费。(7) 杂工工资：工长、工徒及各厂专用之苦力等工资。(8) 奖励金：为奖励生产发明与工人之奖励金。(9) 动力费：即电费，依照各该部门所使用电机之马力数平均分摊之。(10) 停机工资：凡例假之日工资。(11) 化验费：炼钢部为化验钢材所用之一切药品，人工等费用。(12) 电极费：炼钢部所消耗之电极材料费。厂务部费用：(1) 薪金：职员之薪饷。(2) 租金：凡工厂或职工宿舍之租金。(3) 职员食粮折价：职员之主食折价。(4) 摊提及折旧费：每月固定资产之折旧额。(5) 保险费：为工厂安全所加入水险或火险之保险费。(6) 照明费：各厂房办公室及职员宿舍之电灯费。(7) 文具纸张：厂本部及其他各部门使用之笔墨纸张等。(8) 柴炭费：办公室及厨房使用之薪炭。(9) 修缮费：凡零星补修房舍、安装机器及一切修理所需之费用。(10) 各种津贴：职员之各种津贴。(11) 伙食津贴：职员午餐所需费用。(12) 旅费：因公出差之旅费。(13) 运搬费：运搬厂中各种物品之费用。(14) 通讯费：即邮电费。(15) 医药费：因公受伤之职工医药等费。(16) 夫役工资：厂夫、传事工警差役汽车夫之工资。(17) 交际费：涉外所花之一切费用。(18) 服装费：员工之服装价款。(19) 试验费：凡研究所用之费用。(20) 抚恤费：员工因公伤病死亡者之抚恤金。(21) 书报费：新闻纸张及参考书籍之价款。(22) 印刷费：印制账单及各种表册之价款。(23) 车马费：因公乘坐车马之费用。(24) 杂费：不属于以上各细目者。总成本之要素分：制造成本和公司本部管理费用（每月应分摊公司本部费用）。

  关于西北实业公司育才炼钢机器厂之成本计算，办法规定有下列情形之一必须发行指定书：接到公司之公函命令制作者、制以备售之制品之制作时、本厂添用自用资材时、较大之修理工程或为研究惟质之工程、本厂零星修理工作。指定书及贩卖系呈准厂长后发行之。成本计算根据指定书计算之。指定书之类别分为下列 9 种：(1) 贩制字第 X 号（据公司命令与公司以外各机关制作物品时）；(2) 贩修字第 X 号（凡公司命令与公司以外各机关修配物品）；(3) 用制字第 X 号（据公司命令与公司或所属各厂制作物品时）；(4) 用修字第 X 号（凡公司命令与公司所属各厂修配物品时）；（5）贮字第 X 号（凡制作贮以代售之制品时）；(6）自制第 X 号（凡本厂添用自用资产时）；（7）自修第 X 号（凡本厂较大之修理工作）；（8）研字第 X 号（凡本厂研究性质之工作）；（9）X 修字第 X 号（凡本厂之零星修理工作皆属之）。关于预计成本之计算，每月初须将预定生产品分别预计制作时所需原料人工及一切费用缮造预定生产品别成本明细表。关于制造费用参照既往情形，按部门分别缮造费用明细表。制品完成后所列各表及实际情形分别缮造制成商品成本预算表。预计成本算成后按下列分录处理之：借：公司本部往来；贷：成本调节。每月终，将各该月制成品及修配品之预算成本缮造制成品及修配品别计成本计算表。预计成本所需原料人工等价按下列标准计算之：1 至 15 日按上月 15 日公司所通知之价格计算；16 日至月末按本月 15 日公司所通知之价格计算。关于实际成本之计算，实际成本之原料费按以材料、废坏料或半成品出库通知单上所记载之数量与价格为之。材料、废坏料、本成品出库通知单由材料库填制。成本会计系依照材料、废坏料半成品出库通知单，记入在制品分清账之材料栏及部门费账簿（普通贷借式）之原料账户内，以求各制品及各部门之原料费。原料之总额由普通会计之在制品科目统御之。关于人工费之计算，实际人工费之计算依据各部门报告之半月工作报告表分别将直接人工汇总于各该部门之人工汇总表内。依据直接人工汇总表将直接人工记入在制品分清账人工栏及部门费账簿之人工账户内，以求各制品及各部门之人工费。人工之总额由普通会计之在制品科目统驭之。关于制造费用之计算，日常之开支皆以各该部门之制造费用处理之，并用补助账按部门分别补助其内容。俟月终将所有各部门之制造费用依各该部门之直接人工分别以已分配制造费用科目，摊入各该部门所制作之制品内。厂本部及检验部之费用应依其性质记于各该细目内。各细目之合计额应依各制造部门之直接人工额平均分摊于各制造部门内。关于补助部门费用之分配方法如下：（1）将各制造部门之直接人工合计额除厂本部费用及检验部费用之合计得各该一元之比率。(2) 以各该补助部门一元比率乘各该制造部门直接之人工额，分别计于分担检验部费用及厂本部费用之账户内。关于公司管理费用之计算，依据公司传来之分摊公司管理费用额，以直接人工为标准分摊于各该制造部门所制作之制品内。实际成本算出后按下列分录处理之：借：

成本调节；贷：在制品。预计及实际成本差额之处理，月终结算决算时，应将成本调节科目之贷借差额传公司本部往来以求借贷平衡。

关于西北育才炼钢机器厂成本计算所用一切账簿表单格式如下列之各种：(1) 预计成本用表单：预计生产品别成本明细表、预计制造部门制造费用项目明细表、预计补助部门制造费用项目明细表、制成商品成本预计表、制成品及修配品别预计成本计算表。(2) 实际成本用账簿表单：在制品分清账（与普通格式同）、制造费用补助账（普通贷借式）、在制自用资产分类账（与普通格式同）、已分配制造费用明细账（普通借贷式）、成本计算表、制品及修配品别实际成本计算表。(3) 命令制造时之表单：制造指定书、修配指定书。(4) 计算原料用表单：材料出库通知单、废坏料出库通知单、本成品出库通知单。(5) 计算人工用表单：半月工作报告表、直接人工汇总表、包工制造品完成工资请求表、外承揽制品人工费请求书。(6) 计算制造费用表单：材料出库通知单、废坏料出库通知单、动力费分配表、间接人工汇总表。①

二 诸多环节之成本控制

成本控制要从公司管理的方方面面抓起。西北实业公司非常重视成本控制，甚至在平时的车辆、纸张使用等细节方面都有具体规定。

1. 车辆管理

公司对汽车与自行车的管理与使用有明确的规定。公司规定所有载重汽车由输送课管理，乘坐小汽车及大汽车由庶务课管理。输送、庶务两课分别指定一人负责保管汽车、管理司机、检察车辆及各部课室职员因公乘坐、运输一切物品之事宜。除处长以上人员因公乘坐汽车由本人手谕备查外，其余各部课室职员因公乘坐汽车须事先填具乘坐汽车请求书，呈请主管部长并请经协理核准，方予备车，但必要时得先由主管部长准派乘坐，然后补盖经协理手章以昭慎重。凡借用本公司汽车须向经协理商请，经借给后，所需之汽油暨司机之旅费均归借用者自备。司机发觉汽车有损坏情形时，除零星损坏部分应即特修理外，其损坏程度较

---

① 《西北实业公司育才炼钢机器厂成本计算暂行办法》，1946年，山西省档案馆藏，档号B31/1/64。

大，不能自修者，须先将损坏部位及应行添配之零件材料等会同负责人员列表报由该管课负责人，转请经协理查核办理之。凡各职员因公乘坐出外，须按请求书由起讫地点、预计时间确实运行，不得无故乱驶致耗汽油，且娱用车。各号汽车如因司机疏于检查修理以致损坏或使汽车机件及外部有不洁情事时，应由该管理课查明情形将负实管理人及司机呈明经协理分别惩处之。①

公司对于公用自行车的使用，亦有详细的管理办法。公司公用自行车由总务处第三课指派专人负责管理；各级职员因公外出乘用自行车时，须持用车证向管理人员取用；公出人员乘用自行车以远距离为原则，其距离较近而事由非有时间性者不得使用；凡乘用自行车人员务须依照预计时间将车交还，不得无故迟交或转借他人使用；用车人交还自行车时，管理人员必须详为检点，于用车证上注明取交车时间及有无损坏等字样，以备查考，遇有损坏应即陈明主管课长迅速修理；公用自行车在办公时间以外，非遇有特殊情事经主管处课长核准者无论任何人不得借用；管理自行车人员尚有疏于检点不负职责情事，经主管处课长查明后按情节轻重予以失职处分。②

2. 医药卫材管理

公司对各厂诊疗所（室）领销医药卫生材料都有严格的管理制度，避免医药卫生材料的不当消耗。公司规定，各诊疗所（室）应需补充医药卫生材料按补充前三个月因公受伤免费诊疗记账总数，再加上私伤病现款收入数之两倍即为该单位补充医药卫生材料之购价预计总数；各诊疗所（室）应照前条收费总数自行计划所需药械种类，开具料品请购单，送经营三课填写调拨单，由29库调拨之；库方接到调拨单如查核所领种类数量与补充前三个月收费总数相符时，即刻核实配发；各诊疗所（室）应将逐日免费记账与所收现款总数分别收记，月终会经各该单位会计将以上两项收费数字汇总报请公司会计处及营三课备查，同时并须另单会知29库登记；倘有不依实记账或收款，意行诊疗以致药械大量消耗者应由各单位自行负责检点纠正，公司不另予特别补充，以示警惕。新成立

---

① 《管理汽车规则》，1947年，山西省档案馆藏，档号B31/1/018。
② 《西北实业公司公用自行车管理办法》，1947年，山西省档案馆藏，档号B31/1/017。

之医疗单位开办时，所需药械得按员工人数由库酌发一次，嗣后再按收入情形陆续补充；各医疗所（室）所需卫材应于请领一个半月前造具预知单同样二份送库以便统筹计划；医疗器械损毁时应将损毁情形专案报核，不得随同药材报销，其无故损毁者由损毁人员负责赔偿；各医疗所（室）收费标准均应遵照公司所颁各项医疗药品注射药及高贵药之价目办理，不得自行增减。①

虽日籍技术人员可以免费诊疗，但也是有条件的。公司规定日籍技术人员如因病赴公司所属各医疗单位免费诊疗时属于公司本部者应呈请经协理，属于各单位者应呈请最高主管负责人（厂长、主任、所长）经核准后持核准文件前往诊疗。病患所需药品以各医疗单位现存者为限。病患免费治疗期间按情形分为一日、三日两种，核准之期满后，尚因伤势过重仍须继续治疗时得持医院证明仍应另请特许，否则即归自费。各医疗单位对免费病患所需药品普通者一次限给一日份，特殊者应呈经协理核准。病患如在公司所属以外各医院诊疗者，其所需药品及各种费用均归自备，不得向公司所属各医疗单位领取，如经协理特准者不在此限。病患人员所需药品除医师处方所给外不得向医疗单位随意索取。②

3. 出差招待管理

公司对出差人员的招待及费用的报销做出了明确规定："出差人员到达设有公司所属之工厂处所院时，各厂处所院对于出差人员之食宿应负招待之责，且应诚恳招待，不得疏忽傲慢。各厂处所院对于出差人员饭菜之招待以各厂处所院经常所食饭菜为原则，不得特殊优裕。出差人员在受招待期间不得报支旅膳住宿等费（车费不在此限）。"③ 如出差人员出现经费短缺，在不得已情形下需向公司驻外机构借支旅费时，"只以实际所需之舟车费、途中膳宿费及其他旅杂费为限，其余置装购物等款除特准者外一律不得借支"。出差人员由各单位借支旅费时，应出示出差证

---

① 《西北实业公司各医疗单位领发报销卫材及诊疗收费暂行办法》，1947 年，山西省档案馆藏，档号 B31/1/017。

② 《西北实业建设公司暨各单位日籍技术人员诊疗免费办法》，1947 年，山西省档案馆藏，档号 B31/1/017。

③ 《西北实业公司出差人员招待办法》，1945 年，山西省档案馆藏，档号 B31/1/017。

件，开具借据，经各单位负责人核准后借给之。①

4. 购书管理

公司规定各单位现有图书仍由各单位自行保管，但须将图书目录抄送公司备查。各单位需要参考阅读之书籍先与公司图书室联系，如无此类存书时，再由各单位呈请公司购买。各单位呈请购买书籍时，应将书名、著作人姓名、出版书局及地址册数等详细注明（国外者中西文并列）并按所购书籍性质，送由有关各处审核（例如会计性者由会计处审核，矿业性者由矿业处审核）。审核后认为确有购买之必要时，须呈请经协理核准再交由总务处统筹办理，各单位不得自行购买，以资划一。总务处对于各单位呈请购之书籍购买后通知原请购单位。购回之书籍由公司通知原请购单位优先借阅，阅毕仍送还公司图书室保管，以便他人再借。各单位向公司借书须以图书室名义加盖单位首长名章行之，私人不得借阅，其无图书室单位应由单位首长签名借阅之。② 总之，各单位欲购图书，必须经过公司审核，购回之图书也必须留存公司图书馆。

5. 信封信纸管理

公司公用信封、信纸由总务部庶务课印刷，以备各部课室领用。各部课室人员办理公文，使用公用信封信纸，事先应将使用数量、确实计划，于领物簿内开载明白，经各主管人员核定盖章后，始得向庶务课领取。领取后，应备账簿记载收到若干，因某件公文使用若干。文书课书记长对所属书记，平日缮写公文，使用公用信封信纸负监督稽核分配之责，亦应记载账簿以便稽核。各部课室人员对于公司公用信封信纸，除因公使用外，不得携带出外。各部课室人员对于公司公用信封信纸如有携带出外情事，经主管者发觉，可签请经协理分别情节酌予惩处。③

6. 办公用品领用管理

公司本部所有物品（如文具、金属、木质各种器具等）除经各部分领用者外，均由总务处第三课负责保管。公司本部各部分需用物品须填具领单，经各该部分主管人员核盖名章后，始得向总务处第三课领用。

---

① 《出差人员由驻外各单位借支旅费办法》，1947年，山西省档案馆藏，档号B31/1/017。
② 《西北实业建设公司各单位购书办法》，1947年，山西省档案馆藏，档号B31/1/017。
③ 《西北实业公司公用信封信纸管理办法》，1946年，山西省档案馆藏，档号B31/1/023。

各部分领到之物品除消耗品外，凡有保管性者，各领用部分应指定专人负责保管。各部分领用之物品，如系消耗品，总务处第三课须在领物单备考栏内注明消耗二字以备核对。各部分领用之物品如有损毁，应于每月月终将损毁品名数量列表，送交总务处第三课以便汇陈核销。前指损毁物品系按损毁不堪使用者而言，如修理尚能使用者，总务处第三课应先修理，不得报请核销。①

第五节　公司的利润分配

西北实业公司红利分配遵照山西省人民公营事业董事会之规定，分配办法基本与山西省人民公营事业董事会规定的红利分配办法相近。

一　红利分配办法

1936年12月，公司出台了《西北实业公司红利分配办法》。办法规定，公司本部暨集中营业各厂所，每至年终所获纯利以10%为公司公积金，以13%为红利，其余悉数汇解山西省人民公营事业董事会。公司所属独立营业各厂，每至年终所获纯利员工应分之红利规定如下：制造厂红利10%，炼钢厂12%，兴农酒精厂20%。公司本部暨集中营业各厂所人员不得分配前条所列各厂所获之纯利，但该独立营业各厂对公司本部应负摊提经费之义务。独立营业各厂所获纯利除各该厂应分之红利外，余数悉解公司本部。公司本部收到解款后，应提原纯利10%为公司公积金，余数汇解董事会。独立营业各厂员工之红利分配办法应由各该厂自行拟定报由公司转请董事会核准。公司本部暨集中营业各厂所职雇员之红利及奖励金除经理、协理应得者外各按余数一半分配之。经协理之红利百分率如下：经理6%、协理每人4.5%。集中营业各厂所之尚未营业者不得分红，但年终考核各该厂所职雇员工人等有特殊劳绩者应给予奖励金。职雇员红利之分配按全年实领薪金总额平均分配之，但假期内所领薪金除外。奖励金由经协理以一部分奖励有特殊劳绩之职雇员，一部

---

① 《西北实业公司各处课室会领用物品及保管核销办法》，1946年，山西省档案馆藏，档号B31/1/18。

分奖励工人，一部分酌给差役。奖励金如本年份有余额时，应并入次年奖励金内。经协理不享受奖励金。在本年份中途告退或被停职之职雇员不得分红，但因病停职或调往独立营业各厂及其他机关服务者可按其离职前成绩由奖励金项下酌给酬劳金。在本年份中途离职旋又复职职雇员其离职期间未满三个月者仍可分红。本年份新到之职雇员，其实领薪金总额满三个月者照分，不满三个月者酌给奖励金。①

1937年4月，西北实业公司函报（《函报业将25年份新得红利依照分配办法妥予分配完竣并缮具册请查核备案》）山西省人民公营事业董事会，关于1936年红利之分配情况。函称："公司截至25年12月底结算帐目除独立营业各厂不计外，共获纯益69万元，业经缮造资产负债表、损益计算书函报。董事会查核在案，按公司红利分配办法第四条规定，公司本部及集中营业各厂每至年终所获纯利以13%为红利，所有25年份红利共计大洋89700元，爰经分别依照同办法第九至第十三各条规定，除经理协理应得者外，其余80281.5元，职雇员红利应占2/4，所有职雇员奖励金或酬劳金约占1/4弱，工人差夫奖励金约占1/4强，业经妥予酌核分配完竣，兹谨将应得红利及奖励金或酬劳金各员姓名与所得数目并各厂所等所得工人差夫奖励金分别缮具册一并备函送上。查核备案再职雇员应分红利尚余尾数35.87元。职雇员及工人差夫奖励金尚余洋689.03元，均留俟计算26年份红利及奖励金时，分别滚入再行分配合并陈明此上。"②

二 制造厂红利分配办法

西北制造厂即由原机器管理处划分出来的18个工厂，该18个工厂侧重军事工业，实行统一管理，总办为张书田。其作为特殊的军工企业，也出台了红利分配办法。办法规定，西北制造厂年终营业结算如有盈余以10%为职员及点工工人之红利，以90%拨归公司。本厂应得之红利按百分率分配如下：总办15%，会办10%，各处长共10%，各厂长共15%，各职员共30%（职员凡200元以上者以全年所得薪四倍分之，100

---

① 《西北实业公司红利分配办法》，1936年，山西省档案馆藏，档号B30/1/276。
② 《函报25年份红利分配情况》，1937年，山西省档案馆藏，档号B30/1/276。

以上者以全年所得薪三倍分之，50 以上者以全年所得薪二倍分之，49 元以下者以全年所得薪分之）。各点工工人、队警及一切无委用人共 10%，奖金 25% 由总办酌量将给无界限凡有成绩者均可奖。

各处长、各厂长、各职员等共同分得之红利除另有规定外，余按全年实得薪资平均分配之。凡点工工人等应分之红利按全年应得饷资平均分配之。职员或工人到厂服务不足半年者无分红利之权力。全年作包工之工人或作包工足六个月之工人均无分红之权力。稽查队官长士兵、医疗所人员以及各处厂差役均以正式职员及点工工人待遇按规定分给红利。外国籍之工程师无分红之权力。本厂每至年终分红一次。①

小　结

本章叙述西北实业公司之财务管理。抗日战争前，公司仅从实践操作层面，规范了会计科目与账形。抗日战争胜利后，公司全面采用现代会计制度，规定会计基本标准，详列会计科目，规范会计凭证，明确簿籍报表，规范管理资产，规范出纳及会计交代，同时要求下属工厂也做到财会规范管理。公司实行预算结算与决算制度，保障资金的安全运行。公司实行严格的成本控制制度，从车辆、医药卫材、出差招待、购书、信封信纸、办公用品领用等方面均制定了详细的管理办法，可谓面面俱到、事无巨细。公司在大部分时间实行集中统一管理，各厂之纯利润除工资与分红外，其余皆上缴公司。

---

① 《制造厂红利分配办法》，1936 年，山西省档案馆藏，档号 B30/1/276。

第七章

西北实业公司的物资与工程管理

西北实业公司对物资的管理制定了较为全面的制度，从材料的选购、储存到成品的销售，每一个环节都有详尽的规定。由于处在战争时期，公司还特别注重物资的防火防盗措施。

第一节 采购与销售

西北实业公司为了方便采购，在北平、天津、上海成立专门的采办处。为了方便产品的销售，专门成立门市部。同时对于原料采购、包装、运输以及成品的销售都做了详尽的规定，尽可能避免物料或成品疏于管理而出现遗失。

一 京津沪采办处规则

西北实业公司成立北平、天津、上海采办处，方便物料的采购或成品的销售，对各个办事处的办事程序作出了明确的规定。

西北实业公司北平采办处地址设在北平内二区丰盛胡同。采办处设主任1人，承公司之命，综理本处对内对外一切事宜，设干事、事务员、办事员若干人，承主任之命分办事务。采办处办理事务有：采购机具原料、推销成品、保管仓库、报告行市及其他有关业务事项；出纳款项、登记账簿、编造预算、保管契据及其他有关会计事项；采办处人员悉由公司聘任，其会计事务悉依公司会计章则办理。采办经费应按月造具预算送请公司备核。每到月终应将一切开支列表附据送请公司核办，并将所存各宗成品材料列表送请公司备查。办公时间可按当地情形由主任酌量规定呈报公司备查。采办处人员签到请假出差悉依公司各项章则办理。①

西北实业公司天津采办处地址设天津第一区陕西路。采办处设处长1人，承公司之命，综理本处对内对外一切事宜。采办处下设两课：业务课（采购原材料、推销成品、保管仓库、报告行市及其他进出口贸易等有关业务事项）和会计课（出纳款项、登记账簿、编造预算、保管契据及其他有关会计事项）。采办处设主任1人，承处长之命管理本处一切事项，各课设课长1人、干事务员若干人，分别办理之。设工程师1人至3人专办设计工程绘制图样、审核机具及一切有关技术事项。所有人员悉由公司聘任，会计事务悉依公司会计章则办理。采办处经费应按月造具预算送请公司备核，各项特殊费用不在经常范围以内者，如数目较小而有时间关系者，可酌量情形先行开支，事后报核。采办处办公时间可按当地情形由处长酌量规定，呈报公司备查。每至月终应将一切开支列表附据送请公司核办，并将所存各宗成品材料列表送请公司备查。所有人员签到请假出差悉依公司各项章则办理。②

西北实业公司京沪办事处地址设在上海，设处长1人，承公司之命，综理对内对外一切事宜。办事处下设三课，办理事务有：总务（收发函电、处理文书、购置用品、管理夫役及一切交涉事项）、业务（采购机具原料、推销成品、保管仓库、报告行市及其他有关业务事项）和会计（出纳款项、登记账簿、编造预算、保管契据及其他有关会计事项）。办事处设主任1人，承处长之命管理本处一切事项，干事、事务员各若干人分别办理之。设工程师1人至3人，专办设计工程、绘制图样、审核机具及一切有关技术事项。各类人员悉由公司聘请或派充。办事处会计事务悉依公司会计章则办理，经费应按月造具预算送请公司核备开支，但有特殊情形不在经费范围以内者得专案呈请核定。每至月终应将一切开支列表附据送请公司核办，并将所存各宗成品、材料列表送公司备查。办事处办公时间可按当地情形由处长酌量规定呈报公司备查。各类人员

---

① 《西北实业公司北平采办处规则》，1946年，山西省档案馆藏，档号 B31/1/026。
② 《西北实业公司天津采办处规则》，1946年，山西省档案馆藏，档号 B31/1/026。

签到请假出差悉依公司各项章则办理。[1]

此外，针对采办处工作人员采购或推销时的会计处理办法也作出明确规定。公司规定，凡营业处派赴外埠临时采购料品或推销成品之人员采购时，须设置采购料品备查簿，推销时，须设置推销成品备查簿，每月根据采购或推销之交易所取得之收据，或付给之发票存根等单据，一一记入此簿，并设现金日记簿，登记每日现金之收付，设开支簿，登记每日之开支。采购或推销人员，每五日终了须将采购或推销之交易，根据备查簿及现金日记簿，填制收支报告表，保送营业处，经营业处主管课审核后，转送会计处第一课分别转账。采购人员购得料品后回公司时，须填制发送料品通知单一式三联，第一联存查；第二联交运货人持交公司仓库，据以验收料品；第三联由邮局邮寄公司以资核对。倘系由本公司自运者，二联三联均交押运人员带回报送。采购或推销人员每月终了应报送下列各表，并经主管处课审核盖章后，转送会一课，分别转账及查核：开支月报表、购存料品盘存表、销售成品盘存表（如抵采购者此表不填）和收付款项对照表。驻外人员任务终了返回公司后，应将所设之备查簿及表单存根呈交营业处，经营业处主管课课长及处长审查盖章后，转送会一课与历次所报告者复查无误后，仍交营业处主管课保存之。[2]

二 门市部营业规则

公司规定凡由各库提取成品先向主管推销之课室提出要求数量，经处长核阅盖章后再向仓库提货。提至门市部各种成品之售价，纸烟、布匹、火柴、面粉等四项由公司规定，余零星货品之售价每日由门市部拟定，售价单送主办各课转呈处长核定盖章后照售。门市部每日售出成品数量价格，须向营业处及主管课选送销货日报表各一纸。门市部每日须送营业处现金库存报告表一份（详列收入付出及库存数目）。门市部除推销公司成品外，如需向外购进货品时，须事先呈明营业处长核定后办理。门市部日终各项报表一律经营业处长核阅盖章。[3]

---

[1] 《西北实业公司京沪办事处规则》，1946年，山西省档案馆藏，档号B31/1/026。
[2] 《驻外采购或推销人员会计暂行办法》，1946年，山西省档案馆藏，档号B31/1/020。
[3] 《西北实业公司门市部营业办法》，1947年，山西省档案馆藏，档号B31/1/022。

关于相关会计处理，公司规定门市部会计定为独立会计。门市部月算、结算及决算之日期均须照公司规定办理。会计上一切账项均须依照公司所颁会计暂行规程之会计课目处理。每日记账结算项以当日为限，逾期即归次日整理。每日售得之货款，除请准之经常备款外，均须随时解缴公司，有大宗开支时，另向公司请领。凡编制之各种账项及报告书类均须依照公司规定之簿据表单种类及样式等办理，但有因实际情形而须自行拟定者须请准施行。报告表及书类，有应报送公司者一律按规定之日期报送。凡簿据表单书册等之保存年限，应遵守法令之规定。门市部应用之会计科目，依公司所颁会计暂行规程内会计科目之规定。传票根据原始凭证缮制之，分为下列四种：现金收入传票、现金付出传票、转账收入传票、转账付出传票。凭单可代替传票者有：销货传票、制成品（商品）出入库通知单、激疑凭单、借款收据、食粮折价领款报告单。门市部会计应设下列各账簿：日记账（以日计表代之）、现金出纳账、总账、财产明细表、制成品分清账、商品分清账、其他补助账。门市部会计每月应编制资金预算表、销货预算表、营业费用预算表及资金预算实际比较表、销货预算实际比较表、营业费用预计实际比较表等报造公司，前者于上月25日前报送，后者于下月5日前报送。门市部会计每日填制现金库存报告表，及科目日计表于次日报造公司。月算编制试算表及各项补助账目明细表于下月10日前报送公司。每期结算及决算时，应做下列之各项整理：（1）结算及决算时凡未收之利益及未付之损失，应归本期损益者均以应收应付之资产或负债账项整理之；（2）凡本期损失或利益账项之收支全额中其不属于本期负担之损益部分，应提转为预收预付之资产或负债账项整理之；（3）各项资产之折旧，应按规定之折旧率计算，折旧额提为准备处理之；（4）每期结算及决算时，应将各项利益及损失科目之余额转入本期损益科目；（5）利益及损失各科目应一律结清资产负债各科，结转下期。各项办理结束后，即编制下列各项决算表：资产负债表、损益计算表、各科目余额表、损益计算明细表。①

门市部由公司各库提取制成品备售时，由门市部营业股填制成品请求单，一式三联。第一联存查，其余两联送公司营业处经售课，转请处

---

① 《西北实业公司门市部暂行会计规则》，1947年，山西省档案馆藏，档号B31/1/020。

长核准；第二联留存经售课备查；第三联送营三课凭以填制调拨成品单，持赴某成品库提货。被调用库方，即按调拨料品补充办法第二项之下办理之。门市部会计股根据库方调拨成品入库单第二联作如下分录："借：制成商品；贷：公司本部往来"。门市部欲由外部买进备售商品时，由门市部主任先与营业处商洽购买，经许可后，即着门市部会计股开借款收据到公司先经营业处处长盖章后，送会计处取款，门市部营业股购妥商品后，即填制商品入库通知单一式五联，第一联至第四联均送库方凭以验收入库，将第一联送回营业股存查，第二联送公司营业处经处长盖章后转营三课登记检查簿，第三联留库方分别登记检查簿及商品分清账，第四联送门市部会计股待商人持，第五联领款时核对后付款，其分录如下："借：现金；贷：公司本部往来。借：商品；贷：现金。"门市部营业股之销货部分，销售制成商品或商品时，填制销货传票一式两联，第一联存查并凭以编制旬报表，第二联随款交营业股，次由营业股据以编制销货日报表四份：一份存查并登记销货分清账，一份送会计股收款登记现金账及编制科目日计表，一份送营业处经售课转送处长阅后存查，一份送仓库凭以填制制成商品或商品出库通知单，此单一式四联，第一联存查并登记制成商品或商品分清账，第二三联送会计股，凭以过销货成本，第四联送营三课登记检查簿。关于制成商品及商品提取或购进时，所需运杂费之处理：门市部提取或购进制成商品及商品直接开支之运杂等费，不加于制成商品及商品之成本，而以营业费用之各细目分别处理之，其分录如下："借：营业费用（各细目）；贷：现金。"关于制成商品及商品分清账之出库单价计算：门市部制成商品及商品出库单价应按账簿平均单价计算。[①]

三 物料购买包装运输及验收

1. 物料之购买

业务课接到请购物料表，如拟购物料总价值在500万元以上者应填制同意书，送有关各部课签注意见后，根据意见决定采购。500万元以下者不用同意书。购买物料时，须另制问价单，招商报价，其购料总值在500

[①] 《门市部会计说明》，1947年，山西省档案馆藏，档号B31/1/020。

万元以上者须有 5 家以上报价单，不足 500 万元者须有 3 家以上报价单，然后缮造比价表，附各商报价单送呈主管部长核定。购买物料其总价值在 20 万元以内者，由课决定不另请示。购买材料其总值在 20 万元以内者，即凭收料通知单交货，不另立定单，如在 20 万元以上者须订立定单，500 万元以上者须订立合同。无论以定单或合同购买物料时，均可利用旧日注文书改为收料通知单，但须在该通知单上注明定单及合同号数专项。①

2. 物料之包装

1947 年 3 月 31 日，西北实业公司向各采购处发函（西实营一用 36 第 379 号），规定物料采购及包装办法，规定今后购料及包装起运应行注意事项。凡采购五金及化学用品时，应先作初步试验，其关于物理试验或化学化验者，可就近送请当地试验或化验机关代为办理（如需试验费应即照付），如合乎所需规格或成分即行订定合同并在合同上注明验定之规格成分，收货时如发现与规格或成分不符应立即更换，倘更换后仍不符则另采购。购妥各种物料要于商号打包装箱时，即由承办处派员前往监督包装，按照合同定单所定之规格数量逐一检点无讹后，应另缮明细表一份，将合同定单号码在表上注明，装入箱内，以便照表检收而免物料不符退换时费时误事。每次打包装箱务必坚固以防中途损坏并须逐箱逐件严密加封由起运处运至需用厂库验封检收，倘封口完整而发现表货不符，短少物料情事，应由承办处向售商交涉补齐并赔偿一切损失。②

3. 物料之装运

各采办处购妥之物料由售商包装时，采办处必须派员会同售商依照合同定单原订规格数量，先作初步审验再成箱件或包件，俟料品运并经厂正式验收试验后，如有不适用之料品仍着原售商依照合同定单所载规格条件更换适用者或赔偿损失。物料之包装须适于长途运输避免损坏，倘因包装不良致使物料损毁或遗失，售商应付赔偿损失之责，如系贵重物料易于损毁或因受潮湿易减低效用之料品，必须另做坚固木箱配装并于木箱表面注明小心轻放或谨防潮湿、切勿倒置等字样，不得利用旧破

---

① 《购买物料办法》，1947 年，山西省档案馆藏，档号 B31/1/48。
② 《通知今后购料及包装起运应行注意事项》，1947 年，山西省档案馆藏，档号 B31/1/21。

木箱草率从事。包装料品时，应将料品名称数量及合同定单购料通知单之号数开列明细表（即物料装箱单如附表）会同验收人加盖图章一并入箱内或包内并于箱包外择明处将起运地点收货地点及箱包号数务必标明，再以绳捆扎，须外加栓木牌注明箱号及重量以免错误，例如各种机油订妥后，务于桶皮上以白磁漆注明何种油类以资识别。采办处成箱包后须特加注意事先勘查适当地点安放，以防水火之损失。凡委托各转运商起运物料时，须由采办处派员会同将起运物料箱号逐一核对清楚，确实点数过秤，派专人押送承转处转运太原。凡起运物料于可能范围内应将起运单交押运人随身携带连同物料一并交收料厂所或转运处，经验收后，于回单上签注收料情形，交由原押运人带回。物料装机起运时，如因时间仓促不及将起运单一一填写时，应先将料品件数及箱包号码、飞机起运次数填写明白，交由该驾驶员随身带并交空运小组以便稽考而利验收。[①]

4. 来料提取及验收

关于外埠运来物料其提取及验收地点由营一课会知。营一课于收到来料文件后迅速会知营三课，由营三课一面向营二课请派车辆，一面通知营一课派员会同前往交货地点提取，如须营二课派员者亦当派员协助办理。提料所需运杂等费由营二课算出后列表通知营三课尽量加入料价。提取料品时，应由营一营三两课所派人员会同清点件数并切实注意箱口及包皮上之封印是否完好，若有疑问时，应即向站方及机场负责人声明。料品提至仓库应在可能范围内从速验收，验收时，由库方及营一课双方会同办理以杜流弊。验收料品应按起运单并参照合同或定单逐项检点数量规格是否相符，有无损毁及遗失情形，经验收后仓库人员应将结果分别在起运单备考栏内以墨笔签注明白。营一课人员亦须附署。如签注太多可另附花单，倘发现单列物料内有未到者须立即请营一课向各采办处检点，一面仍应将本运单迅速办结，转营一课切勿羁押。料品经验收后如有短少或损毁情形，应商请营一课决定按下列情形处理之：（1）能饬售商赔偿者按实收数及合同定单上所列之原单价入库；（2）不能饬售商赔偿者按实收数均大单价入库；（3）介乎以上两者之间者除由营一课交

---

① 《购妥物料装运办法》，1947年，山西省档案馆藏，档号B31/1/21。

涉外，先按均大单价入库，如获赔偿仍应将赔偿数入库并通知会一课归入杂项收益处理之。营一课决定处理办法时，应在起运单上分别签注并盖章。验收物料后对各采办处之答复函件统由营一课办理。①

此外，为了购得最低价格物料并防止物料之短少损失，天津采办处与北平采办处互通信息，并规范流程。1948年5月13日，天津采办处函报公司，陈述为避免采购价格过高，其与北平采购处之互相关照价值情事。"查津市特殊货物价格如公司需要之原料等值此物价剧烈波动之际，有时尚较平市为高，兹为重视购价，避免公司吃亏起见，经与平处王主任商妥相互联系办法如后敬请鉴核：嗣后凡公司饬购大批原料不论函津函平均拟事先互相关照价格，如同样材料津贵平贱，即改归平处采购，如平贵津贱即改由津处采购。函津采购之物如经关照价格后改归平处购买时，津处应向公司声明报请备查。以上办法虽将公司原意变通，而实际较为有益。"② 为了防止运输物料之短少损失，1948年5月13日，天津采办处函报有关建议，"兹为防止运并物料短少损失并明辨责任起见，会就平处王主任来津之便召集全体职员开会检讨防止办法，谨将商定各项分列于后，敬请鉴核并转饬空运小组及公司仓库知照为祷：（1）运平转并物料一本过去作法，津处验收购料后眼同售商装箱固封并严格注意箱皮确实过磅，箱皮上只写箱号及数量（不写名称以防盗窃）。（2）交运物料以运件重量交货栈负责运平，到平后如箱皮有破损及开动情形应立即开箱检点，内装物料件数是否短少，如发现短少情事，即刻通知天津以便追究。如重量相符即照转运并。（3）太原空运小组收料及辗转入库，照津交平收办法概以运件重量为准，如此分段负责，倘有短少情事亦易追究"。③

四　销售成品办法

1. 成品之包装

公司各厂成品除已有规定包装者外，其发往外埠须另行包装时，得

---

① 《外埠来料提取及验收办法》，1947年，山西省档案馆藏，档号 B31/1/021。
② 《函报会商购料互相关照价格（西实津字第4号）》，1948年，山西省档案馆档案，档号 B31/3/032。
③ 《函报商定防止运并物料短少损失等办法（西实津字第5号）》，1948年，山西省档案馆档案，档号 B31/3/032。

先由营业处决定包装产品之种类数量及包装方法，通知厂方，厂方接获此项通知后依规办理之。凡公司各厂成品成包另需包皮布、绳索等用品由出品工厂填具表单送请公司营业三课办理调拨或请购，用品于收到时须由出品工厂厂库办理入库等手续。发往外埠推销之成品应将包装所需物品同时开具提单办理出库手续。包装所需费用应由出品工厂以出库通知单报送公司会计注账。外埠各办事处对收到发往成包各货之包皮绳索均应按成品照数收注，再视其成分参酌当地类似市价作价出售，并以销货手续填具销售成品通知单报送公司注账。包装用品为经使用后损毁无价值可估者，亦应报请公司注账。各厂对于各种成品之包装皆应由厂方自行负责办理，在包装时，均须会同主管部门及承办人员切实注意详加检点以免发生错误。①

2. 成品销售办法

公司为便利合法商号销货，于1946年12月4日颁布《西北实业公司销售布匹火柴纸烟面粉纸张肥皂毛织品等办法》，规定今后批发布匹、火柴、纸烟、面粉、纸张、肥皂、毛织品等产品除公营事业批购一部分外，其余以参加市县商会同业公会之合法商号为对象，惟为合理配售特斟酌产销情形拟定配售办法如下：公司所产布匹、火柴、纸烟、面粉、纸张、肥皂、毛织品等成品每于决定批售名称数量时，以配售太原市暨各县商会所属布业、纸烟业等公会所属之合法商号为原则。太原市商会应将本市批购本公司产品有关各业之商号名称、负责人姓名及住址列表二份各附印鉴二份送本公司登记。太原市商会应将有关各业营业等级通知本公司以凭决定配售数量，但各业等级市商会按负担情形须随时作变更之通知。各县布业、纸烟业等公会所属商号向本公司批购各种成品，应先将商号名称、资本总额、负责人姓名、所派驻并购货人姓名住址列表并附商号印鉴二份，申请各该县商会转函山西省商联会汇总送交本公司登记。公司于决定所售成品之价目暨各业商号准购之数量准备配售时，于当日上午10时前，由本公司营业处主管课在本公司门前挂牌公布，各商如愿购买，须来课填写认购书加盖图章（须与印鉴相符）交本公司收存，上午12时截止，并于下午4时前将价款送交本公司指定之银行号，收注公

---

① 《公司各厂成品发往外埠包装办法》，1947年，山西省档案馆藏，档号B31/1/022。

司账户，持进账单到公司换取提单，其不能按时交款者不问其原因为何一律无效。已填认购书，不能按时交款之商号，取消其购货资格，已登记之商号在三个月内如不持认购书在三次以上者取消其购货资格。公司每次公布之成品如批售至当日上午 12 时，而认购商号不足登记户数时，公司可准该行业之愿购者继续承购（下午 1 时至 2 时为继续承购时间），如在本公司定价售货期间各该行业不来购买时，公司可准其他行业之各合法商号分购之。公司每次公布配售之成品如认购公营事业，认购数量不足本公司为公营事业配货比率或在本公司定价售货期间不来购买时，公司可准市商会所属各该行业之各商号分购之。公司为防止中间商人剥削，委托本公司员工消费社在城内总社及城南分社随时零售前列各种成品以资便利市民及各县乡小贩。公司批售各种成品除依规定批售并委托本公司员工消费社零销外，其他部队机关团体学校之合作社均由购得本公司产品之公营事业随市价配售。凡不合法之商号及私人，公司概不售给。①

　　西北实业公司有时会赋予一些合法商号以产品销售权，同时双方会订立合同。如某商号代售西北实业公司毛织针织产品双方订立了《代销产品合同》。西北实业公司门市部为甲方，某商号为乙方。合同规定因乙方愿代销甲方毛织针织产品，双方订代销条件如下：代销数量就甲乙现有之数量，由乙方按销售情形双方随时斟酌决定之。代销价格由甲方规定通知乙方销售后，可在规定价格内扣 2% 手续费，此外不得随意高抬价格。乙方售出甲方产品之价款每五日清交一次，交款时必须将售出之数量按照甲方规定价格逐项填列代销产品报告表，经由甲方核对无误后办理交款手续。乙方所提之代销品如毛呢等以码为单位者，因销售至有不足六码之零块时，应以甲方规定价作售乙方。价格涨跌由甲方随时通知乙方，至乙方接到通知时日起按新价格出售，必要时可由甲方派员前往查点存货后，按照变更价格继续出售。代销产品由乙方提回后，如遇虫蚀鼠咬、水灾、火灾、霉坏等损失均由乙方负责。乙方代销甲方之产品应觅具殷实铺保一家，保证乙方对合同之规定切实履行，否则担保商号

---

① 《西北实业公司销售布匹火柴纸烟面粉纸张肥皂毛织品等办法》，1946 年，山西省档案馆档案，档号 B31/1/049。

须代乙方负责赔偿责任。① 在资源匮乏之卖方市场时期，西北实业公司有一种居高临下之姿态。

3. 个别工厂成品销售办法

西北窑厂经公司允许可以直接销售本厂产品，但各项账目及销售所得须报送公司。公司规定产品一经制出应即算出成本列表送营业六课，依据成本比照一切物价之涨落拟定售价呈送经协理批准后现款销售之。营业六课于规定销货时间须每日上午10时至下午3时之间派员到厂协办销货事宜。惟须按规定时间返课办理已售出产品销货手续及承办日常事项（所派职员在厂办上午膳须就食厂方）。关于销货手续由指派职员赴厂协办，所需临时出库单由厂印制。经厂长承办人盖章，购主即将全部价款清交会计后凭以提货。俟派员返公司补办正式提单及销货通知手续后再将临时出库单换回以取一致。价款收交厂会计专人承办，将每日所售现款须于当日下午4时前持凭营六课已缮便之销货通知单，到会计处办理交款手续。逐日清结不得延隔。②

此外，公司也会经常派人到各县销售某一厂的产品，大多是轻工业工厂生产的日用品。如公司选派职员二人到榆太平介汾等县销售太原织造厂产品并出台临时办法。办法规定，为推广公司针织品销路起见拟临时指派本部职员二人（指定一人负责）赴榆太平介汾等县办理流动推销事务，必要时由营业处派一人协办。拟赴外县推销之产品由所派人员携带一部，如不够销售，可随时着人回太原提货或来函由门市部派人送去。所售货款如当地有公司采购烟叶或焦煤等人员，可就近付给呈报门市部转报公司，否则派员携送太原或来函由门市部派员提取，其零星售款由负责人暂时保存之。派赴外县人员在可能中应尽量设法推销所带产品，并将外县市场物价情形随时函报门市部，转报公司。对拟推销产品之定价如觉有增减必要时，可随时函报门市部经请示决定增减后通知之。对所带产品数量及售出数量须逐一登记便账，以备稽考。对售出产品收讫货款后，应随时制作日报表函报门市部办理销货手续。此办法系第一次流动推销产品临时规定，如在外县需要长期推销时，其办法另订之。拟

---

① 《代销产品合同》，1947年，山西省档案馆藏，档号 B31/1/022。
② 《西北窑厂直接销售产品办法》，1947年，山西省档案馆藏，档号 B31/1/022。

定临时代销针织产品奖励办法如下，待批准：销货总额每 10 日在 5000 万元以上 1 亿元以下者奖励 1.5%；销货总额每 10 日在 1 亿元以上 2 亿元以下者奖励 2.5%；销货总额每 10 日在 2 亿元以上 4 亿元以下者奖励 3.5%；销货总额每 10 日在 4 亿元以上 7 亿元以下者奖励 5%；销货总额每 10 日在 7 亿元以上 10 亿元以下者奖励 6.5%。各奖励金每 10 日结付一次。①

4. 成品换购原材料办法

在战争之特殊时期，阎锡山政府举步维艰。当时阎锡山政府成立平民经济执行委员会，旨在将有限的资源统购统销。由于公司原料缺乏，政府允许以成品换取原料，并出台相应办法。办法规定，公司所产输往省外销售之产品交由平执会购销处工业品输出组，输往省外销售，该输出组以公司各外埠办事处为分组，输出之产品完全由各分组脱销换购各原材料。平执会购销处工业品输出组提输公司产品时，作为暂借，俟各分组销售竣，以售价作为接收价，其所垫装卸等费得由售价内扣除。各分组应另立专账登记输出品售价及换购原材料数量暨价值等，此项购到之原材料按当时购价由各分组以售给公司转账作为公司接收平执会外埠物品。输出品售价及换购原材料价，随时以分组名义照工业品输出组所定格式报平执会购销处工业品输出组以资转呈。长官核阅同时以公司办事处名义将接收平执会外埠原材料数量价格报告公司一次以便注账。各分组对外不出名销售购买，均以公司名义行之。平执会为有派员到各分组，考查必要时得随时派员考查。②

第二节　仓储管理

西北实业公司由于下属工厂众多，因而所辖仓库亦达到 30 多个。各仓库虽分散在不同工厂，但业务归公司营业处第三课管理。针对仓库之管理，公司制定有详细的规定。

---

① 《赴外县推销太原织造厂产品临时规定办法》，1947 年，山西省档案馆藏，档号 B31/1/022。

② 《产品输出省外销售换购原材料做法》，1947 年，山西省档案馆藏，档号 B31/1/022。

一 仓库之接管

抗日战争胜利后，阎锡山政府全面接收西北实业公司，同时接收所属各仓库。针对仓库之交接，出台相应办法，办法规定各厂现在仓库负责人员即为将来集中管理仓库时之负责人。各厂仓库负责人员应将库存材料、成品、机具等截至5月1日以前赶速自行检点，依照经管程序内之保管料品整理办法，分类整理之并翔实列入月报表以便检查。在整理时，如有短少或漏列之成品、材料、机具等类应即分别列表具报公司以便处理，再整理时务以详细确实为原则不得稍有短少或长余。各厂应将现在管理仓库负责及协助人员库夫等姓名具报公司以便联络。各厂仓库人员之监督、指导、调动、考核统由营业处负责办理。但仓库所在地之各厂厂长同时必须负监督之责。自5月1日起各厂仓库应用之一切账簿表单须按照公司新规定一律更换。各厂仓库自5月1日起应将一切表单上务须加盖规定之某库图记，并将每日收发料品应送营三课之各表单务于次日送交以凭登记而便稽查。各厂仓库与厂方及营三课之间应随时互相联系。当时接收的各仓库名单见表7-1。

表7-1　　　　　　　　西北实业公司各仓库名称表[①]

库名	地址	库名	地址
第1库	公司本部	第17库	太原面粉厂
第2库	西北火柴厂	第18库	太原面粉分厂
第3库	太原油脂厂	第19库	西北煤矿第一厂
第4库	晋华卷烟厂	第20库	西北煤矿第四厂
第5库	太原织造厂	第21库	西北洋灰厂
第6库	西北毛织厂	第22库	西北制纸厂
第7库	西北皮革制作厂	第23库	太原城内发电厂

---

① 《西北实业建设公司集中管理各厂之仓库临时交接办法》，1946年，山西省档案馆藏，档号 B31/3/139。

续表

库名	地址	库名	地址
第 8 库	西北电化厂	第 24 库	太原城外发电厂
第 9 库	西北炼钢厂	第 25 库	榆次纺织厂
第 10 库	西北修造厂	第 26 库	榆次棉织厂
第 11 库	西北机车厂	第 27 库	榆次面粉厂
第 12 库	西北育才炼钢机器厂	第 28 库	试验所
第 13 库	西北窑厂	第 29 库	医院
第 14 库	西北化学厂	第 30 库	西北印刷厂
第 15 库	太原纺织厂	第 31 库	太原氧气厂
第 16 库	太原棉织厂		

二 营业处第三课对各仓库之管理

公司 31 个仓库之业务管理归属营业处第三课。因而营业处第三课掌管：机具原材料用品成品发料之验收发付及保管事项；机具原材料用品成品废料之调拨事项；发料及发成品之处理事项；各种出入库单之填写事项；库夫工作分派及管理事项以及各库机具原材料用品成品发料分清账之登记事项；各库机具原材料用品成品发料监察簿之登记事项；各库机具原材料用品成品发料月报表之审核及缮造事项；各库每月料品之统计事项。此外还包括以上各项业务之审核。

1. 机具原材料用品等之汇核及请购

凡新筹设工厂或其他各厂所拟添购机器及工具时，应先将计划书表送库方，由库方照填请购表一式四份，一份存根、三份随同原计划书表送营三课，经查各库有无是项机具签注明白转送工务处审核盖章后返营三课留一份，余两份转呈营业处长核购之（附料品请购单一份）。凡各厂需用普通原材料及用品时，由厂方填写用料预知单一式两份，一份存根、一份送仓库，该库接到该单时，先查在厂仓库有无存储，如无者，由库方填写物料请购表一式四份，一份作存根、三份送本课由本课再查其他各库，若仍无所存，即将该表留存一份、余二份转呈营业处长核购之（附用料预知单一份）。凡请购物料须要附送样品者，务必将样品附送，须要填写规格者，务必将规格注明，倘库方无样品或不明规格时，本课应着库方向厂方查询明白办理之。

2. 机具原材料用品之验收

凡未订立定单或合同而以现款向各商号零星订购之物料由商号直接交货时，须携带收料通知单，先来营三课核对盖章后，再凭该单送库交货（收料通知单由营一课制）。凡以定单或合同整批向各商号订购之机具及物料由商号直接交货时，亦须携带收料通知单并将定单或合同号数注明，来营三课核对盖章后再凭该单送库交货（定单合同由营一课制）。凡在外埠或近地采购之机具及物料由营二课运回时，即由营二课以物料发运单先通知营一课及营三课，然后由营三课进行验收事宜（物料发运单由营二课制）。无论由商号直接交货或由营二课运回交货，营三课须注意所交机具及物料。有须通知厂方会同验收者务须请厂方派员会同验收。各商号交货应由库房按照收料通知单所开规格数量等确实验收，不得多收或少收，验收后加盖库方图记及经收人名章，交付交货商号持送营三课覆核盖章向会计处领款。由外埠运回之机具及物料库方须会同交货员按照订立定单或合同上所载之规格尺度数量等确实验收后，在发运物料通知单上，双方盖章注明验收情形，加盖验收戳记，并须先写运费预估单及收料报告单一式四份，库方及营三课各一份，送公司会计处二份，如有特殊情形又须填具验收表时，即可填写验收表一式四份，库方一份，营三课一份，其余二份送营一课。

3. 成品半成品副产品配件及废料之验收

各厂送交成品半成品及副产品配件入库时，由营三课各库依据交库单验收之，验收后当即填写回单，由送成品人带回，以免错误。各厂送交废料或退料入库时，须前述规定办理之（附发料交库单及退料单各一份）。成品、半成品、副产品、配件、废料等入库时，各库应依据厂方交库单验收，并根据厂会计送到之成品等入库通知单登记各分清账（附成品等入库通知单五种）。各仓库接到退料单将料验收后，应区别规定为成品、半成品、副产品、配件、原材料、废料等，注入入库通知单之第二联。借方科目栏内并分别登记各分清账（附退料入库单一份）。

4. 机具原材料用品及成品半成品废料等之发付

各厂领用机具及物料须填写领用物料凭单到营三课，各库领取后由库方先将回单填写交领料人随料带回，然后再依据领单填写物料出库通知单一式四份，一份留库注账，其余三份送厂会计计算成本（附领料单及材料出库单各一份）。各厂领用成品、半成品、副产品、配件及废料等得依照前述规定办理之（附领成品等凭单五种及出库通知单五种）。营一课向营三课提取成品副产品及废品时，须开具提货单一式四份，一份存根，一份交购主，其余两份分送营三课及库方（提货单由营一课制）。营三课及各库接到提货单时应按照名称号数妥为保存俟购主持单提货时，经核对无误，方准提货并在购主所持之提单上加盖发讫戳记送交营一课，同时库方填写成品出库单一式四联，一联存根，二三联送公司会计处，四联送营三课。凡提货单业经超过预定提取成品日期时，库方应填写逾期提取成品报告表一式三份，一份存根，其余两份分送营三课及营一课（附逾期提取成品报告表一份）。

5. 物料及成品之调拨

凡各厂需用物料及成品如甲库对需用数量因存数不足或无时，营三课可详查各库有无存储，如果乙库有者，即由营三课开具调拨料品单给甲库调拨之（附调拨料品单一份）。营三课将调拨单交付甲库，甲库即应持单向乙库领收。乙库接到营三课调拨单时，即须照单交付，并随时开付回单，一面再根据调拨单填写调拨料品出库通知单一式四份，一份留库注账，一份送厂会计，一份送公司会计，一份送调用部分，同时甲库根据乙库调拨料品出库通知单填写调拨料品入库通知单一式三份，一份留库注账，一份送营三课登记检查簿，一份送厂会计（附调拨料品出入库通知单各一份）。各库接到各厂所请购材料预知单时，须详查单上所列材料。如库内存有者即指定为某厂备用专料，并在料上挂号标明，同时在材料分清账上同样注明。营三课接到各库调拨单时，须在检查簿或分清账上注明，免生重复调拨之误。凡已调拨甲厂备用之料，倘乙厂有紧急需用时，可在可能范围内暂为调拨并应从速补购（以不误事为原则）以备应用。

6. 机具物料及成品之保管

营三课各库保存之机具料品应按机器、工具、原材料、废料、用品、成品、半成品、副产品等八种分别存储。营三课应将各库房编为第某库一、第某库二等。库号又在库房内亦应按间数编为第一间、第二间等，再按第某间内如有箱柜架等再编列举某箱柜架等号，有料品在露天地点存储，应按地势斟酌情形划分若干区，再将各区编为号数定为库号以便找寻。各机具物料成品等均应悬挂料品牌或卡片并将库号、料号、料名、规格、尺度、重量、件数、牌号等详细注明以免混淆。各机具物料成品等应视其性质大小及其一切情形决定其保管方法存储之。

7. 废品之处理

营三课各库对厂方因制造成品及间接制造以致剩余之废料品须时常注意，某种废料品可以利用作何用途，某种可以出售随时与厂方主管人接洽处理之。凡须出售之废品各库应将出售办法商得厂方同意后，报告本课转呈营业处，经决定后，立即将决定办法通知各库照办。凡废品副产品由厂方领用或出售后，其出库手续依规定办理。

8. 机具物料及成品等之登记

凡机具及物料一经请购由审核方面依据请购表号数及所列名称数量等先行登入请购登记簿，随后如将机具物料订购或交货时，再陆续登记，以便稽查某种机具物料是否订购或收到。如日久未订或未收到时，应分别列入催订催交表催办。凡器具物料及成品等经验收或发付后由库根据收料通知单验收表或领用料品单出入库通知单分别登记检查簿。凡机具物料及成品等经验收或发付后由账簿方面根据收料通知单或验收表或出入库通知单将数量单价总值均分别登入各种分清账并须平均单价。各种账簿关系，记账员如登记错误必须按照正式手续以红线书销另行登记，概不得任意涂抹或撕毁以昭慎重。机具物件成品等如有同样一种命名不同或单位不同时，必须按其性质及情状规格标准名称及单位以期统一。机具物料成品等惟因名称复杂种类繁多，为管理方便起见，应按其性质及情状分门别类以规定编列号数办法，编列号数俾便登记及收发。

9. 机具物件及成品统计

各库每月终须将本月内各种机具物料及成品等结算一次，按照规定之月报表式填送月报表一式二份，一份存根、一份送营三课。各库对各厂主要原材料如棉花、毛、铁矿、破布、皮革、蔺草、煤炭、木材等每旬应列表报告一次，此表一式四份，一份存根，其余三份分送营业处营一课营三课。各库对各种成品每旬须列表报告一次，如成品内有不是零星出售者，定为5日一报。此表一式四份，一份存根、其余三份分送营业处营一课营三课。凡 5 日或 10 日报告库存成品数量时，各库务须在报告表备考栏内注明截至第几号，成品提取单止现存数量如表所列数（报告表所列数量系为分清账上所列数量内减至最后提取成品单上数量之数），切勿写为分清账上所存数量。①

三　各仓库责任

1. 仓库之组织与责任

各仓库依照集中管理原则隶属公司。各仓库设主任 1 人，遇必要时得增设副主任 1 人至 2 人，均承公司之命由厂长督导，主任综理全库一切事宜，副主任襄助之。各仓库须按事务之繁简料品种类之多寡分组办理之。每组设主办员 1 人及承办员若干人（即干事、事务员、办事员、雇员、练习生等）办理本组一切事宜。仓库因整理收发暨搬运料品事项可用库夫若干人。各仓库职员悉由公司派充，但必要时可由所在厂厂长荐举，公司聘任之（刚接收时各厂仓库主管员由所在厂厂长推荐由公司审核后一律聘为主任兼各该厂现职，其余职员照旧）。各仓库负收发保管调度物料及有关仓库事务之责，其应行注意之点如下：（1）检点急需及已购未回之物料；（2）库存与账存数量是否相符；（3）防止雨漏注意潮湿；（4）预防盗窃及鼠虫损耗；（5）防止燥裂渗漏风化失效；（6）经常检点库房是否破漏；（7）预防空袭及水火灾害；（8）预防奸细；（9）其他有关事项。仓库如对公司有报告文件，除第一库由营业三课承办外其他在厂各库统由所在厂厂长署名办理之。

2. 仓库所在厂厂长对仓库应负之责任

监督仓库之收发保管调度各种物料之责任。负责督导肃伪放火并在料品之整理运输需要工人装卸时，须临时拨派工人协助办理之。仓库职员库夫等之增减及考勤，须由所在厂厂长按其需要并平时服务情形函请公司核定之。仓库遇有修建时应由仓库主任商同所在厂厂长决定后，厂长函请公司核定之。仓库人员其日常请假销假，物品配给配售服装服役抚恤，支领薪津以及其他一切享受统与所在厂职员同样办理。仓库所在厂厂长遇有到职离职时，仓库应同时办理交接手续。

---

① 《营业处第三课办事细则》，1947 年，山西省档案馆藏，档号 B31/1/21。

3. 公司对各仓库应负之责任

公司对所在厂各仓库负指导、稽核及管理与调拨物料之责任，兹分析如下：（1）指导：依照料品经管程序及每次仓库会议之决议与其他临时交付之事项办理之。（2）稽核：公司可随时派员前往各库按照账存与库存查对是否相符。（3）调拨：各仓库存料在半年用量以上者可由公司调拨之，但他厂遇有紧急急需用之物料虽库存数量在半年用量以下，此亦须调拨之，所持之调拨单如有不能照付时须电话向公司陈明，不得随意拒付。审定员负增减与考核并修建仓库及有关库务之责。审核各库请购料品是否适宜并各种表单能否按照公司规定确实依期报送公司。①

四 仓库考查团职责

为明了公司各库有无可能调拨利用物料，并了解各厂用料情形起见，公司于1947年4月22日特组设仓库考查团。该团参加单位及人员如下：营业处2人，营一课2人，营三课1人，炼钢厂临时指派，电业处1人，机车厂2人，修造厂临时指派，育才机器厂3人。考查团赴各库考查由营三课负责召集。考查时间为星期一三五日上午9时至下午5时。考查事项如下：（1）考查各库现存主要原材料种类数量及可能使用日期；（2）考查各库现存废料种类数量并研究如何利用；（3）研究可能调拨原材料及废料之种类及数量；（4）考查各厂急用原材料种类及数量并研究急用材料购买不到时，有无代用品或其他补救办法；（5）其他事项。考查团考查及研究事项由各考察人员就各自主管事项分别详细记载，交由营三课汇总整理呈阅施行。②

第三节 废坏物料利用

西北实业公司十分重视废旧物品的收集利用，尤其是在解放战争时期，太原被围困，物资匮乏，其不得不充分利用各种废旧物料。公司不

---

① 《西北实业建设公司各仓库组织暨公司与仓库所在厂应负之责任简则》，1947年，山西省档案馆藏，档号B31/3/139。
② 《西北实业公司仓库考查团简则》，1947年，山西省档案馆藏，档号B31/1/23。

仅出台《废坏物料收集办法》，还召开专门会议，广泛收集公司各处之废坏料，研究如何收集、如何充分利用。

一　废坏物料收集办法

1947年3月20日，西北实业公司出台《废坏物料收集办法》。规定公司本部及各厂收集废坏料办法。属于公司本部者，总三课备置储存器具，如木箱或竹篓铁丝篓分放各处、课办公室内，并由总务处通知各办公人员及差役务将废纸随时保存，每日下午下班后，由各办公室夫役收集一次送交总三课妥为保存，俟积有成数，再由该课送交第一库。各处课如有整宗废纸或其他尚可利用之废物料不在上项情形以内者，亦应由各处课将名称数量报由总三课交第一库。第一库收到废纸或其他废物料应检点数目或过磅秤，再按废料情形作价入库，并以废料入库单通知会一课归入杂项收益项下处理。第一库收到废纸或其他废物料如集有相当数量，即随时报由营三课开调拨单调拨纸厂作为制纸原料或调拨其他厂利用。总三课依据每次缴纳第一库之废纸以及其他废料回单，登记账簿，并于每月终将收集废料名称总数分别列表在课厂长会议时报告，俾众周知，而资倡导。关于废料交库单据即用新拟之"普通废料交库单"送交并将来源详情注明，此单一式二联均由交库部分填制，一联留库，一联回单付交料者，库房收料后，依据交库单填制废坏料入库通知单，此单即利用现存之"厂废坏料入库通知单"第一联存库，第二联送营三课，第三联送会一课。

属于各厂者，各厂办公室内之废纸及其他尚可利用之废料应由办总务者负责按办法规定收集缴纳各厂仓库。各厂工作地之一切废料应由办工务者随时检点负责收集缴纳各厂仓库。各厂仓库对交库之废料或点数目，或过数量，但须特别注意种类分别作价办理入库，举例如下：（1）各厂拆卸下之各种包装麻绳，应分别白麻与青麻，如系完整尚可使用者，当按旧白麻绳或旧青麻绳均以市斤为单位作价入库，并记材料分清账，倘不堪使用者亦须按废白麻绳或废青麻绳作价入库，并记废料分清账，以便分别处理。（2）各纺织厂拆开之棉花包，完整者按旧棉花包以个为单位作价入库，破烂者按废棉花包以市斤为单位作价入库，以上二者均须注明粗细布规格。（3）各纺织厂棉织厂以及织造厂对于裁剩之破布，如不能再做缝纫用者，应按废料缴纳仓库，以市斤为单位作价入库。（4）各纺织厂及棉织厂对浆纱头应按废料作价入库，以便出售，短小不能出售或作他项使用者可作制纸原料，无浆纱头按杂料作价入库，备作擦机器使用或制纸原料，以上二者均应以市斤为单位。（5）各厂不能使用之废锉均须交回仓库，按把作价入库，报由营三课开调拨单，调拨炼钢厂剁为新锉。（6）由炼钢厂剁好之新锉须先按自錾锉名称以把为单位办理入库。（7）各厂拧开之机器油桶及电石桶等完整者应按整料以个为单位办理入库，如不能做整料使用而可以废料利用者按废料办理入库。（8）各厂不用之废钢铁及机器上工作余剩之废铁钢铜、废纸废皮带废玻璃等均应斟酌情形以市斤或公斤为单位作价入库。（9）各厂不用之废机油可代替车轴油使用或再经处理在机器油缺乏时，亦可济急，故此种废机油应尽量收存，以公斤为单位作价入库。各厂仓库对交库之废坏物料应视其情形合理处置，例如废锯条、麻花钻、扳手等不能再作他项使用者，虽零星交库，当按废钢铁类以重量收集成数，办理入库至其他废料类似上项情形者亦可比照处理之。各厂废料交库所用单据与公司本部所用者同，惟入库通知单，亦利用现有之"厂废坏料入库通知单"由库房填制第一联存库，第二联送营三课，第三联送厂会计处作价款，归入杂项收益项下处理。以上所举例者，不过废料中之一二，至其他废料可以利用者甚多，均应照此办法斟酌情形处理之。

各库对废坏料品，除照例每月造表报告公司营业处备查外，若有经常需用之废料，如废纸、绳头、棉花、破布、废钢铁等集有成数时，尤应随时报告营业处以便调用。无论公司本部及各厂所属单位，凡领用新物料，必须将废旧者交回仓库，但已消耗或事实上不能交回者不在此限。公司本部及各厂所属单位办公室及工作地除细小废物均备有木箱或竹篓等存储外，其大者均择适当地点妥为存放。凡公司不能利用之废料，应即呈明出售，如有既不能利用，又不易出售而成为真正之废弃物料者亦须报请处理之。①

面对造纸原料的缺乏，公司专门出台了《收集制纸原料办法》，要求各单位在平日工作中注重收集各种可以造纸之废料。办法规定公司本部

---

① 《西北实业公司废坏物料收集办法》，1947年，山西省档案馆藏，档号B31/1/18。

及所属各单位所有之废纸、麻袋片、破布、绳头、废棉花、旧鞋底以及其他可供纸厂利用者，均须随时收集保存。以上制纸原料，在公司本部者，统由总务处负责收集；在各厂所院者，由各总务课负责收集。收集之制纸原料，属于公司本部者，交第一库保管；属于各厂所院者，交由各厂仓库保管。各仓库收到制纸原料，即应依照普通废料收集办法，并按附表价格分别办理入库手续。一俟积有成数，应即通知营三课调拨纸厂使用，库方须办理出库手续。公司本部及所属各单位收集之制纸原料，以其总价5%抽为福利金。此项金额之抽收，在公司本部者由会计处办理，在各厂所院者由其会计办理。但须每三个月将抽收金额呈报，经协理核阅。制纸原料所规定价格，须按市面物价随时呈请增减之（见表7-2）。①

表7-2　　　　　　　　　制纸原料价格表②　　　　　　　　单位：元

品名	规格	每百市斤价格	应抽福利金
旧麻绳	无水分腐蚀不夹青麻	2000000	100000
破布	无水分腐蚀者	150000	7500
烂棉花	无水分腐蚀者	150000	7500
麻袋片	无水分腐蚀者	180000	9000
杂纸	无水分腐蚀者，油墨不多	180000	9000
破鞋底	无水分腐蚀者，不夹杂者	100000	5000

二　废料收集利用专门会议

1948年，针对资源之匮乏，公司组织专门会议，商讨废料的界定、收集办法及利用办法。

1. 废料之界定

属于公司本部的有：（1）文具纸张表册类：废纸、废表册、旧账簿、旧传票、单据及日本人时代的废表册；旧报纸、废卷宗、废信封及积存各单位的废表单等；空墨汁瓶、墨水瓶、糨糊瓶、油墨筒等；废毛笔杆、

---

① 《西北实业建设公司收集制纸原料办法》，1947年，山西省档案馆藏，档号B31/1/22。
② 《西北实业建设公司收集制纸原料办法》，1947年，山西省档案馆藏，档号B31/1/22。

钢笔尖等。（2）棉布麻绳类：碎布、烂手巾、废麻绳、麻袋、席片等；空运物料箱内所垫稻草、木屑、麦秸、草绳等。（3）车辆皮带类：三轮摩托车1辆；二轮摩托车1辆；废弃不能用之自行车；汽车旧皮带机零件等。（4）钢铁洋铁类：传事宿舍后的废铁管；总三课库房门外弃置打字机1架及铅字等；营六课厕所后有钢轨数十条、旧烟筒、烂水壶等；空煤油、汽油、麻油、颜料铁筒；（5）煤末灰渣类：废煤末、炉渣灰等。（6）饭食类：厨房旧馒头、剩饭、泔水、菜余等。（7）北站第一库存放之废物料：旧纱机工具1000余种；旧炭精180根；破面袋1000条；胶皮外带242条；胶皮里带139条；汽车生铁轮200个。（8）玻璃瓷器类：破碎玻璃、破碎瓷具。（9）烟茶类：废茶叶、废纸烟盒、空火柴盒、废牙刷把子。

属于各单位之废物有：各单位积存的废煤末；钢厂的焦炭末；火柴厂的废碎火柴；织造厂裁衣后剩余的碎布条与布头；纸厂存有日本人遗留之小块毛边纸；印刷厂之废油墨筒；炼钢修造机车的废生铁、锯木屑；电业处的废铜破铁器具、破布烂棉花、破木器、烂电机、废铁丝、铁钉铁管等；毛织厂的废毛；榆纺的废黑羊毛；煤一厂机械股门口堆存破烂机械与废铁；卷烟厂的废烟梗、烟筋、锡纸与麻绳麻袋席子；东西山的废煤；电化厂由水管流走的废水；木材厂及各厂的锯木面、废木材；纺织厂的废纱头棉花；面粉厂的土杂麦、土杂粮；皮革厂的牛毛与碎小皮块；各厂积存之废铁废铜、废铁管、废螺丝铁板等；各厂积存之烂电机、废灯口、废灯泡等；各厂积存之汽车、马车、自行车等废带及一切废零件；各厂机器上用过的废油；各厂积存之废文具、纸张、单账簿等；各单位附有染色部门之空颜料筒；旋床下的废铁屑；各单位理发室的头发；各单位的各种玻璃瓶及废瓷具；电业处的废横木、废炉条；发电厂倒出之煤渣；榆次存有芒硝3000吨及焦炭末、废煤等；钢厂的废铁渣。

2. 废料之收集办法

各处课室废表单由总三课收集利用；办公室废纸由勤务收集总三课筹备存放地点，收集多后交纸厂制纸；由营业总务二处会拟收集及奖励办法通饬各单位收集；由各厂负责人自动收集表报公司予以适当调配用；通知各单位领新物时必须交回能利用之旧物换领；应按公司收集废料办法指定专人收集或于工余发动员工义务收集予以奖励；制定废物名称用途调查表饬各单位每月报表一次；由仓库指定地址将各废物分类集中放置，由各单位承办庶务者收集交指定地址。

3. 废料之利用办法

将各厂及东西山积年废煤，无价配发有眷属同仁；各厂机器废油交试验所研究利用；废表单可利用者由总务处设法，不能利用者交纸厂制纸；纸烟盒锡纸送交卷烟厂利用；废信封交各单位收发利用；火柴厂废碎火柴配发同仁利用；厨房剩饭养鸡养猪补助同仁辅食；织造厂裁衣废布块，低价配给同仁利用；纸厂日本人遗留小块毛边纸收回公司作手纸；毛织厂废毛和榆次纺织厂黑毛研究利用或变卖；玻璃碎品及碎瓷交窑厂利用；废煤渣不能烧用者，交泥工利用；破坏机器等铁器物品交钢厂炼钢；旧炭精交机车厂作炭精原料；破面袋交纸厂制纸或分发各厂擦机器；公司汽车旧零件交库分别利用，规定领新料交旧料办法；日本人所留废表册可做便条纸或反过来用；废席钉雨棚或做制纸原料，油墨筒做手掷弹盖；废煤制煤糕煤球；电化厂废水过滤后熬成碱；榆次存芒硝研究利用；电业处发电机、螺丝、灯泡熔制铜质物品，废铁片改制垫片，横木由长改短或做燃料；锯木面除化学窑厂利用少数外由技术委员会研究利用；废胶带研究胶制品；失效的油墨涂料交印刷厂重制。[①]

第四节　厂区物资稽查防护

西北实业公司非常注重对厂区物资之防护，尤其是在战争期间，公司又承担军用品之生产任务，更是专门成立稽查队，对工人出厂要进行严格检查。职员分批值日值宿，防火防盗。

一　成立稽查队

稽查队之职责：关于各厂火灾、水灾及其他一切消防事项；关于承造军用品各厂的工人出入厂门搜检事项；关于承造军用品各厂工人过失之检举、拘留及处理事项；关于承造军用品各厂之门禁管理事项；关于承造军用品各厂之戒备事项；关于承造军用品各厂之道路修整及清洁卫

---

① 《督进会第二十一次小组会讨论总结》，1948 年，山西省档案馆藏，档号 B31/1/35。

生事项；关于各厂工人风纪之维持事项；关于各厂工人居处行动之调查事项；其他有关各厂公安之一切事项。稽查队设总队长1人，承经协理之命综理全队一切事宜并设总队副2人，协助之。稽查队设队警3队至5队，队设队长，每队分设3组，组设组长，每组分为3班，班设班长，每班设队警10名。稽查队设稽查长1人及稽查若干人，并设文牍1人、司事若干人，分别秉承队长及副队长之命担任一切事务。稽查队应需一切薪饷及公务等费均由本公司支付。稽查队查获盗窃军用品及妨害制造军用品之各犯时应由该队押送军法审判处审理，但情节轻微者可由该队酌量情形自行处理。稽查队应需枪械弹药等项由本公司呈请，绥署核发。稽查队图记由公司刊发，并报绥署备案。①

公司于1947年12月出台《稽查物品出门暂行办法》，规定凡由公司内部向外运输或携带物品出门（不论公物私物）均须接受稽查。物品出门稽查事宜由警卫室人员负责办理。公司本部人员运输或携带物品出门应事先填具物品出门证，经该主管部门负责人（如各处处长、各课课长或各会社主任）盖章交由警卫室查验后始准运携物品出门。外来人员（不属公司本部者）运输或携带物品出门亦须由原洽办部门代填物品出门证，经该部门负责人盖章交由警卫室查验后，准运携物品出门。凡未持有本公司填发之物品出门证者一律不准运携物品出门（有特殊情形者除外）。警卫室人员接到物品出门证经验明手续符合规定即应立即放行，并将出门证收存备查，如认为有检查物品必要时，得施行检查，运输或携带物品人员不得无理拒绝，但监察手续应力求简便迅速，不得故意拖延时间。警卫室对各部门填发之物品出门证须慎重保存，逐日汇送总三课以便与原发部份核对。总务三课应将警卫室交回之物品出门证存课备查。②

二 值日值宿预防火灾

公司于1948年6月1日出台《值日值宿规则》，规定各处课室会职

---

① 《西北实业公司稽查队章程》，1936年，山西省档案馆藏，档号B31/1/012。
② 《西北实业建设公司稽查物品出门暂行办法》，1947年，山西省档案馆藏，档号B31/1/018。

员除处长、日籍人员及女职员外其余人员一律轮流值日值宿。值日时间为每日早8点至晚7点，值宿时间为每日晚7点至次日上午8点（星期、放假概不停止）。值日值宿人员每日分派2人按各处课室会所有职员（课长、秘书除外）由总务处第二课分派之。值日值宿人员除每日分派职员2人外，另派课长或秘书1人专负督导警夫役防止火警与伪装之活动及紧急事项之处理。①

对于火灾的预防，公司规定各处课室会就所占各办公室每室由职员中选派1人为防火责任者。各处课室会之办公室炉火由各该办公室之传事员负责管理。各处课室会之炉火除总务处第三课派员及值日值宿人员随时检点外，由防火责任者负责检点。各办公室之炉火晚上蒙蔽时一律不准将煤炭拱于炉口外。有地板办公室之炉火，下班时必须熄灭以免发生意外。取暖生炉以室内温度适宜为原则，除用炭数量另行规定通饬各传事遵照领用外，各室防火责任者须就近检点，其随意加火以免冷热不均致生疾病。本季因运输困难，大炭缺乏，各传事多为生火便利滥用大块，除由总务处第三课派人监督外，各室防火责任者应随时检点之。有暖气不生炉火之各办公室亦应选派防火责任者，必要时就近检点灯烛等事。②

三　保卫仓库办法

1948年10月，太原被围，阎锡山政权已经濒临灭亡，但其仍垂死挣扎。为保护仓库、保障生产、维持政权，出台《保卫仓库办法》。办法规定要在积极方面"肃伪"，各库员夫每5人编为一组（不足5人者斟酌办理）联名互保、人人怀疑、互相监视，每组设组长1人，每库设总队长1人，由仓库主管人充任之。各组如发现有伪装行为者，组员报告组长，再报队长、厂长或经协理处理之。在消极措施方面，要加强防火，各仓库门首必须设置太平水缸及防火沙袋火钩水枪等防火用具；各大厂方须设置灭火器及其他防火设备。要注意仓库之环境，公司及各厂在城内外借占民房作为仓库者，须对附近四邻民商各户之行为并有无易燃烧之物

---

① 《修正西北实业建设公司值日值宿规则》，1948年，山西省档案馆藏，档号B31/1/017。
② 《预防火警注意事项》，1948年，山西省档案馆藏，档号B31/1/345。

料时加注意，以免失火延烧及伪装破坏。规定料品要隔离存放，各库对于易燃火之一切物料例如黄磷、硫黄、油类等物要与其他料品隔离存放或存放数处；兵工各厂仓库对于弹药等类每种物品必须分数处存放，不得集存一处以防不测。要加强瞭望岗哨，各仓库应就所在地点选择适中高处作瞭望岗位，以便值宿员夫巡视打信号枪及火警；各仓库员夫应每夜轮流值宿，如因人数较少而不敷分配时，应由所在厂方员夫轮流值宿。各仓库应各就其实际情形做紧急消防演习以免临时慌忙。各库员夫对本市警备司令部警察局及消防队之电话号码必须明了，并将号码抄贴值宿室以便随时联系。[①]

第五节　工程管理

随着生产业务的拓展，各厂规模也在不断扩张，各厂之土木工程随之也在增加。公司对于土木工程，制定有专门的管理办法，各项土木工程不仅有详尽的计划还有较为规范的合同。

一　工程管理办法

1946年1月，为了规范各项土木工程，公司出台了《西北实业公司所属各厂所院处土木建筑或修理工程暂行办法》，经一年试运行，于1947年1月正式出台《西北实业公司各厂所院处修建土木工程办法》。办法规定各单位如有应行实施之土木工程必须按其性质，将新建或修缮分类编号，并备具下列各款向公司请求：（1）施工理由及预计开工完工日期；（2）施工说明（务将施工地点、工程规格做法、材料规格性质数量及保固年限，各单位自备材料、支款办法等详细说明之）；（3）工程预计明细表；（4）工程设计图（如后修缮工程不便绘图者从略）。凡经公司核准之工程，须张贴启事或登载报端，以便包商领取施工说明，按期投标。开标日期确定后，应事先通知公司，以便派员前往监察，如距离甚远者，由各单位主管负责人监标。投标者最低标价以不超过原预算（系指工料预计明细表之预算而言）10%者为中标。开标结果如不合前述规定时应

---

① 《西北实业建设公司保卫仓库办法》，1948年，山西省档案馆藏，档号B31/1/022。

另行定期招标，倘因工程急要，可与包商合谋重拟报请公司核定。所定中标或请准之包商应订立正揽约一份，副揽约二份，正揽约留存该施工单位，副揽约送公司备查。开工后各单位须派监工人员负责监工，监工员必须逐日填具工程日报表，存各单位备查。开工后如因需要变更工程，或因故停工时，须将变更理由、增减工料价及停工原因、结束情形等详报公司备核。完工后，须通知公司以便派员会同验收，如距离甚远者，可由各单位主管负责人派员验收，并于10日内填具竣工报告表，报送公司。修建费如由公司领款须备具领取，如由各单位垫付，应将实付数目及日期通知公司以便注账。各项手续，各单位如感觉办理困难时，可说明理由向公司请示，以便派员前往协助办理，惟须受各单位主管负责人之指示。遇有临时发生急需修缮之工程，准由各单位先行办理，同时报告公司备查，其余各项手续仍照规定办理。关于零星补修，需款较少之工程，各单位须斟酌情形，用襄工或日工承做，但其余各项手续仍按规定办理。[①]

二　工程计划

根据公司土木工程管理办法，各项工程须有工程计划，须说明工程之规模、所需材料、所需人工、费用等。下面是西北炼钢厂于1947提出的修建工程计划：

《西北炼钢厂36年度修建工程计划》

（一）建筑工程：

A 新建机器厂房工程：

（1）位置：位于现机器厂南侧空地；

（2）建筑类别：铁骨构造建筑；

（3）占地面积：8910平方公尺；

（4）间数：324间（本年度最低预期完成间数150间）；

（5）预计建筑所需材料：（主要材料见表7-3）

[①]《西北实业公司各厂所院处修建土木工程办法》，1947年，山西省档案馆藏，档号B31/1/18。

表7-3　　　　西北炼钢厂新建机器厂房所需主要材料表①

品名	规格	单位	数量
角铁	3*3*3/8	公斤	706000
	2*2*3/8	公斤	125800
扁铁	2*3/8	公斤	158700
	1*3/8	公斤	1600
铁板	4*8*3/8	公斤	90000
	4*8*1/16	公斤	5900
元铁	7/8	公斤	24500
	3/4	公斤	18800
	1/2	公斤	4000
轨条	14kg/m	公斤	4800
青砖		块	175000
洋灰		袋	11600
寸板		尺	1200
方木	3寸	尺	5700
玻璃		箱	244
砂		公斤	1790000
石子		公斤	2450000
青石		公斤	2630000
涂料		公斤	11400

（6）预计人工：木工工数：51840工；铁铆工数：64840工。

B完成已建水压机厂方；

C新建铁工厂；

D新建材料库；

E新建成品库房。

（二）修补工程：A铁工厂修补房顶工程；B补修房顶工程。

（三）全部修建工料费用统计：A材料费用（见表7-4）、B工费（见表7-5）、C各项工程费用预计（见表7-6）。

---

① 《西北炼钢机器厂36年度修建工程计划》，1947年，山西省档案馆藏，档号B31/2/014。

表7-4　　　　　　　　西北炼钢厂修建工程材料费用①

品名	规格	单位	数量	单价（元）	金额（元）
槽铁	L150*70*6	公斤	27590	4320	119118800
三角铁	L3*3*3/8	公斤	900500	4235	3813617500
	L2*2*3/8	公斤	131200	4235	555632000
	L125*90*10	公斤	17190	4235	72799650
铁板	3/8*4*8	公斤	61920	21120	130775040
	5/8*4*8	公斤	740	21120	15628800
扁铁	2*3/8	公斤	160700	6720	1097904000
	1*3/8	公斤	1600	6720	10752000
元铁	7/8	公斤	25300	5562	140718600
	3/4	公斤	30600	5562	170197200
	1/2	公斤	4500	4754	43901000
青砖		块	1687000	110	185570000
洋灰	59kg	袋	19820	19200	380544000
石灰		公斤	143500	216	30996000
砂		公斤	2453000	9.6	23548800
石子		公斤	2712000	48	130176000
青石		公斤	2846000	48	136608000

表7-5　　　　　　　　西北炼钢厂修建工程工费②

工种	工数	单价（元）	金额（元）
土木工	85050	10000	850500000
铁铆工	92790	12000	1113480000
合计	177840	22000	1963980000

---

① 《西北炼钢机器厂36年度修建工程计划》，1947年，山西省档案馆藏，档号B31/2/014。
② 《西北炼钢机器厂36年度修建工程计划》，1947年，山西省档案馆藏，档号B31/2/014。

表 7-6   西北炼钢厂各项修建工程个别费用预计①

工程项目	间数	材料费（元）	工费（元）	工料合计（元）
新建机器厂	324	7846785600	1296480000	9143265600
完成已建水压机厂	99	889755900	316800000	1206555900
新建铁工厂	68	1172143000	258400000	1430543000
新建材料库	9	262895400	24300000	287195400
新建成品库	20	5093400	54000000	59093400
铁工厂修补工程	23	425918700	6000000	431918700
汽锤厂修补工程	13	62460000	8000000	70460000
合计	556	10665052000	1963980000	12629032000

三　工程合约

根据公司工程管理办法，工程所属工厂须与工程承揽商就工程的价格、施工方法、工程期限、担保情况等进行约定。下面是西北炼钢厂为修建第二储水池与步山建筑公司订立的工程合约，以及公司本部修建仓库与玉记木厂订立的合约。由两个合约看出，当时的工程合约已较为成熟，工程的主要事项，如工程的大小、价格、完成时长、完成方法、质保时长、担保人等均有涉及。

《西北炼钢厂增建第二储水池工程合约》

立合约人：西北炼钢厂（以下简称甲方），步山建筑公司（以下简称乙方）。今由甲方同意将第二储水池增建挖土工程由乙方承做，兹将双方议定条件列下：

一、地点：在西北炼钢厂西面，现有储水池之南部。

二、面积：计东长 155.4 米，西长 161.2 米，北长 83.3 米，南长 66 米，经实地测量，池北部比南部高十分之九米，由该池南部最低处起下挖一米深，以地平为准，北部约深一米九，全池土量约一万六千方。

三、池堰：除东北二面已筑就不计外，西堰长 181.7 米，南堰长 66 米，上宽 10 米，下宽 20.05 米，高 3.3 米，利用挖出之土筑成，不另外给资。

---

① 《西北炼钢机器厂 36 年度修建工程计划》，1947 年，山西省档案馆藏，档号 B31/2/014。

四、工价：以土方计算每公方小麦三升六合整，每半月收方一次按实收方数合计，但某月收方按某月公司规定麦价折发法币。

五、工具：除抽水机器由甲方供给外，所有其他一切工具概由乙方自备。

六、完工日期：自领到开办费第三日起计算，75日完工，逾期五日扣全数1%，逾期十日扣全数5%。

七、开办费：按全数先行预借四分之一，其折价按二月份公司规定麦价折合法币2664万元（以16000方估计，按每方小麦三升六合计算共576石，四分之一为144石，以二月份麦价18万5千元计算为2664万元）。

八、余土：除筑新池堰外，所余土量尽量修理第一储水池南堰，计长230米，宽高照新做水池堤堰并由厂方派员指导，不另给资。

九、铺保：乙方须觅具殷实铺保两家，保证乙方遵守合约规定，乙方如有违约或作不够深度及欠款情事，由铺保负完全责任。

十、本合约一式三份，一份公司备案，甲乙两方各执一份。

十一、每半月收方一次，所有预借款项由第二次领款起每次扣除四分之一。

立约人：西北炼钢厂步山建筑公司，刘步山，精营西边街4号
保证商号：云锦铁工厂，振兴隆，经理姓名：王象鸣、王文海
商号地址：精营中横街16号，北司街42号
对保：云锦铁工厂，振兴隆
中华民国36年2月24日[①]

《西北实业公司本部新建仓库工程》

立揽约商号：玉记木厂今揽到西北实业公司本部新建北站第4、5、6号仓库三座（计房33间）工程一宗，兹将订定条款列下：

一、工料包价：共计国币142425000元（内工价4440万元，料价99025000元）。

二、支款办法：立约后，先支全包价三分之二。自领到款日起限15天内除实需工价外，余均购妥材料工程进度至半数时，再支全包价六分

---

① 《西北炼钢厂增建第二储水池工程合约》，1947年，山西省档案馆藏，档号B31/1/148。

之一，竣工验收后清结。

三、施工方法：完全按照施工图说及监工员之指导承做，否则愿负无价改做之责。

四、工程期限：于领到第一次包价三日内开工，限45天竣工，如延误日期愿受相当处罚。

五、保固年限：自验收日期保固五年，在此限期内如无故发生房屋塌漏墙壁倒歪等情事愿负无价补修之责。

六、变更工程：在工程进行期间公司如因特殊情形需要变更工程或停止工程时，由公司按已做工程实需过之工料数量照包商原估单价结算了结之。

七、铺保责任：自立约日起至保固年限止，包商如有一切违约情事，愿负完全责任。

包商：太原玉记木厂，经理：张玉吉

保铺：太原玉成商行，经理：阎作舟

保铺：太原锦丰泰，经理：魏健民

中华民国36年3月29日[1]

小　结

本章叙述西北实业公司之物资与工程管理。公司从采购、仓储、销售、防护等环节加强对物资的管理。公司出台京津沪采办处规则、门市部营业规则、物料购买包装运输及验收办法、销售成品办法、仓库管理职责与办法以及成立稽查队，规范物资管理、加强物资防护。营业处第三课负责对所有仓库之管理，业务包括机具原材料用品之汇核与请购，机具原材料用品之验收，成品半成品副产品配件及废料之验收，机具原材料用品及成品半成品废料等之拨付，物料及成品之调拨，机具物料成品之保管，废料之处理，机具物料及成品之登记，机具物件及成品之统计。同时公司十分注重废坏料品的收集与利用。对于公司各类工程，出台工程管理办法，要求有关方面制定工程计划与工程合约。

---

[1] 《西北实业公司本部新建仓库工程》，1947年，山西省档案馆藏，档号B31/1/148。

第八章

西北实业公司的生产业务管理

自1945年接收各厂后，西北实业公司命令各厂开始着手恢复重建，要求各厂报送自给计划。各厂每年度都需要制定详细的生产计划，包括产量、费用等的预计。对于未完成计划的工厂，须做出检讨，对于超额完成的工厂给予奖励，以此来激励各工厂加强生产。此外，部分工厂对于一些非核心业务实行包工制度。

第一节 各厂自给办法及生产计划

1945年，阎锡山政府接收西北实业公司各工厂，由于长期的战争及日军的过度使用，各工厂生产能力低下，急需重建并恢复生产。公司各厂实现自给后公司逐步要求各厂制定正式的生产计划。

一 各厂自给办法

1946年2月22日公司发函（西实工函276号）转达山西省人民公营事业董事会意见，要求各厂上报自给办法计划书。"遥启者案奉，山西省人民公营事业董事会计字第46号函开【查各产业机构理应经营缔造日益盈余，当兹接收伊始虽不能实现于此，应遵照督委会＜34＞戌感公代电盈亏由各该机关自给，经提本会第14次会议决议，第一，由一月份起实行生活自给最低限度，亦应能自维持员役工生活，俾得安心工作；第二，万一急切不能自给须将不能自给原因提出函报本会，并须叙明需要加什么条件始能自给，俟到什么程度即可完全自给，特录函达，希即查照，切实拟议、迅速报核】等因奉此合函达即希查照详拟自给办法报核，并希复写二份，送公司以便存档"。涉及企业有：西北毛织厂、晋华卷烟厂、西北印刷厂、西北火柴厂、西北电化厂、西北化学厂、西北炼钢厂、西北窑厂、西北修造厂、西北机车厂、西北育才炼钢机器厂、西北制纸厂、西北洋灰厂、西北煤矿第一厂、第二厂、第三厂、第四厂、西北皮革制作厂、太原纺织厂、太原面粉厂、太原面粉分厂、太原油脂厂、太原织造厂、太原氧气厂、太原棉织厂、榆次纺织厂、榆次面粉厂、榆次棉织厂、榆次电灯所、平遥面粉厂、临汾面粉厂、电力部、太原城内发电厂、太原城外发电厂、太谷发电厂、忻县发电厂、临汾发电厂、运城发电厂、天津采办处、太原售煤所、试验所、西北火柴厂大同分厂、西北洋灰厂大同分厂、西北炼钢厂大同分厂、兴农酒精厂、大同玻璃厂、祁县染织厂、定襄采矿所、宁武采矿所、西北机械修理厂、大同工厂管理处、物料运销处。①

1. 西北化学厂自给计划

西北化学厂在1946年3月时制造硫酸、制造炸药和制造火工已经开工，其所获之收入可以维持该部分之需要。硝酸制造、无烟药系、溶剂系正在建造安装尚未开工，其中硝酸制造之设施虽称完，但嫌能力不足，且至今尚未开工，因此项产品除供本厂制造无烟药大宗之使用外，欲向社会推销其量亦属至微，故仍未开工制造以免虚縻。无烟药、溶剂二部拟定在五月间开工，预计俟至本年九月份所有制品产量即可按原计划实现。本厂现在仅局部开工，将来全厂各部一齐开工制造成品，则所得收入非只完全自给维持员工生活且有盈余。②

2. 平遥面粉厂自给办法

平遥面粉厂当时正与军方代磨面粉，每日可磨面粉150袋，每袋以法币500元磨制计，全月可得磨制费225万元，并月售电灯费约50万元，连同长余面粉麸皮杂项收益等，虽会计方面尚未算出详确数字，自接收开工以来大致尚可自给并积有微利。与军方代磨，如军方不拨小麦时，必须另筹资金自行购麦。本厂最好购存小麦3000石陆续购麦销粉即不特

---

① 《所属各厂关于报送自给办法计划书的函》，1947年，山西省档案馆藏，档号B31/2/135。

② 《西北化学厂自给计划》，1947年，山西省档案馆藏，档号B31/2/135。

能自给且可有利。①

3. 榆次纺织厂自给办法

榆次纺织厂自奉令接收经营以来，每月生产纱布数量、推销情形、所收销货价款总额与本厂实际开支两相比较，尚能抵付而有余，可维持员工最低生活，俾得安心工作并做到自给自足，目前尚未感到多大困难。但为巩固自给自足计，须积极增加生产并扩大之，然后才可减低成本，加大利润，故机械之修配整理，男女等工之加强训练，均在努力推进中，在推进中。因环境之限制，事实上不无迟缓处，但均多方设法而补救之，务使逐渐达到预期之工作进度为目的，尽量增加纱布生产，且可日益盈余，惟原有500马力蒸汽引擎一座已损坏，拆除形同报废，250kW发电机复以使用年久，保全不善，致负荷能力减去20%，加之交通运输多有阻碍，致对原棉搜集材料供应莫不受到相当影响，若大局于最近期间能有好转，交通不久恢复常态，尚可按预定计划逐步实施。随后该厂将生产计划及收支预算附后。②

4. 西北毛织厂自给计划

1946年3月，西北毛织厂上报自给计划。该厂认为本省气候风土颇适宜于畜产事业，故毛织业在山西之产业上占有重要位置。

（1）原料：西北毛织厂之梳毛设备因适于澳洲美利奴羊毛之大陆式机械，计划以本省饲养之美利奴羊毛为原毛。查本省一般饲羊之目的多以食用、皮革为主，对于原料方面向为忽视。现在可收买之羊毛能以梳毛用者仅百分之九，其余纺毛用之劣品剩余过多，对于本厂自给自活之障碍极为明显。本厂如与外货竞争，实现自给自活时必须对于羊种加以改良，并成立相关组织。山西饲羊事业之奖励设施如能如事变前之注意，则不久之将来可能发展，同时对于原毛种种困难亦可迎刃而解，混用山西陕西之土羊毛，对于技术上加以研究，管理上力求合理化，以期品质之向上、产量之增加。

（2）作业计划：梳毛之废毛加以选别，精纺织布之废线加以撕弹后作纺毛原料为第一原则，目前使用之羊毛经过洗涤后能作梳毛用者9%，

---

① 《平遥面粉厂自给办法》，1947年，山西省档案馆藏，档号B31/2/135。
② 《榆次纺织厂自给办法》，1947年，山西省档案馆藏，档号B31/2/135。

纺毛用者43%，将来须要对于饲羊者与收买者加以鼓励，使该等羊毛最低达到梳毛用者15.5%，纺毛用者36.5%程度，同时工厂对于设备亦加以调整，该等羊毛先行准备一年之需要量，规定作业度、实施树立生产计划为第二原则。现在收买之品质数量之不等，对于生产上不无障碍，拟根据上述二原则将原毛与机械加以调整再行规定操业度。操业度为三个时期，即第一期、第二期、第三期，目前先向第一期目标迈进之。第一期第二期织布能力虽超过纺纱能力时至第三期亦略行调整。第一期为调整之基础时期，工作只限昼间，以防止机械之损耗。第二期稍行夜间工作。第三期选别纺毛整染略行夜间工作。

（3）收支计划：由于物价起落不定不能以货币来表示，兹拟规定一标准之出品将其制造费、电力费、修理费及其他用度品等皆概括于固定费用中（见表8-1）。

表8-1　　　　　　西北毛织厂制造费（固定费）价值指数①

	第一期（元）	第二期（元）	第三期（元）
职员薪给	8000	8500	9000
工人工资	70000	80000	85000
电力费	7500	9000	10000
石炭费	10000	11000	12000
用度品费（包括修缮材料费）	35000	40000	45000
机器折旧	1000	1000	1000
杂费	8000	8000	8000
合计	139500	157500	170000

二　各厂生产计划

西北实业公司实现自给后，各厂基本恢复正常生产，各项业务步入正轨。公司召开业务会议，从整体上部署生产工作，同时要求各厂拿出年度或月度生产计划及经费预算。公司出台《西北实业建设公司业务会议规则》，进一步规范业务会议。公司规定业务会议于每日上午9时至10

---

① 《西北毛织厂自给计划》，1947年，山西省档案馆藏，档号B31/2/135。

时召开，出席人员为经协理、襄理及各处处长、副处长。业务会议经理为当然主席，经理因事不能出席时，由协理代行。经协理均不能出席时，就各襄理中指定或由各襄理互推 1 人代行之。出席会议人员提议事项应依次发言，在发言人未陈述完毕之前，其他人员不得同时发表意见，以免紊乱。提议事项应以公司重要业务为原则，凡普通事件或处与处能互相研究解决者不得提出。提议事项应讨论一案完毕须有决议后，再提他案。讨论事项应以出席人半数以上之同意为决议，同数时取决于主席。讨论事项完毕后应由秘书室记录员将决议文逐案朗读以免错误，并作成会议记录送呈主席核阅后印送各处及各出席人员遵照办理。①

（一）生产计划

至 1946 年年初，公司各厂基本都实现自给，开始制定详尽的生产计划。如西北炼钢厂、西北机车厂、西北修造厂、榆次纺织厂等均制定了自己的生产计划。

1. 榆次纺织厂生产计划

榆次纺织厂 1946 年 1 月生产情形：纱厂：1 月份共产四支棉纱 983.5 磅，十支棉纱 11411.5 磅，十四支棉纱 28276 磅，十六支棉纱 18400 磅，二十支棉纱 44241 磅，二十二支棉纱 13023 磅，锭线 150 磅，纱绳 1710 磅，共合 2929875 大包，除纱绳锭线为材料用品外，完全供给布厂织造布匹之用。布厂：1 月份共生产棉布 7456 匹，计二号粗布 2524 匹，三号粗布 2201 匹，四号粗布 471 匹，明星商标细布 2133 匹，麻袋布 108 匹，袋布 19 匹，又产绒毯 2683 条。

榆次纺织厂 2 月份生产计划：纱厂：2 月份生产计划因原棉不能充分供给，仍以供给布厂织造布匹需要纱支为标准，预计约开细纱机 8000 至 10000 锭，纺十支纱 7200 磅，十四支纱 12350 磅，二十支纱 16800 磅，二十二支纱 16800 磅，专供布厂使用，不做成包纱。布厂：本月因纱厂二十支纱供给较多，拟将织 3 号粗布机完全改织明星细布、麻袋布，经纬纱纱厂停纺，袋布用途不广，故将该两种布暂行停织，所有二、四粗布及绒毯仍然常制织，预计明星布出 2800 匹，二号粗布出 1900 匹，四号粗布

---

① 《西北实业建设公司业务会议规则》，1948 年，山西省档案馆藏，档号 B31/1/026。

出 450 匹，绒毯 2000 条。①

2. 西北炼钢厂 1948、1949 年度生产计划

(1) 西北炼钢厂 1948 年度生产计划

第一、二熔矿炉：计划生产特号生铁 8040 吨、1 号生铁 6040 吨、2 号生铁 6030 吨、3 号生铁 2010 吨、平质生铁 16080 吨。炼钢：1 钢锭 6160 吨、2 钢锭 7700 吨、3 钢锭 1540 吨。碾钢：17KG 钢轨 460 吨、8KG 钢轨 170 吨、75mm*75mm 三角钢 670 吨、50*50 三角钢 420 吨、38mm—70mm 圆钢 1090 吨、40—150 方钢 1160 吨、75—150 扁钢 120 吨、28—30KG 鱼尾板 90 吨、15mm—60mm 板钢 110 吨、8mm 线材 1400 吨、9—32mm 圆钢 1630 吨。小型工场：9—32mm 方钢 770 吨、19—65 扁钢 340 吨、8—17KG 鱼尾板 80 吨。线材：铁丝纱 70500 尺、洋钉 166 吨、亚铅铁丝 332 吨、亚铅电网线 99 吨、5.5mm 铁线 563 吨、5mm 铁线 89 吨。洗煤：107385 吨。焦炭：64436 吨。副产物：粗苯 227 吨、精苯 113 吨、甲苯 113 吨、粗萘 48 吨、精萘 36 吨、洗油 281 吨、硫酸铵 113 吨、粗蒽 78 吨、沥青 635 吨、煤焦油 1130 吨。电石 288 吨。石灰 2196 吨。电量 21754420kW。②

(2) 西北炼钢厂 1949 年度生产计划

西北炼钢长厂在 1948 年度业务计划内，新建部分因环境关系，各项工程未能按照原定计划适时进行，1949 年度其环境尚未改善，扩大计划事所不许，拟即以上年度未着手及未完成之工程列为建设计划，至生产方面第二熔矿炉虽经整修完竣，然亦限于环境关系，矿石、焦煤恐难即时源源供给，预计在下半年起再行开始生产，其 1949 年度生产计划如下：

第一高炉：计划生产特号生铁 3600 吨、一号生铁 3600 吨、二号生铁 2700 吨、三号生铁 900 吨、平炉生铁 7200 吨。第二高炉（下半

---

① 《榆次纺织厂一月份本月生产情形及下月生产计划书》，1946 年，山西省档案馆藏，档号 B31/2/068。

② 《西北炼钢厂 37 年度业务计划》，1948 年，山西省档案馆藏，档号 B31/2/032。

年开始生产）：计划生产特号生铁4440吨、一号生铁4440吨、二号生铁3330吨、三号生铁1110吨、平炉生铁8880吨。炼钢部：计划生产NO.1钢锭6160吨、NO.2钢锭7700吨、NO.3钢锭1540吨。碾钢部：计划生产小型工厂用方钢4600吨、17KG轨条460吨、75X75三角钢670吨、50X50三角钢420吨、38—150圆钢1092吨、40—150方钢1160吨、75—150扁钢120吨、15—60扁钢170吨、28.30KG鱼尾板90吨、8m/m圆钢1400吨、9—32圆钢1630吨、9—32方钢770吨、19—65扁钢340吨、8—17KG鱼尾板80吨。计划生产线材料：铁丝70500尺，洋钉166吨，亚铅丝332吨，电网线99吨，铁线563吨，5m/m铁线87吨。洗煤部计划洗煤107385吨。炼焦部计划炼焦炭64436吨。副产部：粗汽油227吨，精汽油113吨，甲苯113吨，粗樟脑48吨，精樟脑36吨，洗油281吨，硫酸铔113吨，粗蒽78吨，沥青635吨，煤焦油1130吨。电气炉计划生产电石360吨。石炭炉生产石灰2196吨。蒸汽部生产蒸汽65700吨。发电部发电36000000kW。给水部供水4998000吨。

需要原材料计划：一二高炉需铁矿石124800吨、石灰石42600吨、焦炭68900吨、废生铁5010吨。炼钢部需平炉生铁11100吨、锰矿石770吨、萤石124吨、镁砂308吨、白云石1654吨、铝2500吨、锰铁77吨、硅铁308吨、铁矿石616吨。碾钢部需钢锭11180吨、80m/m方钢4610吨。线材部需8m/m圆钢1400吨、亚铝664吨。炼焦部需烟炭138500吨。电气炉需生石灰720吨、焦炭180吨。石灰炉需石灰石4410吨。副产部需（硫铵）石膏179吨。全厂年需燃料量：西山炭（瓦斯发生炉用）9240吨，煤炭76820吨。

需新增设备：炼焦部：临时洗煤设备1部，炼焦炉体设备1座，石炭塔设备1座，机械设备1式，配电设备1式，冷却洗涤设备1式，副产配管设备1式，副产机械设备1式，吸气房设备124平米，杂项设备124平米，电动机17台，仪器9宗。炼铁部：高炉设备1式，铸床设备1式，热风炉1式，原料设备1式，运输设备1式，计器设备1式，配电设备1式，其他设备1式。炼钢部：平炉炉体1式，蓄热式及烟道1式，煤气诱导管1式，空气变向盒1式，减速盒1式，炉门开关机1式，平炉工作床1式，铁材雨塔1式，其他附属设备1式，60吨起重机1部，配线设备1式，电动机5台。碾钢部：第二加热炉1座，钢轨保温炉1座，瓦斯发生炉1座，2500HP电机1部，90切齿机1台，大型碾子旋盘1台，电动机13台。线材部：烧制厂房1所，铁纱木螺丝厂房1所，成品库房1所，变电所1所，办公室1所，半成品仓库1所，烟突1座，机械1台，配线设备1式。修理部：三吨电器炉1座，转炉1座，热处理及熔接器1式，烧制炉1座，3吨化铁炉1座，8.5吨发射炉1座，铸钢厂方1座，机械10台，配线设备1式，本样厂房1所。①

3. 西北机车厂1948年度生产计划
西北机车厂1948年计划生产：

铁路车辆：检修机关车80台、修理客货车300辆。制造备用械器：32机床5部、15重式车床15部、8特重式车床20部、10车床10部、12重式车床5部、万能洗床5部、磨光机2部、重式立洗床20部、重式平洗床10部、12—8龙门刨床10部、锯木机1部、修复2吨废汽锤1部。修制军用物品：36式山炮100门、手掷弹壳500000颗、修配各种炮位60门。修制物品：电极20吨、完成500吨水压机1部。②

4. 西北修造厂1948年度生产计划
西北修造厂1948年计划生产机械类：

铣床200部、车床260部、刨床50部、钻床50部、花盘车床5部、汽锤5部、搪床5部、磨床5部、电机36台。军用品：92式重机枪750挺、92式重机枪驮鞍750套、65式重机枪驮鞍700套、79式重机枪驮鞍700套、12年产的迫炮弹木箱54000个、矿山黑药木箱18000个、炸药木箱18000个、2号手榴弹木箱12000个、小手榴

---

① 《西北炼钢厂38年度业务计划》，1948年，山西省档案馆藏，档号B31/1/093。
② 《西北机车厂37年度业务计划》，1948年，山西省档案馆藏，档号B31/2/032。

弹木箱 72000 个、修理各种炮位 300 门、修理各种轻重机枪 1500 挺。①

5. 各厂生产计划汇总

公司按月或按年度要对各工厂生产计划进行汇总，一方面进行纵向比较，另一方面作为年终对各工厂考核之依据。如表 8-2 所示即为 1947 年 11 月公司所属各厂的主要产品产量预计表。

表 8-2　　　西北实业公司所属各厂 1947 年 11 月产量预计表②

厂名	产品名称	单位	数量	备考
西北炼钢厂	钢料	吨	1850.25	
	生铁	吨	1450.7	
	副产品	吨	350	
电力处	电量	kW	4200850	
西北化学厂	弹类	颗	120500	
	火药类	公斤	17650	
	酸类	公斤	80500	
	酒精	公斤	3050	
西北电化厂	盐酸	公斤	13000	
	漂粉	公斤	18500	
	氯酸钾	公斤	420	
	苛性曹达	公斤	40360	
	氯化亚	磅	350	
太原油脂厂	油类	公斤	12800	
	肥皂	块	7560	
西北制纸厂	纸张	连	3150	
氧气厂	氧气	KL	20560	

---

① 《西北修造厂 37 年度业务计划》，1948 年，山西省档案馆藏，档号 B31/2/032。
② 《西北实业公司所属各厂 11 月份产量预计表》，1947 年，山西省档案馆藏，档号 B31/2/068。

续表

厂名	产品名称	单位	数量	备考
西北火柴厂	火柴	箱	1250	
西北皮革制作厂	熟皮	张	2500	
	轮带	尺	2900	
	制作品	件	1500	
晋华卷烟厂	纸烟	箱	3230	
西北窑厂	各种耐火砖	吨	585.8	
	器皿	件	57260	
西北洋灰厂	洋灰	吨	4700.56	
西北煤矿第一厂	煤炭	吨	25600	
第四厂	煤炭	吨	500	
太原纺织厂	棉纱	磅	65300	
	棉布	匹	5060	
榆次纺织厂	棉纱	包	35	
	棉布	匹	13000	
	棉毯	条	2000	
太原棉织厂	棉布	匹	1020	
	袜子	打	1800	
榆次棉织厂	棉布	匹	1750	
	床单	块	450	
太原织造厂	衣服	件	8040	
	袜子	打	2500	
	背心	打	25	
西北毛织厂	毛哗叽	码	6500	
	线哗叽	码	4030	
	毛呢	码	1350	
	毛毯	块	150	
太原面粉厂	小麦粉	袋	99500	
太原面粉分厂	小麦粉	袋	27500	
榆次面粉厂	小麦粉	袋	11350	
平遥面粉厂	小麦粉	袋	5500	
临汾面粉厂	小麦粉	袋	17700	

(二) 生产成本预算

公司为了规范一些工厂成本预算表，统一制定表式（见表8-3）。有关工厂根据表格规定项目上报预算，项目包括原料费、人工费、生产部费用、薪金、厂务部费用等。

表8-3　　西北实业公司所属炼钢等6厂每月开支费用预算表[①]

厂名		西北炼钢厂	育才厂	机车厂	煤矿第4厂	洋灰厂	榆次纺织厂	合计
原料								
人工（食粮折价）								
人工（临时工资）								
生产部费用	燃料							
	杂料							
	机器修理							
	零星工具							
	模型费							
	碾钢机费							
	动力费							
	其他							
薪金								
厂务部费用	食粮折价							
	柴炭费							
	零星物件							
	修缮费							
	杂费							
	夫役费							
	搬运费							
	奖励金							
预算总额								

---

① 《西北实业公司所属炼钢等6厂每月开支费用预算表》，1946年，山西省档案馆藏，档号 B31/2/068。

各工厂也可以根据自身的情况，如部分设置、材料种类等设置自身的经费预算表。如西北炼钢厂1947年事业费预算综合表（见表8-4）、平遥发电面粉厂原料、材料、工具预算表（见表8-5）以及西北发电厂1948年9月材料工具消耗预算表（见表8-6）。

表8-4　　　　西北炼钢厂1947年事业费预算综合表①

课别	总金额万	材料费	人工费	合计	分担费用	备注
炼焦课洗煤股	741922.2	337123.5	236500.4	706592.9	35392.3	
炼焦课焦炭股	859159.2	547103	237855.7	818246.7	40912.5	
炼铁	52828.1	42973.8	7340	50313.8	2515.3	
炼钢	132501.5	107527	10285	126192	6309.5	
碾钢	118461.3	43297	51184	112821	5640.3	
线材	136705.6	73075	54361	130196	6509.6	
工务	235611.6	43494.5	31985.2	224493.7	11171.9	
动力	110762.4	53002	44911	105499	5263.4	
运输	189372.5	122758	57597.1	180355.1	9017.4	
总务课	521251.3	330417.1	166013	496430.1	24821.2	
合计	3098575.7	1700770.9	898032.4	2951140.3	147553.4	

表8-5　平遥发电面粉厂1948年9月消耗原料、材料、工具预算表②

科目	品名	单位	数量	单价（元）	金额（元）	备考
原料	小麦	市斤	183200	400	73280000	小麦每日以12000斤计，全月共312000斤，每月有6天停工修理机器，不在其预算内。燃料东山炭内有木炭10吨，因栏有限所以混合在一起预算。无烟不是焦炭，而是阳泉出的原炭。
	无烟炭	吨	150	300000	45000000	
	东山炭	吨	91	80000	7280000	
	合计				125560000	

---

① 《西北炼钢厂民国36年事业费预算综合表》，1947年，山西省档案馆藏，档号B31/2/061。

② 《平遥发电面粉厂消耗原料、材料、工具预算表》，1948年，山西省档案馆藏，档号B31/1/114。

表 8-6　　平遥发电厂 1948 年 9 月材料工具消耗预算表①

科目	品名	规格	单位	数量	单价	金额
材料	机器油		市斤	448.5	10000	4485000
	大油麻		市斤	150	3000	450000
	黄油		市斤	11.25	8000	90000
	煤油		市斤	18	8000	144000
	变压油		市斤	18	11000	198000
	黑铅粉		市斤	120	5000	600000
	皮带扣	25#	盒	3	8000	24000
	砂布	1#	张	15	2000	30000
	砂纸	1#	张	15	1000	15000
	砂头		市斤	180	200	36000
	松香		市斤	6	4500	27000
	折表纸		刀	6	35000	210000
	盐酸		斤	2.25	5000	11250
	柳木板	5X8	尺	30	800	24000
	冰铁皮		张	3	25000	75000
	洋钉	1#	斤	15	5000	75000
	鸡毛纸	1/16	刀	15	9150	137250
	鸡毛绳	3/8	捆	3	5250	15750
	白铅油		斤	6	4000	24000
	五金		市斤	56.25	15000	843750
	焊锡		市斤	3	5000	15000
	元铁	3/8—1/2	市斤	90	800	72000
	铁丝	8#	市斤	30	5400	162000
	灯泡	60W	个	21	12000	252000
	保险板	50A—200A	个	60	50000	3000000
	保险丝	2A—3A	卷	6	40000	240000
工具	锉子	10	把	282	2500	705000
	钢锯条	单面	根	15	1500	22500

① 《西北实业公司所属炼钢等 6 厂每月开支费用预算表》，1946 年，山西省档案馆藏，档号 B31/2/068。

续表

科目	品名	规格	单位	数量	单价	金额
材料	重油		市斤	120	6000	720000
	皮带油		市斤	18	3000	54000
合计						12757500

第二节 生产检讨及奖励

年终，各厂需要将一年的生产情况向山西省人民公营事业董事会及公司汇报，并结合年初生产计划作出检讨，董事会及公司根据生产计划对各厂进行考核，完成情况较好的工厂会受到奖励。

一 生产报告

各厂需要对本厂之负责人、资本、职员工人、机器设备、产品、原料、盈亏等情况对公司做出汇报。如下为西北火柴厂1948年度厂务报告：

《西北火柴厂1948年度厂务报告表》

期间：民国37年度（自1月1日至12月31日）工厂登记证：第16032号

厂名：西北火柴厂 厂址：太原市上桥街49号 经理或厂长：张健 主任技师：樊绳武

实收资本：西北实业建设股份有限公司资本3千万元（系22年币值）。

职员总数：27名，其中技术职员人数9名，普通职员人数18名，全年薪俸总额：1—8月份1056625151600元，9—12月份金券475270元。

工人总数：163名，其中男工人100名，女工人51名，童工2名，学徒人数10名，技工人数113名，粗工人数50名。

动力设备：名称：电动机，座数：10，容量：78HP

本年电力消耗量：自发度数：无，购用度数：57975（本厂所需电力系由西北实业建设股份有限公司发电厂购用）

重要机械：名称及座数：轴木剥机 2 台，轴木切机 1 台，木地剥机 3 台，木地裁机 3 台，排梗机 12 台，连续机 1 部，卸梗机 7 台

本年出品：种类：硫化磷火柴，数量：1—8 月 18144 箱，9—12 月 1217 箱。价值：法币 9211586806.37 元，金券 61663.14 圆

本年使用原料：种类/数量/价值：原木、氯酸钾、硫化磷、头胶、胡粉、亚铅华、桃红

下年度计划出品：种类/数量盈亏：盈/亏：

备注：填表说明：

厂长：　　　　　1938 年 1 月 21 日①

二　业务检讨

1948 年 12 月 30 日，山西省人民公营事业董事会发函（董计字第 870 号），要求各厂将 1948 年业务检讨并取具检讨书送会核办，"查 37 年度业告终了，所有该单位本年度业务仍应查照历年规定程式详确检讨，并将检讨情形连同检讨书一并报会核办为要。上年终了后工矿各厂应各就本身在 37 年内营业状况详加检讨，得出总结列报本会。"董事会说明检讨的依据为该厂生产能力即所有各种机器每日最大生产能力；原来业务计划；本年度实际生产结果。按本年度生产产品的量与质与原计划及生产能力进行比较，查看数量上超出若干或减少若干；质料上较原计划是优抑是劣。同时检讨应按比较所得之优点、缺点两项分析其原因：设备方面够的地方是什么，不够的地方是什么；环境方面、交通情形如何，市面情况如何，销路如何；资金方面是充裕抑是不够；原料方面，来源是哪里，能供给上还是供给不上；技术方面是好是坏；管理方面是否严密；人事配合是否适宜；其他应检讨事项。改进意见检讨完毕应针对上年事实记录拟具本年改进意见。②

1. 西北毛织厂 1948 年度业务检讨

（1）检讨依据：生产能力：单幅哔叽 288000 码，双幅毛呢 144000

---

① 《西北实业公司民国 37 年厂务报告》，1949 年，山西省档案馆藏，档号 B31/2/046。
② 《业务检讨书送会核办（董计字第 870 号函）》，1948 年，山西省档案馆藏，档号 B31/2/080。

码。年初业务计划：单幅哔叽150000码，双幅毛呢44500码，造纸呢90块*14码=1260码，毛毯：6500条*2.5码=16250码。全年生产结果：单幅哔叽89210码，双幅毛呢：33360码。

（2）比较：量的多寡（按实际产量比较）：单幅哔叽较原计划少产60790码，较生产能力少产198790码。双幅毛呢较原计划少产28650码，较生产能力少产110640码。质的优劣：在万难环境中用库存劣质之毛制织，而成品颇为社会所赞誉。

（3）检讨：设备：各种机器设备经日本人损坏甚多，虽光复以来逐步修配，迄未修配完毕。环境：本市与外埠交通滞塞，已有年余对原料运回、产品运出影响颇巨。资本：资金统由公司筹拨。原料：今年除库存者外，虽由附近搜购，为数无几。技术：全厂员工对于技术问题，常加研究，训练努力且能吃苦。管理：逐渐改善以期尽善尽美向管理科学化迈进。人事：人人皆向自管互管、自爱互爱、精诚团结、努力工作之途迈进。

（4）1949年度改进意见：生产计划：印花毛毯9200块，9号帆布1800匹，5号帆布240匹，大毛呢10920码，制服呢7480码，薄花呢4560码，毛线4200磅。1949年度拟尽量修配机器，加强工作效率，并采择外埠毛织物样品。配合季节需要、社会风尚及当时原料供给、成品销路等情形。①

2. 西北纸制厂未完成计划之说明

1947年10月1日，西北制纸厂对其月产量未达到3000连，向公司报告说明原因。在战争时期，制纸厂很难完成当初计划，原因有：

第一，查交通阻塞原料来源断绝，其就地所能采购者仅有麦秸、稻草与极少数苇子而已。此种原料每次蒸煮一锅内最大仅容2000磅，而所得纸浆按20%计仅得400磅，本厂预计以两个蒸煮锅专供处理此种原料，则每日24小时内仅可得纸浆2000磅（两锅每日平均出五次），若再漂洗制造又须若干损失，故以纸重计算仅能出纸1500磅。本厂共用蒸煮锅三个，除上述使用两个外，其他一个拟即处理破布废花之类，每日一次可装入原料5000磅，可出2000磅，经过漂洗等工程，可得纸浆1400磅，

---

① 《西北毛织厂37年度内检讨总报告》，1948年，山西省档案馆藏，档号B31/2/080。

上述两宗原料混用极限不过2900磅，以毛边纸之重量计算约足每日百连，若以80磅模造纸，计算则仅及36连，以最通常只报纸重量计算亦仅及60连而已。本厂产品种类繁多，毛边纸约占三分之一，其他制品类皆每连重量50磅以上，故以此状况推断实难每月平均制造3000连。

第二，制纸最重要之材料且系时时必备者即为毛布与铜网两种，铜网曾于1946年在津由敌伪产业处购回多块，尚敷今后一年内之需用，而毛布则因外汇关系，35年夏向美商订购之毛布至今尚无确息，因此本厂近数月来已无毛布可换，最近只有缝补旧者之一途，但亦已再无可缝，公司毛织厂最近制出一两块试用在圆网机，尚属可用，但因质薄及案头不良，未能加快机器之速度，现在每分钟仅能抄60尺，按昼夜不停只出72000尺，约合108连，但其中破损停车换头最低须有20%之损失，如此每日毛边纸亦仅可出80余连，且毛织厂代制之毛布，其使用寿命仅能维持十四五日，而毛织厂又无此种专门制造，故每月实难平均制造3000连。

第三，制纸厂动力系自行发电，然以机器陈腐，不仅动力不足且耗煤倍增，更因原系使用块炭之设备，而现在燃烧旧存煤末，更感困难，统计全厂需用电力平均须至150安培始敷应用，但此发电机一部仅能出100安培，致使开动本厂长网抄纸机时，即须缩减原料方面之连转，所以每逢长网抄纸机工作时期，其使用之纸浆多而原料之处理反更减少，逐不得不间断工作，故难发挥机器效能，如能供给块炭，动力足用亦可补助此种困难，俾益产量良多。

上述三种困难，第一如能订购外国亚硫酸纸浆混用半数，不仅增加产量完成日产3000连之预期，且可成品品质增良，可制成各种各样之稿纸、洋纸；第二外国毛布如能到达，则两部抄纸机可任意按需要连转，速度亦可加快；第三发电机如有块炭供给，即可同时两机全开，不至感受动力不足之苦。以上三端绝非本厂自力所可解决，故能否达到纯视将来解决此三问题以为断。①

---

① 《西北制纸厂产量未能达到每月3000连之原因说明》，1947年，山西省档案馆藏，档号B31/2/068。

三　业绩奖励

公司对于一些能够克服困难，保障生产，尤其能够在工务、事务上有所改进，在产品质量上有所提高之工厂进行奖励，对一些表现突出的个人也会进行表彰。

1. 对一些工厂之奖励

各工厂向公司报告本厂一年来取得之成绩，公司根据成绩之大小予以奖励。

太原面粉厂：（1）员工训练情形：该厂员工组织自卫小组，在不妨碍工作原则下经常抽组训练、讲解有关训示及政令，期收自清、自卫、自治之效，以达保卫工厂、保卫山西之功。（2）工务、事务上改进之事项与经过及其实效：工务上管理工人适情合理，取得人的同情、事的效用。制造成品精益求精，力求改良。事务上能简化手续时尽量简化，能利用时间尽量利用，事无巨细，但求结果完善，不论手续如何，如本年种植菜蔬、作煤膏、养猪、养鸡等均系利用时间集体劳动，故其成效颇确实际。（3）成品品质提高之事实及种类：对于各种机器预加修理不使损坏，精选原料、随时注意，故所出双象面粉品质高尚、洁白无比、非特三晋驰名、华北华南亦莫不称道，上年全国商联会特予奖状非无因也。（4）成本减低之具体事实：人不虚设，材不滥用，减少员工，节省工资，樽节器材，减低成本，如本年使用皮带较去年减少一倍，节绢较去年减少2/10。（5）克服困难事实与详细情形：因款项奇缺，经常购不到原料，厂长一再训示，要以无款而能得到原料，自力更生，经最大努力卒能达到无款有麦继续磨制三月之久。（6）足资表扬之增加产量情形：员工无大小星期，连续工作，每月多增三日产量。

太原棉织厂：（1）员工训练情形：该厂员工层层督导训练，配以相当工作，不只各尽其责，还要有横的联系，互相协助，并采取合谋方式提起员工工作情绪，以工作为生活、工厂为家庭，现已养成个个负责之习惯。（2）工务、事务上改进之事项与经过及其实效：工务方面原有机械残缺陈旧，对于产品之改良、产量之增加颇感困难，叠经研究自制合线机器数架，织造合线织物如胜利呢、复兴呢、光复呢、劳动呢等早已问世，尚能博得社会人士欢迎，复自制木制提花楼数台，织造各种花布，如建纹布等,商人竟冒充舶来品售卖。事务方面审查各个人之能力配以相当工作,裁减冗人,消除浪费,严定奖惩,既可养成人人负责之习惯又可提高做事之精神,事事记录、件件统计、月月比较,藉资鉴镜,已收实效。(3)成品品质提高之事实及种类:该厂成品如胜利呢、复兴呢、光复呢等均用合线织造,品质坚固,样式美观,男女通用,各界用做制服尤为相宜,又如建纹布等织造匀密,花样新颖,本市商人竟冒充舶来品售卖。(4)成本减低之具体事实:该厂产品渐增,冗人尽裁并特不必要之消费剔除尽,视本厂产量月制表及成本预算表即明具体事实矣。(5)克服困难事实与详细情形:接受机械多系残缺不全,补充不易,因陋就简,从事修理,勉强使用,又叠经研究自制合线机数架、提花楼数台,始有今日完善之设备,复经督促训练员工纠正过去敷衍塞责之恶习,养成层层负责之做事精神。(6)足资表扬之增加产量情形:本场员工与上年比较相仿,而产量较增,视产量月报表即知实际情形。

西北修造厂:(1)员工训练情形:自卫训练:先成立自卫小组,嗣后又设立动员工作队,专办自卫训练工作。防护训练:专设防护小组,不时演习防空救护等工作。艺徒训练:设立艺徒训练班两班,除星期日外逐日上课借以灌输工作常识。技术训练:印刷各种工作技术文件及表式并实地指导应用以资训练员工技术常识。精神训练:每星期对员工训话一次。(2)工务事务上改进之事项与经过及其实效:强化各股组织分工合作办事迅速。各负责主管人员每日开早会检点过去并计划未来工作是以工作甚少耽误。机器会议:每星期五开机器会议一次,专门研究制造机器上各种问题。工务会议:每星期二召集工务课各部分负责人开公务会议一次,解决工务方面重要问题。互相竞赛:铸工、机工及装制等工作各分为二厂,每厂又分为若干组,互相竞赛,结果工作效率增加。(3)成品品质提高之事实及种类:轻机枪架子加降射搬机发射较前便利。改良12生炮车及弹药车。82迫击炮加套套筒及改装炮尾(使坚固适用炮尾由复杂改为简单实用且较前好,炮筒因材料欠佳恐生危险,于原炮筒外另加套筒,可增加该炮寿命)。修理4000KVA发电机(该发电机在敌伪时期屡修屡坏,此次损坏后在材料缺乏之今日,大有无法修理之势,复经再三研究,材料缺乏者,设法代替,终能修成,经试验结果良好)。修理面粉厂100马力高压电动机(该高压电动机经日本人修理,复不能使用，复经本厂修成，试验良好）。仿制 92 式重机枪成功，由研究开始至现在已能月产 20 挺，以后陆续增至 100 挺。（4）成本减低之具体事实：多做包工，估工合理。节省风钢，利用小块镶刀头用。使用代替材料：焦炭面代替铅粉；高碳素钢代替金牌蓝牌刀具钢用。利用废料：带铁小块利用做驮鞍垫圈及铁䂯用；碎小块洋铁皮卷镜环用；利用小块废料做小零件螺杆螺帽；92 式重机枪重要零件使用之镍铬钢小零件用铲削碎料锻制更小碎料，另外存储以备回炼；12 生炮弹尾翅剩余废料改作 3/8 螺丝垫圈；压手榴弹保险盖剩余废料又铆驮鞍皮垫板；利用多年废煤末打制煤膏并压煤球；旋钨金轴瓦废末又融化再用；天轴及汽车油盘内废油用作打眼及刀具退热使用（以上所述均系大宗制品利用废料事实、其他零星事实不再赘述）。（5）克服困难事实与详细情形：以 1/6 吨小型空气锤锻制 92 式重机枪机箱。锻造 18 尺龙门刨（用小化铁炉四座在大炉筒与炉底中间另加铁圈以期多熔铁水，终将重量共十吨之 18 尺龙门刨大身及床面铸出）。大量制造机器以资自给自足（本厂接收之初，仅有被日本人损坏不全之机器 78 部，后经员工之努力在不耽误上峰规定制品范围内制造各种机器，计现已完成者 200 余部，已铸出正加机工之半成品 400 余部）。（6）足资表扬之增加产量情形：由月产机器 3 部增至月产 30 部。由日产轻机枪架 1 个增至日产 10 个。由日产 12 厘米口径的迫击炮弹 20 颗增为日产 100 颗。由月产 92 式重机枪 1 挺增至月产 20 挺。①

2. 对员工个人之奖励

公司向各厂征集有特殊事迹之员工，根据贡献之大小予以奖励与表彰。如西北炼钢厂上报的几个员工的事迹：

（1）炼焦科副工程师范茂春，41 岁，山西阳曲人，工作年限 1 年 5 月，毕业于山西省工业专科学校，曾选派赴日本北海道轮西制铁所实习石炭干馏。特殊事迹有：工作上克服困难之详细情形：在沥青用尽而富家滩煤尚未运来时焦炉情形非常危急，又值冬外气温在零下 20 度，炉温速降，经该员协助宫泰平率领员工，由 2 月 5 日至 14 日间昼夜辛勤工作，调节温度延长焦炉寿命，全厂继续工作克服焦炉停顿之困难。工作上之创造与改进详细情形：其将复杂工序耐心讲解给工人，绘制图标并详细

---

① 《表扬团体特殊事绩征集表》，1947 年，山西省档案馆藏，档号 B31/2/161。

说明工作原理，提高了机器效能和工人工作效率。

（2）炼焦课副课长张天琦，39岁，山西临汾人，工作年限1年8月，毕业于国立清华大学，曾任太原绥靖公署化学研究委员会组长。特殊事迹：工作上之创造与改进详细情形：在昔钢厂产萘只以粗萘售出，接收后该员即用毕华方法制成洋樟脑粉之纯品，又公司饬制造卫生球，因本厂无温压机及压球机等设备，经该员一再研究以熔铸法试制成功，现已正式出产行将大量供应社会。

（3）总务科文书股事务员郭继祥，25岁，山西朔县人，工作年限1年，省立农科职业学校肄业一年，私立杰仁华文打字学校毕业。曾充山西省日侨管理处办事员。特殊事迹：工作上克服困难之详细情形：本厂原无打字人员，该员于上年6月份来厂后先行整理机件，因本厂打字机系接收旧物机件多已残缺不灵，且铅字又皆混乱间有破裂者，修配颇感困难，时间上又属迫不及待，经该院细心检点，自行设法修理并将破断铅字用胶粘结使残废之机器能以应用。增加工作效率之详细情形：本厂自去年9月份开始第一期工徒训练各门讲义共达11种，该员即承印9种，每日需要四版，共5000余字，机件又需随时修理而该员从未误事，成绩在一般以上，考其原因不外人心负责，有以致之难七八月如一日。工作上之创造与改进详细情形：在各门讲义之内多有附图（仅碾钢一门即有69图）而无书图器械，该员用硬纸片剪成各种形状用以绘图，又铅字不全，该员用废字凑拼，如缺一"辊"字，乃将"转"字削去"专"字，又将"混"字削去水旁并打之，逐与原字无讹，该员此种创造性殊为难得，尤以所绘之图分毫不差为各讲师所嘉许。其他：该员少年老成，性情和平，服务勤慎，有创造性，习学心诚，为不可多得之干部。①

3. 奖金之请领

各厂可以根据自己的生产情况，函报公司申请奖励金。如西北机车厂1946年8月3日发函（西车函字第384号）给公司申请七月份超修车辆奖励金，"敬启者查本厂七月份修理出厂机车21台，客货车及装甲车145辆，计超出基本额者机车1台，客货车等65辆，兹将各项车辆番号列表附送敬请鉴核准予援例拨发奖金75万元以资激励"。以及当年10月

---

① 《表扬员工特殊事迹征集表》，1947年，山西省档案馆藏，档号B31/2/161。

2 日发函（西车函字第 526 号）给公司申请九月份超修车辆奖金，"敬启者查本厂九月份内修理出厂车辆除客货车部分因木料缺乏未能充分发挥工作效率，仅及 65 辆外，机关车部分则修出机车 21 台，计超出基本额 1 台，谨此呈报敬请鉴核并准予援例发给奖金 10 万元"。①

西北化学厂 1946 年 3 月 22 日给公司发函（西化字第 232 号）为拆除厂区遗留炸弹人员申请赏金。"敬启者查本厂所存此次战争飞机投下未发炸弹，近日由西北机车厂内掘出者共 14 枚，虽经将各个引信卸下，但其中雷汞壶均未取出，仍属危险，兹与本厂日籍职员紫信之合谋，拟率工人彻底将弹壳与炸药、雷汞各别分离，一则取用原料，再则为免日晒高温而生意外变化，按平均每枚 1 万元发给赏金，计共需洋 14 万元，每拆卸一枚则赏洋一万元，以便清算，可否之处请示。"②

西北修造厂 1946 年 1 月 26 日发函（西修字第 332 号）公司，汇报改进武器机器之奖励金之分发情况。"敬呈者查职厂前领到预存奖金 30 万元，经先后奉准计改造轻机枪架笼头、轻机枪架座力槽、座盖板及手搬椿机共奖洋 18 万元，制造 82 迫击炮铜八字轮改制工具奖洋 4 万元，又制造 12 厘米口径的迫击炮尾管改制工具奖洋 3 万元，以上三宗共计 25 万元，均已分发完竣，谨将各员工领奖花名表（见表 8-7）送请核销。"③

表 8-7　　西北修造厂职工员改造工具成绩优良者给奖名册

改造工具名称	区分	姓名	奖金（元）	盖章
轻机枪架笼头	设计	田庆森	21000	
	设计	徐寿	19000	
	制作	贾荣	2500	
	制作	张坦	2500	
	制作	史儒珍	2000	
	制作	张梅茂	2000	

---

① 《西北机车厂公函》，1946 年，山西省档案馆藏，档号 B31/2/157。
② 《西北化学厂函》，1946 年，山西省档案馆藏，档号 B31/2/157。
③ 《西北修造厂函》，1946 年，山西省档案馆藏，档号 B31/2/157。

续表

改造工具名称	区分	姓名	奖金（元）	盖章
轻机枪架座力槽座力盖板	制作	杨春盛	1000	
	设计	赵桂田	30000	
	设计	赵长庚	30000	
	设计	徐寿	10000	
	设计	田庆林	10000	
	设计	王静成	10000	
	制作	齐仁昌	2500	
	制作	王集彦	2500	
	制作	田进凯	2500	
	制作	侯步宗	2500	
手搬椿机	设计	田进德	26000	
	制作	李士珍	2000	
	制作	赵全太	1000	
	制作	宋茂生	1000	
合计			180000	

第三节　包工制度

西北实业公司一些工厂实行包工制度，将本厂一些非主营业务以包工形式包给本厂工人或厂外工人，一方面可以集中精力于主营业务，另一方面可以减少固定工人人数，节省人力成本。

1. 西北修造厂包工种类及办法

西北修造厂于1947年9月1日出台《西北修造厂包工种类及办法》，将一些工程之机工、木工、电工、锻工、装制等工作包给本厂员工，具体办法如表8-8所示。

表 8-8　　　　　　　　　　西北修造厂包工种类及办法①

包工类别	种类	包工部分	包制品	包工办法
内包工	按工计算	机工、木工、电工、锻工、装制	92重机枪架、工作车床、修理电机等	经详细核定包制品（以件为单位）平均需要工数，按各个人完成件数计算。但一个月实得工数不得超过60工。
	按粮计算	铸工	各种铸品	经详估规定铸造品重量，每公斤平均需粮数，按各小组之铸成品计算，再以各人原定日资按成数分配计算，但仍比照按工计算一月不得超过60工。

附记：一、本厂内包工均无定期，系按需要随时起包，工完即仍改里工。
　　　二、本厂向无外包工。

2. 西北育才炼钢机器厂包工办法

西北育才炼钢机器厂根据本厂情况制定包工办法，分内包和外包两种。内包办法有：第一，指定包价办法：各种制品于制造之初计划工料，召集有关工作部门、监工主任等，合谋讨论工价，经拟定呈请厂长批核后发给工人制作，其工资按各该制品工作程度及经检查部验收之工作件数计算之。第二，申请包价办法：遇有临时及急需之制品时间上不容许讨论，指定包价由承包人提出包价，申请主管主任审核并经转呈课长厂长批准后发给制造。以上两种包工办法均有包约作为根据，以凭稽核，并均按食粮计算工资。外包办法为：本厂除自厂工作繁忙不克如期完成要求之制品外，不采用外包办法，设遇上项情事时，采投标办法招外商包做，其投标合格者由厂备文呈请公司核准备案，包价款项由公司拨发，制品验收后照数发给。②

3. 西北洋灰厂包工价目表

西北洋灰厂于1947年6月27日制定了各包工承包各项工作价目表，如表8-9所示。

---

① 《西北修造厂包工种类及办法》，1947年，山西省档案馆藏，档号 B31/2/098。
② 《西北育才炼钢机器厂包工办法》，1947年，山西省档案馆藏，档号 B31/2/098。

表8-9　　　　西北洋灰厂各包工承包各项工作价目表①

工作类别	承包人	每吨包价	附注
开采原石	王长瑜及侯得胜	0.35 斗米麦各半	由矿场采取送交厂内，原石场开山用药由厂内供给，清理土渣由厂方办理
开采卖石	王长瑜及侯得胜	0.37 斗米麦各半	由矿场采取送交车站卖石场，开山用药由厂内供给，清理土渣由厂方办理
1号厂房运石头	侯得胜	0.07 斗米麦各半	由原石场运至旋转粗碎机中
石膏	侯得胜	2.4 斗米麦各半	由矿场以马车送交厂内指定地点，山租及火药包商自理
包装洋灰	龙万福	0.065 斗米麦各半	
包装品装车	龙万福	0.055 斗米麦各半	
卖石装车	龙万福	0.09 斗米麦各半	
白灰煤末装车	龙万福	0.09 斗米麦各半	
卸煤	龙万福	0.065 斗米麦各半	
钢铁杂料	龙万福	0.09 斗米麦各半	

4. 西北炼钢厂内外包工办法

西北炼钢厂于1947年7月11日制定《内外包工办法》，对工种、报酬、工作要求等都做出了明确规定（见表8-10）。

表8-10　　　　　　　西北炼钢厂内外包工办法②

内外包工	工种	单位	单价（米麦各半）	规定办法	备考
外包工	搬运工	工	2.2升	系锅炉房煤炭、灰渣搬运及锅炉内运煤分昼夜两班，昼勤24人，夜勤24人	该工友等均居住本厂内，领有军管区缓役证书

---

① 《西北洋灰厂各包工承包各项工作价目表》，1947年，山西省档案馆藏，档号B31/2/098。

② 《西北炼钢厂内外包工办法》，1947年，山西省档案馆藏，档号B31/2/098。

续表

内外包工	工种	单位	单价（米麦各半）	规定办法	备考
外包工	搬运工	吨	0.6 升	系由产铁地搬至车皮上，运往置铁厂卸下整理磊齐，每日需工友12人	同上
	倒槽工	吨	0.75 升	系道轨两旁卸下之矿石、石灰石等整理及倒至距道轨11.08公尺至20公尺，堆高3公尺为度，超高一公尺加粮三分之一，超过距离道轨20公尺以外每工尺加粮20分之一	该工友人数不定，以不误装用为原则，工友居住古城村十里铺等地，均领有军管区缓役证书
内包工	原料工	吨	1.8/1.4/2.1 升	运送矿石、石灰石、白云石、破碎、选别装入等，单价系以矿石破碎难易及市面之情形而定人数为50名，开补调遣手续及权力与里工同	工友居住古城村十里铺等地，均领有徽章、通行证、缓役证书
附注	内外包工米麦价格及开拨日期与里工同，惟食粮折发现金表系以包工表式计算，经各有关主管盖章由承包人总领开拨。				

5. 西北机车厂函请包制青砖

1946年4月1日，西北机车厂向公司函请包制青砖，"敬启者查本厂原有制砖设备并留有技术工友数人，兹为准备修建厂房及供给公司各厂砖料需用起见，拟即开始烧制青砖，现经与技工等约定，每万青砖报价小麦二石五斗，石炭八千斤，土坯损失亦归该等负责，所需水电土家具等由厂供给，每月可制青砖60万个，较之普通市价经济颇多，可否包给该等制造敬请示"。经会计处、总务处核算，机车厂通过包工制造青砖确实廉价，两处请示公司其经费由何项拨付，而且该项费用需要持续支付。"查机车厂所报包制青砖按小麦作底之办法。现在麦价连同煤炭杂费等项每万个约需10万元，较市上仍廉价，准其包做。惟查共制60万青砖即需价款600万元，应由何项拨付并能否陆续支垫？示会计处、总务工事课"。公司随后批复,"砖照做,修建费由长官部拨款"。① 1947 年 4 月 14 日,按照惯例,西北机车厂又向公司函请包制青砖,"西实工二字第 3 号函核准每制青砖一万以小麦二石五斗,石炭八千斤包给工人烧制在案,兹因春暖土开,此项青砖烧制工作因备建筑需要仍拟照去年办法包给工人烧制,惟以本厂工人待遇今后改为米麦各半,此项包价亦应改为米麦各半以求一致,兹按三月份米 10 万元,麦 18 万元之公定价格折合,拟定每烧青砖一万,给予米麦各一石五斗九升,至石炭核减为 7500 斤,可否按此包制之处即请核示"。②

第四节　业务检查与指导

西北实业公司本部经常派遣工程师到各厂检查与指导工作,了解各厂之生产情况,解决各厂一些技术困难。

1. 公司之全面检查

1946 年 9 月,公司选派干部到各工厂检查指导工作,并出台《经理特派公司干部到各厂联系工作应行注意事项》,要求到各厂了解以下情况:工作程序(图解或表解);制造种类之说明;产量或能力(日产或月产);每日或每月需原料、材料、药料、油类、煤、水、电力各多少;各种成品物理上、化学上、商业上之规格与成分;各种原料、药料物理上、化学上、商业上之规格与成分;采购及保管成品、原料、药料应注意事项;各种原料、药料对制成品使用之百分率。③

2. 工厂之自我检查

如太原织造厂于 1947 年 6 月 3 日制定并出台了《太原织造厂检查组织及细则》。按照规定,织造厂为促进制造之合理,专门设置检查系,对所有产品实施严格检查,以资促进。检查系设系长 2 人,由技师、专任工务课长兼任,会同主持一切,设系员 1 人或 2 人专任检查兼办工务课生

---

① 《机车厂函报本厂包制青砖情形由》,1946 年,山西省档案馆藏,档号 B31/2/068。
② 《机车厂西车函 119 公函》,1946 年,山西省档案馆藏,档号 B31/2/068。
③ 《经理特派公司干部到各厂联系工作应行注意事项》,1946 年,山西省档案馆藏,档号 B31/1/023。

产表报及会计；设助理若干人，由各股长技士及厂员分别担任。检查要目包括：产品规格（包括尺寸、色泽、用料等），施工法度、差务瑕疵、产力进退。各要目由系员协同助手依照设计规格，逐细检查列表详报系长。检查时间：针织各品于每日下工前3小时内行之；服装各品于翌日上工后3小时内行之；漂染各品因有作业上干燥等之必要，其检查准延日午前举行。检查之实施：各股长、厂员每日应于检查前将全部产品分类整理完好，检查时尽力协助，检查后共同签报。系员执行检查时，无论任何询问检讨，有关股长厂员等均须尽情详告，不得稍持隐饰态度。系员指出差误或纠正事项，各有关人员均须绝对遵从，不得藉辞推诿。系员负检查上之全责，亦为改进产品上之有效动力，故有关人员均须竭诚相助共促其成。检查赏罚：检查系长应于每月终将本月内检查实绩，详细分别列表呈送赏罚委会审核分别赏罚。①

小　结

本章阐述公司之生产业务管理。阎锡山政府在1945年接收各工厂后，要求各工厂恢复重建，拿出自给办法并制定生产计划。待各厂恢复生产后，公司开始实行统一管理、统一经营，各工厂负责生产即可，此时各厂生产计划不仅要列出产品种类、产量多少，还需要列出生产之预计成本。年终各厂要对一年来的工作作出总结汇报，未完成任务之工厂须作出检讨与说明，超额完成任务之工厂会得到奖励，同时对一些业绩突出的员工也会给予奖励与表彰。公司部分工厂对于本厂非核心之工程有时采取包工形式，或包给本厂工人或包给厂外工人。公司及各厂注重对业务进行检查与指导。

---

① 《太原织造厂检查组织及细则》，1947年，山西省档案馆藏，档号B31/1/024。

第九章

西北实业公司的技术与品牌管理

西北实业公司注重生产技术的改进，成立各类技术委员会，对整个生产过程进行诊断并提出合理化建议。对于技术革新有突出贡献之单位与人员给予重奖。此外，公司注重树立品牌，西北火柴厂、棉织厂、纺织厂等都拥有自己树立起来的家喻户晓的品牌，对于冒牌生产之厂商，借助政府力量进行严厉打压。

第一节　成立各类技术委员会

西北实业公司为了改进技术、提高生产效率，先后成立了技术委员、事务技术委员会、工矿业技术奖进委员会等。

一　成立技术委员会

公司于1946年11月成立技术委员会，为顺次研究各厂之管理科学化起见，拟将技术委员会内各组分别派赴各工厂内，俾与各该厂长及从业员工通力合作，以建设合理化之改进方案。为完成此项任务，在各组内配属若干组员，尽可能使在同一工厂内驻留相当时间，与该厂员工采取同样之服务方式，以完成使命。实施管理科学化之主要事项有：关于劳务方面：劳务员工之适正化，伤害预防。关于搬运方面：搬运系统、搬运设备。关于机械器具方面：机械之配置能率，工具类之合理化。关于资料方面：荒废资料之利用，消耗品之节约及代用。为实施各项，应行筹措事项有：应携带必要测量测定用器具；关于预备室、午餐及通勤等，供给与工厂从业员工同等之待遇。①

　　技术委员内部各组都须制定实施计划,如西北实业公司技术委员会轻工组第一次实施计划,实施项目有:关于各工厂制造方面者:机械器具配置合理化、运输系统及运输机具合理化、工具研究及使用合理化、度量衡标准化、防止装置损坏、废物利用及消耗品之节约及代用、工作表报及办事之手续合理与否。关于部分作业方面者:部分动作要科学化、决定能率的标准动作、包工制度之合理化、使用员工人数之标准化、员工职务分配之合理化、采用工友时之试验及分配职务之研究。轻工组设组员 5 人,指定横田俊为组长,铃木利秋、大泽茂美、吉味武雄、白焕章为组员,办理组内各项事宜。组员应遵守事项:服从组长之指导,不惜牺牲一切之精神努力服务,以圆满完成本会之任务。重礼仪、尚勤劳起领导模范作用。与各厂厂长及员工融洽一致以求工作之顺利。工作时间与各厂工作时间相同。实施时间,因各厂规模大小与工业性质各有不同,实施时间亦未能一致,预计每厂实施期约需一个半月。所需各物由公司准备,所需物品有:回转速度计 1 个,秒时计 2 只,测微器 1 个,测隙器 1 个,小型天秤 1 座,6 寸水平测定器 1 个,小型测径器(内外)各 1 个,30 寸以上卷尺 1 个,制图器 1 套,油印机 1 套,度量衡标准原器 1 套。轻工组于公司内设事务室并于实施各工厂内设临时事务室。赴各厂工作之目的公司须预先通知各厂长转知各员工彻底明了。在各工厂工作期间如认为工具、器具、运输具等有改良之必要时,小者可与厂长商议执行,大者与工务处商议,由公司命令。试验或试改之经费亦由各厂负担。在厂工作人员之午餐由厂准备,每月终由公司转账付给。距离公司 2 公里以上之各厂,该组工作人员有乘坐车辆之便。②

　　为了争取各工厂之配合,公司 1946 年 11 月 19 日专门向各轻工业工厂发函(西实工二字第 523 号),要求各厂配合技术委员轻工组之工作。"遥启者为各厂做到管理科学化、制造合理化、成品标准化、工作责任化,特由公司技术委员会轻工业组与工务处合作分期前往各厂实施,各

---

　　① 《技术委员会业务推进事项》,1946 年,山西省档案馆藏,档号 B31/2/013。

　　② 《西北实业公司技术委员会轻工组第一次实施计划》,1946 年,山西省档案馆藏,档号 B31/2/013。

厂长应告谕全体员工于该组到厂实施时，应打成一片，虚心接受该组指导，努力地祛除已过、错误与不够，以期实现管理科学化、制造合理化、成品标准化、工作责任化，该组工作人员之事务室由厂筹设，午餐由厂供应，工作时间因与厂方相同，故上下办公时，可利用厂内车辆。现将该组实施计划随函附后，希查照并转各员工遵照为要。致轻工各厂。"①

二 成立工矿业技术奖进委员会

阎锡山政府于1947年11月成立工矿业技术奖进委员会，并于1948年1月25日修订《山西省工矿业技术奖进委员会组织大纲》，旨在促进工矿业发达与技术进步。该会设委员14人，常务委员6人，由委员中互推之并公推1人为主任委员，设专员若干人。该会按技术性质分设若干组，由专员组成，负责审查提由委员会核具意见转呈主任委员核准。② 主任委员为阎锡山，常务委员有董事会之张馥英、建设厅之阎民权、兵工室之周维翰、西北实业公司之彭士弘、西北实业公司之曹焕文。委员有省经局之刘敦义、西北制造厂之翟薪传、炼钢厂之梁海峤、机车厂之刘义山、晋兴公司之赵键、复兴机器厂之姜富春、修造厂之阎茂丞、育才厂之刘治平。③

三 成立事务技术委员会

为改进一般事务之处理并提高办事效率，促进业务之发展，公司成立了事务技术委员会。该会分组办事，由专员负责指导。该会下设总务、营业、会计三组，主要研究事项有：总务组研究有关庶务、人事、文书、劳务及业务监察等事项。营业组研究有关购料、推销、仓库及运输等事项。会计组研究有关预算、决算及现金出纳、资产保管等事项。该会设以下各种会议：全体委员大会、各组委员会议、各组联系会议。该会因研究上之必要可随时前往各厂调查，但须持有主任委员之证明文件。④

---

① 《函发技术委员会轻工组实施计划希查照并转各员工遵照由（西实工二字第523号）》，1946年，山西省档案馆藏，档号B31/2/013。
② 《山西省工矿业技术奖进委员会组织大纲》，1947年，山西省档案馆藏，档号B31/1/042。
③ 《山西省工矿业技术奖进委员会委员名单》，1947年，山西省档案馆藏，档号B31/1/042。
④ 《西北实业公司事务技术委员会组织简则》，1947年，山西省档案馆藏，档号B31/1/017。

四 个别工厂成立技术研究会

一些技术性较强的工厂，自主成立技术研究会。如西北化学厂于1946年11月23日成立技术研究会，负责研究该厂一切技术事宜。该会设会长1人，副会长2人，由厂长、副厂长分别担任之，设干事1人，研究员若干人，由厂长选定之。召集开会时，会长为主席，副会长辅佐会长，但会长如因事不出席时，可指定副会长1人代理其主席之职，干事秉承会长、副会长之命，管理会内一切事务，研究员研究制定或选定事项，于各例会时，发表其意见或结果。研究会之例会每两周各开一次，但有必要研究事项时，亦得召开临时会议。研究员发表研究意见或结果，每次例会至少以2人为限，但轮到发表研究前，应先将原稿送会译成中文或日文，在开会时免却翻译，节省时间。研究稿件择可发表者由会长决定送登周刊或月刊。①

第二节 发明改良的奖励

阎锡山政府及西北实业公司十分重视技术发明和技术改造，出台奖励办法，对有技术发明与技术改良之工人进行重奖。

一 山西省工矿业技术奖进委员会奖励办法

奖励事项有：（1）发明（物品及方法之首先发明者）。（2）改良：制品之改良（将物品之形状及构造或装置及配合等改良而合于适用者）、机械之改良（将其形状及构造或装置改良而合于实用者）、操作之改良（省工节料且有效用者）。奖励定为奖章（奖状）、奖金。其奖章按其价值分为九等。获得奖章者并按等给予一次奖金。奖章分九等，其奖金数目如下：一等1000万元，二等900万元；三等800万元……九等200万元。奖励标准：能向外竞争者、能代替外货者、能省工节料者、能增加生产者、能合本省需用者。凡呈请奖励者不论其发明或改良之如何，依其效能之大小、实用之程度、技术之优劣、研究之精细、制作之难易，由本

---

① 《西北化学厂技术研究会简章》，1946年，山西省档案馆藏，档号B31/1/024。

会依照奖励标准审核其价值，分别给予奖章及一次奖金。凡呈请奖励者须先由本会审查合格后再呈请主任兼主席核定之。凡呈请奖励者应具申请书，载明机关或厂名及姓名并须附报告书，详加载明研究经过、制造方法，连同图样或样品送呈山西省工矿业技术奖进委员会。凡以冒充物品或伪诈方法蒙请核准奖励者，一经告发或备查实时，由常务委员会追缴已得之奖章奖金外并按情节轻重议处。①

二　兵工制造奖励办法

1948年8月9日，阎锡山政府为促进军工生产，针对省内各兵工厂出台《兵工制造奖励办法》。规定奖励种类有：（1）奖章：创造奖章、优技奖章（奖章均分甲等乙等两种）。（2）奖状：有功国防奖状、创造有方奖状、技术超人奖状、劳动英雄奖状。各项奖章、奖状均附发奖金，其数目时限规定如下：奖章：甲等创造奖章第一次附发奖金900元，以后每年凭章照发给奖金500元给予终身。乙等创造奖章第一次附发奖金800元，以后每年凭章照发给奖金300元，给予15年为止。甲等优技奖章第一次附发奖金600元，以后每年凭章照发给奖金200元给予10年为止。乙等优技奖章第一次附发奖金500元，以后每年凭章照发给奖金100元给予7年为止。奖状：有功国防奖状附发奖金400元、创造有方奖状附发奖金300元、技术超人奖状附发奖金200元、劳动英雄奖状附发奖金100元。各项奖金以事变前币值为准，发奖金时按当时生活指数核定发给。有下列各项事绩之一者可核给本办法之各项奖励：（1）新发明武器及原料制造对国防确有裨益者；（2）能仿造特种武器及原料对国防确有裨益者；（3）能改良本国现有武器及武器原料制造比原效力加大者；（4）能改出特别工具或方法使现造武器及武器原料发生规矩或较大效验并能增加产量者。凡呈请奖励者由各单位主官详列事绩加具考核评语，连同样品一并呈请核奖。如有蒙蔽冒请情事，一经查明，该管主官须受严厉处分。②

---

① 《山西省工矿业技术奖进委员会奖励办法》，1947年，山西省档案馆藏，档号B31/1/042。

② 《兵工制造奖励办法》，1947年，山西省档案馆藏，档号B31/1/042。

第三节　部分工厂的技术改造

一些工厂通过厂内技术人员的研究或通过技术委员会专家之诊断建议，不断改良生产工艺，进而实现降低成本、减少耗损、增加产出之目的。

一　西北制纸厂技术革新

西北制纸厂所用原料为破布、废纸、棉等废料，大部来自乡间。面对时局不靖、交通阻滞，原料收购至为困难，虽多方收买，亦不能源源接济。原料缺乏为生产不能继续之主因，虽稻秸、麦秸、芦苇、高粱秆等收购较易，但此等原料需多量火碱与漂粉方能制的良好纸浆，因而成本随之高昂，经悉心研究，创设电解槽，利用电解方法处理劣质原料，制得良好纸浆，节省药品、减低成本效果显著。是以本厂为克服原料之缺乏，增加生产计，决大量收购稻秸、麦秸、芦苇等原料，设备一俟完成，将原料洗涤、梳解、漂白三段工程分别处理，可以节省动力并提高品质，制品拟大量抄造印刷纸、报纸、毛边纸三种，笔记纸、包装纸少量，以供社会之需要。[①]

二　榆次芒硝之冷冻法处理

榆次存有芒硝2000吨，一直未得充分利用。1947年10月12日，西北实业公司员工刘擂新提交"对于榆次芒硝处理之我见"，对处理之方法预算均作出了详尽的说明。"查精制芒硝所用各种方法经分析相较得知，用冷冻法所得者非特成本较廉，且可得较高之品质，复查该处现存芒硝约计2000吨，依并市附近之气候，冬季在零下三度之时间至少约有60日之期，拟利用自然气候之冷冻修池砌畦从事精制，每日处理约40吨之粗硝，本年冬尚可精制完竣。据总四课略估该项修池筑畦等费用约需3000万元，另添两节小锅炉及所需2—3马力之水泵两个，脱水用之大口锅三个，约可制得含水芒硝1400吨，经脱水后得无水芒硝将近800吨。更有

[①]　《西北制纸厂概况》，1948年，山西省档案馆藏，档号B31/1/004。

进者,并市因交通受阻,日来更甚,经探悉市面次碱零售价格每斤约需20000元,至批发及上等货尤感缺乏,拟以精制之芒硝从事制碱原料或以之制造硫化钠均可,前曾阅9月5日大公报广告栏内载有上海塘沽路111号征购芒硝依次推测他日精制之芒硝出售当不至感受过分困难,拟请速为筹设可否请示"(附费用预算见表9–1及结果报告见表9–2)。①

表9–1　　精制芒硝费用预算表(芒硝拟于2月内精制完毕,
　　　　　　该表系按2月共需所估计)

项目	数量	单价	总价	备考
薪津	4人	2500000	10000000	主任工务事务仓库各1人,每人每月估2500000元,两月共需如前数。
工资	31人	150000	4650000	车夫锅炉工厨杂务各2人,搬运4人,溶解3人,清理制品10人,烘干5人,泥匠1人,共31人,每人每月估15万,两月约计如前数。
煤炭费	50吨	240000	12000000	每月需煤25吨,两月共需50吨。
建筑费			30000000	修建结晶池3个,溶解锅2口,共需2000余万元,另修烘干脱水炉反引导等工程共估3000万元。
4号铁锅	3个	1000000	3000000	精硝如制纯碱或硫化碱特,现特不脱水亦可,则不需该项设备,如运销外埠,则需脱水。
饲料费	2匹	2100000	4200000	按公司营二课,每日每骡饲干草15斤,高粱8斤,黑豆4斤,麸皮2斤,则两骡两月共需饲料费如前。
工具费			5000000	包括铁锹、洋镐、筐子、扁绳及厨具、床板等。
文具费			2000000	包括纸墨笔砚及简单仪器、药品等费用。
总计			70850000	

附注:1. 预计可得精硝800吨,则每斤须精制费约72元。

2. 所需2节锅炉1座,2—3马力水泵2部,2—3马力之马达1部,大车2辆,骡子2头,拟由公司及仓库调用,本表并未列入。

3. 薪津项下,会计职务拟由事务或仓库员兼办,以省人力。

4. 本表对于摊派折旧利息均未列入。

---

① 《对于榆次芒硝处理之我见》,1947年,山西省档案馆藏,档号B31/2/068。

表9-2　　　　　　　　　　精制芒硝分析结果报告表

试料	NaSO4（%）	MgSO4（%）	约合原料重量（%）	备考
NO1	55.69	21.53		用食盐法
NO2	78.39	8.11	75	用纯碱法
4	95.68	1.38	72.8	用冷冻法（-4）
5	96.69	1.38	70.27	用冷冻法（-3.5）
A	0.22	78.66	15.8	用NO5芒硝结晶所剩母液蒸发结晶而得
B	4.42	58.89	9.73	由NOA结晶所剩之母液蒸发结晶所得
6	92.27	4.3	66.7	用冷冻法（-3）
7	92.58	4.7	66.7	用冷冻法（-2）

三　西北火柴厂生产合理化建议

公司于1947年5月17日下午4时在公司会议室召开会议，专门研讨火柴厂之生产过程。参加会议的人员有经理、曹处长、王处长、张副处长、王培材代副处长、张天如厂长、铃木副厂长、横田俊、杨焕章、薛星三、卫效欢、郭贵三、吉味武雄、铃木利秋、李迎翼、郭如山、宋经世、王荫钟、张士恒、张公恕、白焕章、程生芳、丁云山。会议针对火柴厂各个生产环节进行详细诊断，对存在之问题提出合理化建议。

（1）锯木材工作，原木之锯断以两端年轮中心连接线直角的锯断为合理。既可节约原料之损耗，又能使火柴品质向上，宜改人工锯木为机械锯断以期合理。

决议：用机械锯木需添盖厂房并铺设轻便轨道，以厂方收购之木料因交通关系产地不同、木质各异，杨木仅占1%，柳木居多，且粗细弯曲极不一致，疤节既多，损耗因之增大，应由厂方注意减少损耗。

（2）轴木剥机被切断之原木由轴木剥机削为木带，其工作台由三四个工人慌乱选别，又木片堆在台上其状态散乱，辄抛于地下，踏损者甚多，为求作业之统一及木料无谓之损耗，应依法改善。

决议：由厂照此试办。

（3）轴木切机将一定长度的木片互相排列在褶动平板上逐次切断，用簸箕形之器具取出，轴木置于另一木盘供给捆把，工作轴木被切冲刀跳落地上者特多，虽经整梗机整理后再用，但在地上踏折者却无法避免，应改善并附两图参酌改良。

决议：由厂方择选试验改善。

（4）整梗机将散乱之轴木经此机整理后覆置于无边平板上，移至捆把台，因为平板无边，轴木易于流落地上，损失相当不少，应予改善整梗机，原分为三箱，每箱上加边以防流落地上。

决议：由厂方实施试验。

（5）捆把作业，捆把操作轴木落于地上者为数甚多，虽可收集再用，但经踏损不易整理，有改善设备之必要。

决议：由厂方试办。

（6）教育工人：一般工人缺乏重视原木及制成品之观念，影响工厂产品之成绩巨大，务使工人充分了解同时严格地监督并按时实地工作训练工人。

决议：由厂方按实际情形设法办理。

（7）配置机械之合理化由工作能率的合理化上观察以因陋就简，厂房狭小，故机器的配置颇有移东搬西费时又费工，拟将机械重新排列安装或一部分移楼上。

决议：由厂方选择易举而又合理化者办理。

（8）轴木干燥室，已有6室，现用3室，其干燥效率以现在一次装4410把约须干燥3昼夜，但因时季关系，干燥的快慢亦有差异，例如干燥室内部体积约92.34立方米，架子及其他器具体积约为5.34立方米。轴木（4410把）体积约为2.965立方米，其干燥时间夏季2昼夜，冬季4昼夜，轴木含水量以现在平均为55%，干燥蒸发的水约为50%，所以轴木4410把的水量为1.103瓦，如此蒸发多量之水分充满室内，为防轴木引火，其温度不得超过70摄氏度，又因无湿度表，没有正确的试验的数字，故干燥效能低、干燥时间太长。

决议：安设鼓风机，但需新造鼓风机4部，工业处规定何厂做。

（9）整梗室因车轴及机器配置极不合理，故工作徒劳费时，颇不经济，以车轴位置之关系，皮带倾斜在西南出入口，不但每次通过时须弯腰，有危险，并且从干燥室运到之轴木存于该室西南角，轴木整理作业台却在东北角，可将运至整梗室之轴木由南侧出入口沿壁向东拐，再向北拐至轴木整理台，以免最长距离一日往返数十回，在工作时间上很不合理，可把天轴架子由西移东，最好另安装 2 马力电动机。

决议：由厂方筹办。

（10）排梗室：

A 排梗作业之良否对工程成品影响甚大，由卸梗室筛机摘出之二梗占全蘸药梗之 5%，混杂于成品中的约 1%，其他成品中无药杆与折杆等亦不少由包装完了成品中摘出 30 小盒经检查结果不良杆之混杂约占 11%，不特减低商品价值且与信誉有关，须特别注意改善。

决议：由厂方考究原因，逐步改善。

B 夹立板之确实夹立至为必要，现在使用指夹立板已磨损而不能完全夹好，所以难免发生二梗与折杆无药等情形，应修理或更换，又排梗机下落杆甚多，且收集困难，应在机侧装设木制隔板以防轴木落于机下。

决议：厂方考查改善。

（11）蘸油工程：

A 最初夹立板以连续机经两滚子间通过调整轴木高低而无矫正轴木直列的装置，至轴木倾斜而生并杆、无药杆等缺点，可速设法矫正之。

决议：厂方试办。

B 轴木附着硫黄，经检讨最短者 2 公厘，最长者 8 公厘，其不同之原因有四：轴木高低不同、操作不良、硫黄槽液面不足、夹立板载台水平不良。

决议：由厂方速检点改善。

C 硫黄及胶之浓度温度不同，所以制品品质及使用量亦各异，应特注意常常保持一定最适当之浓度及温度之设备。

决议：由厂注意研究改善。

（12）蘸药工程以连续机运送蘸油后之夹立板以运搬车运至蘸药处，顺次由车上取下夹立板蘸药，如蘸油后用连续机运送已蘸油之夹立板而蘸药似觉比较非常合理。

决议：按自动机由铃木先生筹办。

（13）卸梗室：操作甚乱，发火数颇多，又发火后消火或除去发火杆甚迟慢，故损失不少，应对工人加以训练。卸梗机对双头火柴之收容箱甚狭小，故散落地上者不少，可将箱加宽。

决议：由厂方研究加宽以免凌乱。

（14）糊盒室

A 一月生产量预定2500箱，总盒数为6048000个（一日90箱工作日数28日），厂内制盒数约为2366400个，厂外为3681600个，其实际由厂核计何者经济。

决议：由厂方注意检点以经济为原则办理。

B 糊盒工作的人，原则上不用凳，但其中有利用空箱及其他坐着工作者又本厂工作正式时间11小时为各厂中最长者，如此长的工作时间，精神上一定疲劳，工作的效能必减低，应设置较高的坐凳。

决议：由厂制作木凳。

C 制作完之盒无各自投入盒箱台以其他物代替，最好设备一定之台为宜。

决议：由厂方筹设改善。

（15）刷砂工程：刷砂用之玻璃砂以铁碾粉碎不但迟慢，且不需要之微粉甚多，可改安动力式碎砂机。

决议：由厂方试办。

（16）包装室

A 与糊盒工程理性相同，应设置适应身长稍高之凳，以希减少疲劳，现以长凳数人共坐如一人离座时，势必影响他人动作，亟应改善。

决议：由厂方多制造木凳，方便个别离座。

B 散火柴选别用的木台表面非常粗杂致选别中摩擦生火杆不少，应设备玻璃板台，并于玻璃板下敷以黑或绿色纸或布。

C 散火柴选别工用的木凳甚低（约五寸），两脚伸开，体重全由臀部支持，此种工作姿势不但易使身体疲劳且长此以往对个人身体健康关系匪浅，应改为与包装台同高之凳，台面稍倾斜更好。

决议：由厂方将凳子支高。

（17）仓库关系

A 配置：本厂仓库处所共20处，配置状况甚好，但有可研究合理改善处，如厂门前2号仓库，现在主要收容小盒商标及蓝条纸油类电气用品，而整梗室北侧之7号仓库则空之，例如第1号仓库油类和纸类同收容一仓库内，小盒用纸类储藏于距工作场最远之仓库，应改善之。又如须搬出厂外之贩卖制成品收容于第 7 号仓库，可将现在成品仓库改为预备仓库，第 2 仓库改为成品仓库，又第 2 仓库现只一出入口，在西侧再开一出入口，将成品由西出入口入库，东出入口出库，成品自然按先后出库较为良好，所有油类应收容独立房屋。

B 整理：为管理物品出入卡片方便计，由事务室用相当卡片之账簿按种类分别总括记载，而各仓库亦应有放置物品卡片详细记载出入，务必卡片和现存量时常一致，又如同一种类之物品应速收容同一仓库好为管理，如第 2、3 号仓库之电气用品即可集存一处。

C 原料计划：本厂对于生产务必先要计划原料，除原木及其他 2、3 原料外，都应确保有 3 个月以上之标准贮藏量。

决议：由厂方注意改善并通知营业处。①

第四节　品牌管理

西北实业公司注重树立品牌，不少品牌在省内甚至在国内都享有盛誉。如西北土货、国产火柴之西北火柴厂"飞艇"牌火柴、"潜水艇"牌火柴销路很好；太原棉织厂"飞马商标""麦秋商标"产品经久耐用、物美价廉；太原棉织厂"双狮牌"以及晋华纺织厂"桐叶"牌织物，产品优良、色质鲜明、经久耐用；太原晋华卷烟厂"顺风""大子""五台山""厚生"牌香烟家喻户晓。②

此外，公司十分注重维护自身的品牌，借助行政力量严厉打击各类冒牌产品。如 1947 年 3 月对祁县伪造卷烟厂纸烟之处理，事情处理结束后职员张龙山向卷烟厂汇报处理过程，"为签呈事窃职奉谕着往祁县瓦屋村查办伪造本厂纸烟案事，职遵于本月 20 日前至榆次，会同宪兵队尚小队长等 2 名一行 6 人当日下午 2 时抵祁县，距瓦屋村五里之东观镇下车，因该地治安不靖，即由该正村乔家堡公所任指导员商同当地驻军 13

---

① 《检讨火柴厂办理合理化实施研究会记录》，1947 年，山西省档案馆藏，档号 B31/2/013。

② 《西北实业公司所属各厂产品商标公报》，1947 年，山西省档案馆藏，档号 B31/2/152。

员，连同职等6员，共19员，于下午3时抵达胡广生家，当即会同该居村村副杨旺林、阎长、杨光启入室检查，适值该胡广生并未在家，有妻子各一，老汉一名、厨夫一名，经职向该等说明来意，在众目监视下，由职同去之工警宪兵等检得有做烟工具15件，有关包装用纸带筐计39斤，原料样品烟系一小包，烟叶2小把，尚有余叶70余斤，由该村村副阎长负责保管外，上述做烟工具等样品纸张由职带归，除该主犯胡广生因不在家未获外，厨夫、袁永子具保随传随到，妻子老汉均属老弱，未加质问，即于晚8时由瓦屋村返抵东观，理合呈明原委，并将监察证明、一纸保结、做烟工具、纸张样品单一并附呈敬请鉴核。"[①]

小　结

　　本章介绍了公司的技术与品牌管理。公司十分注重技术革新，1946年成立了技术委员会负责指导公司各厂改进技术。1947年成立工矿业技术奖进委员会，对各类发明与改良根据贡献大小给予一定的奖励。成立事务技术委员会，提高各部门办事效率。一些工厂也根据本厂生产需要，组织成立了技术委员会，一些工厂采用了新技术，取得良好的效果。公司注重树立品牌并维护品牌，对冒牌产品借助政权力量进行严厉查处。

---

① 《关于对祁县伪造本厂纸烟的处理》，1947年，山西省档案馆藏，档号 B31/1/043。

第十章

西北实业公司的综合督查

西北实业公司注重对生产环节之督查检点，以改进生产技术。尤其在 1948 年，解放军即将兵临城下，工人对阎锡山政权及公司前途无望，出现懈怠情绪。阎锡山政府为了保障生产，成立工作责任化督进会并发起"向下看"运动，加大对各个环节的督导检查力度。

第一节 成立工作责任化督进会

为促进员工工作责任化，西北实业公司成立工作责任化督进会（以下简称督进会）。督进会经常召开临时会议，讨论公司上下种种事宜，事无巨细、面面俱到，有时召开专题会议，就某一个问题研究解决办法。

一 督进会组织及工作计划

督进会成立之目的在于促进工作责任化，实现人人负责、层层检点、事有专任、人有专责。该会一切悉由公司业务会议领导决定之，下设督导、突检、考核三组。负责人员由业务会议选任，各组须按工作繁简指派干事若干人。督进会设事务干事 1 人、秘书 3 人至 5 人，由业务会议指派之。督进会各组下分编督进小组，每小组 5 人至 12 人，督导组负责研究策划布置发动竞赛检讨。突检组负责检查突击密报、斗争。考核组负责考核职员是否划的清楚，分担的职务是否相称，是否有偏苦及遗涣情事，奖励与惩罚之责。事务干事及秘书等负本会一切总务文书及检点办理之责。要求督进会每周召开联席会议一次，必要时可临时召开。

督导组督导各小组定期开会研讨本位工作及进度情形。突检组由上而下的层层检点，由下而上的展开突击反映汇报，展开横的斗争点的密报，派员检查人事及岗位，定期或不定期举行斗争。考核组依据突检材料做考核资料，依据小组奖评做推崇与教育纠正的参考，以课保证、处完成的方式做到工作责任化，好的推崇表扬奖励，不尽职的批评纠正斗争惩处。督进会工作进度以3个月为一期，分二期完成，其步骤如下：第一个月为动员时期：动员大会、各小组组成、小组研究、最后叮嘱、授权典礼。第二、第三个月为竞赛时期：个人竞赛、小组竞赛、大会竞赛。检查、抽查，总检查。自我斗争，小组斗争，大会斗争。推崇大会。①

各小组均制定了本组工作计划。如督导组计划在五个方面开展工作：研究、策划、布置、发动和检讨。其中研究要思考研究什么（人人负责层层检点，划分职权、分工合作，自动地想方法，彻底地完成事）和如何研究（专人研究、专案研究，系统上的纵的研究、关系上的横的研究，小组研究、集体研究）两个问题。策划要思考策划什么（如何完成工作责任化的工作事项、如何完成工作责任化的指导督促事项）和如何策划（分组拟议、集体策划）两个问题。布置需要思考布置什么（布置成不敢错的环境、布置成工作上不能错的岗位）和如何布置（环境上的严肃、工作上的竞赛）两个问题。发动需要思考发动什么（情绪的高涨、工作责任心的加强）和如何发动（脸顽多说腿勤、选拔种子）两个问题。检讨需要思考检讨什么（纵的挂钩、横的连接；在责任上的清、均、漏；人的不尽责、事的贻误、时的迟延、岗位的不遵守）和如何检讨（小组检讨、大会检讨）两个问题。②

二 督进会专题会议

1. 整肃仪表、精神及工作

督进会召开专题会议，研究改善员工仪容仪表、精神状态及工作状态。关于整肃仪表，督进小组建议：（1）服装如何清洁整齐：原则上穿

---

① 《西北实业建设公司工作责任化督进会组织及工作计划》，1948年，山西省档案馆藏，档号B31/1/034。
② 《督导组工作计划》，1948年，山西省档案馆藏，档号B31/1/034。

制服，保持整齐划一；脏了要洗、破了要缝、烂了要补；帽子戴正、纽扣扣好；检点纠正着不整齐不清洁服装的同人。（2）态度如何活泼庄重：言谈大方、行动光明磊落；诚恳和蔼；不喧哗、不浮躁、不呆板、不骄傲、不浪漫；天真活泼、稳健安详。（3）礼节如何规定：室内：进门脱帽、去外衣；对上级鞠躬；对同级点头；上级前来起立示敬；上级或同级亦应还礼。室外：互相点头注目。

关于精神状态之改善，督进会建议：（1）精神上如何贯注：坚定作甚务甚信念；减少牵掣，以免减低情绪；不做职务以外之想象工作；安定生活，使在办公时间以内不做柴米油盐打算。（2）如何去除萎靡不振：整肃环境；根绝恶习及不良嗜好；加强业余运动，提倡正当娱乐；勤勉、纠正、突击、检举萎靡不振的人；行动规律化、生活卫生化。（3）如何做到整体精神：集中领导、发展集体目标；凡事皆有规定，皆依规定；相互检点、互相纠正；向前进的同志看齐，拉着落伍的同志迈进。

关于工作之整肃，督进会建议：（1）如何分别缓急：分发公事应注明最要、次要及普通字样以做处理之参考；根据时间性决定事情之缓急与处理之先后，有时间性者先办，重要性者急办，无时间及非重要性者依次办理；事务要日日清理，今日能了的事必须今日办完；处理事情要确实就事的本质、时间、空间、环境、效率、手续、利害慎重处理，以免有临时仓慌紊乱无次、顾此失彼之弊。（2）如何有条不紊：实行表格管理、分析图解、拟具计划、确定进度；遇事要冷静、要沉着、要细心、要贯注、要把握时机、要分别缓急顺次处理；施行工作日记或备忘录；学习处理方法及技术增进工作效率。（3）如何不积压不苟且：随时检点收发文簿及工作日记是否有迟办及未结事项，该自动办理者不必请示，该电话通知者即速通知，该刊登周刊者不必行文。对积压苟且拖延者要纠正，对迅速热心者要表扬推崇。抱定每事必完成的决心加张责任观念、简化手续、把握火候、随到随办、时时检点。（4）更好的意见：严行考核，遇有可资仿效监戒的人和事随时广播；每周各小组召开工作检讨会，研讨改进工作事项。①

---

① 《督进小组讨论总结》，1948年，山西省档案馆藏，档号 B31/1/034。

2. 整肃环境

针对公司各处之环境问题，督进会召开专门会议，制定严格的环境治理与维护规则。会议对以下厂所进行了检点，发现问题并制定具体的规定：(1) 办公室：不乱扔烟头纸屑、不狂笑喧哗、不轻举妄动、不随地吐痰、不乱挂衣帽，要随手插笔盖砚、要低声接头，墙上不乱粘贴、案头不得凌乱、闲杂人员不得随便出入。(2) 会议室：要布置庄严整洁雅静，各种会议要把握规定时间，会议时要按程序进行，勿喧哗、勿耳语、勿争言、不咳嗽、不打盹、不随地吐痰，空气要流通，避免随意出入，发言要起立。(3) 会客时：要态度和蔼、礼节周到，谈话要有重心、缩短会客时间，对公务接头上要酌情答复，私人会客要尽量避免。(4) 食堂：食堂用具宜勤加洗涤，按规定时间依次就食，分组就食固定座位，就餐时要肃静不得乱敲碗筷，厨夫要训练使有卫生常识，厨夫紧袖护巾、宜常加洗涤，门上按季挂帘窗、夏季糊纱、扑灭苍蝇、禁止吐痰，碎屑食物不得抛弃，菜蔬要多加洗濯，剩余食物不宜再吃。(5) 厕所：经常打扫刷洗、粪满即掏，粪池内散放杀蛆药剂、便池内置放卫生球，安置纱窗以免苍蝇聚集，置放手纸，便后应即冲洗、如水管发生障碍及时告知专管夫役，不准在墙上胡写乱画，不准随地涕唾，人人自爱保持公共卫生，不得在池外便溺、手纸投入坑内。(6) 储藏室：应按次序分区编库号，放置物品应有次序，要有预防空袭及水火、盗窃设备，防止腐坏、鼠咬、虫蚀、燥裂、渗漏、风化、失效及潮湿等，门户要坚固，禁止吸烟，注意引火物品。(7) 门禁：警卫处处要小心谨慎，时时要提高警觉，态度要庄严，说话要和气，不使来客感到有衙门气味；警卫要传达迅；传达室要整洁，警卫服装要整齐，精神要振作；警卫对来宾询问有关公司一切计划状况等不得随便答复；对警卫要经常训练，对不能胜任者严加淘汰。(8) 院内：应经常检点的：各种车辆是否在指定地点停放；差役是否适时洒扫、洒扫是否清洁；办公时如何减少嘈杂之声、办公之后是否仍有闲杂人等停留；墙上标语破旧和不适时的应洗刷干净；除掏粪时虽属短时亦不许粪桶停放院内；各偏僻处隔三日洒扫一次；水池每周洗刷换水一次。应速清除的：矿业处后木料铁架杂堆为时已久，既碍观瞻且恐废弃，应询明用途移送有关之厂；大门内石角破瓦破箱煤屑等杂物乱堆，应清除之；大楼后不清洁处颇多，应加清除；工业处后暨第二防空洞前后碎木灰土污土破砖等杂物甚多，应速清除；工业处后置放之便桶臭气扑鼻要设法隐蔽之。应速填修的：停放自行车处加盖席棚以免日晒雨淋损坏车辆；公司周刊发表事不能应急利用广播，又不宜冗长复集，应建一大公布栏，置放于大楼北角前，所费无几好处甚多；院内凹凸不平处甚多，应饬填修；门窗上的玻璃应定期擦洗；各处课室木牌应改大挂在明处。将来应加添的：适当地点应多植树木花草；由大门至院内至各处课室筑石子或洋灰通道；指定专人适时到各处巡视凌乱者整理之，不清洁者清除之。（9）图书室：图书要分类编号、整理管理手续力求简捷；书籍要力求齐全并适合需要；新添书籍应广播周知；阅读要有时间、借书要有规定；图书室应多订报章杂志；阅书报时不许高声说话及朗读，阅毕妥交保管人；严格执行图书室规则；图书室应设立于公司宽绰地点；借书要依限归还，如有污损破坏遗失按规定赔偿；购买图书要有计划及预算。（10）理发：理发按各单位人数多寡分开日子轮流；理发室另加出外理发师 1 名以便出外理发；确实执行理发室一切规则；理发罩具要随时消毒；理发师要力求整洁并戴口罩；污水要经常清除。（11）寝室：夏季洒杀菌剂，冬季防煤毒；光线要充足，空气要流通；室外用具要清洁、要爱护、要整齐；不得随意留客；勤务不尽职应检点；衣服应折叠整齐不得随意置放；起居要有定时；睡后要关电灯；要注意防火走电。另建议会议室办公人员应另找地址，出席人数遇多可于主席台上设置播音机；宿舍应制定宿舍管理规则。[①]

3. 当好课长

课长是一个重要的岗位，是各项具体事务之把关与执行者，公司非常重视这个岗位，在 1948 年 5 月 19 日，第 10 次督进小组会议时专门讨论了如何做一个好课长：课长本身应祛除官僚习气；要以诚恳态度与同人合作；对本课事件要有计划、有决策，知人善任；对人和蔼、对事慎重；要大公无私与同人共甘苦；要以身作则、鼓舞同人工作热情；是非分明，凡事为人设想与人合谋；打通上下隔阂；任劳任怨、虚心接受批评；站在对的前面、领导大家，站在错的后面、纠正大家；同人有错应耐心说服，不可任意谩骂；主动地解决工作困难，一视同仁不偏私、不

[①]《如何整肃环境》，1948 年，山西省档案馆藏，档号 B31/1/034。

徇情。①

三 督进会临时动议

督进会每周召开联席会议一次，必要时可临时召开。督进会对公司上下事事处处进行检查，发现问题，当即提出建议，事无巨细、面面俱到。如公司第 14 次督进小组会议和 19 次督进小组会议。

1. 第 14 次督进小组会议临时动议

1948 年 6 月 2 日，第 14 次督进小组会议讨论了以下事宜：

1. 五月份薪饷请予端午节前下发。（奉批会筹划）
2. 公司对于上年全年不请假人员请予早日实行奖励。（总拟议）
3. 消费社对于同人生活上一切日用品，应仿照各机关规定优待办法尽量配给。（总拟议）
4. 公司发饷时对于应扣各款，如粮价烟钱等应分期扣除。（会酌办）
5. 请将本周暨上周小组会上讨论的问题再延长二小时。（有意见书面提出）
6. 消费社配售食粮数量太少、品种太繁，领发既多困难，食用亦感不够。（消拟议）
7. 消费社副食品之配售应力求机会与权力之均沾，如上次配售之醋一部分同仁未能领到，空瓶提回。（消注意）
8. 会一课办公室人多房小且每日下午阳光直射甚感闷热拟请搭设竹帘以便工作。
9. 会一课事情繁多，困难亦多，请将本周讨论题目延长时间讨论之。（有意见可书面提出）
10. 公司同人工作繁忙生活艰苦，在家既多以高粱充饥，在公司又以高粱小米膳食，则于营养上、工作上均受影响，拟请自即日起将午餐均改成白面。（总拟议）
11. 杂粮现时缺乏小米尤比白面价昂，拟请将加班人员早晚餐一

---

① 《第十次小组会讨论总结》，1948 年，山西省档案馆藏，档号 B31/1/035。

律改成白面。(总拟议)

12. 请公司发衣服时应比照绥署各部队增发衬衣。(总拟议)

13. 晋祠旅行事请迅决定日期，付诸实行。(视时局缓和后再实行)

14. 消费社四月份配售食粮内小米玉米面品质太坏且有霉坏情事，以后购粮注意。(消注意)

15. 消费社入股事应以各同仁直系亲属为准，不可自乱其例，彼此不公。(消注意)

16. 电业处播音机声音太小听不清楚派员检查。(总办)

17. 主食费应确实规定食物，以免同仁吃亏。(总请示董事会后再说)

18. 课处长秘书与职员食堂的分别是封建的作风，很不应当，因为每到就食时职员食堂拥挤无座，而课处长食堂则空而无人，似欠公允。(总拟)

19. 请公司当局切实研究解决职员生活问题。(总请示董事会)

20. 工地的菜原定豆腐干两块咸菜一条，近来不知何故取消，请主办人广播宣布。(总说明)

21. 公司电话不灵不清，难免贻误工作，请主管注意。(总注意)

22. 请迅着医院派专人每星期到公司各办公室洒防疫水。(总拟)

23. 公司门口车场外边有席棚，里边则无，雨洒日晒诸多不便，请设法。(总拟)

24. 前动议印刷厂制传票装订时，前页与后页行位不一，制作传票很感困难，迄今未见发表，请再转告该厂注意。(下通知印刷厂注意更正)

25. 门市部自开办以来每天自早到晚一年到终从无时间核对盘存物货，以致无法清理，为避免日久发生错误计，拟半月休息一日以资清理而免错误。(如岗拟办)①

---

① 《第十四次小组会议临时动议》，1948年，山西省档案馆藏，档号B31/1/035。

2. 第 19 次督进小组会议临时动议

1948 年 7 月 3 日，第 19 次督进小组会议讨论了以下事宜：

1. 消费社配售食粮不够吃，经各小组一再建议增加。
2. 对保管仓库人员与夫役应安定其生活，以免共匪收买利用。
3. 督进会以往工作应发动各小组加以检讨以使工作上路。
4. 发电工作在配合作战上关系至大，请公司转请长官部派军队驻城内城外发电厂并对各送电线路派部队巡查保护。
5. 公司此次赊购工人豆饼既不限日期、又不规定数量，以致有大量购到者、有独抱向隅者，既碍公司政信并影响工友情绪。
6. 为防止敌人破坏交通、断绝煤炭来源计，公司应设立管煤炭人员对城内外发电厂用煤应加紧运输。
7. 第四次小组会临时动议廉价配售肥皂事迄今尚未解决，请检点并回应。
8. 请饬医院为同人注射防疫针。
9. 请督进会迅速印发各处课同人承办事项书，以便联系工作。
10. 督进会应予经理复函，报告同人继续努力工作责任化情形请经理放心。
11. 兹值非常时期公司亟应加派处长一人在值宿时轮流坐镇。
12. 值宿应加电筒三个以免电灯熄灭时之用。
13. 实行短期的消防训练。
14. 以往各小组临时动议，经批示各部门拟办者如有困难不能办者亦应广播周知。
15. 公司待遇，各部门尚有不一致者，值此生活困难时期，亟应力求一致。
16. 8 月 1 日，公司十五周年纪念应缩小举行经费，应协助前方剿匪将士提高保卫太原情绪。
17. 发动公司全体员工捐慰问金并组慰问团向前方将士慰问。
18. 赶快组织训练全体员工（限于年青）以充任保卫太原力量。
19. 十五、十六次小组会临时动议对运输方面应学习邮局运输的技术，本组毫无所知，请派原动议人驾临指导或约定时间本组同人前往请教。

20. 公司设有银行款项都分存其他各银行，不但提取不便亦有失利润，应请纠正。

21. 同仁下班后到消费社领配食粮，该社常是拒绝，在工作责任时期耽误办公去领食粮是否可以。

22. 公司每月发饷如发现款困难可以实物代替薪金，惟此项实物不限于食物，日用品均可。

23. 近来太原市用水困难，拟由公司建议自来水公司速挖掘井，使水源供给以利防火之用。

24. 会一课一部分职员在会议室办公因无电话设置与各厂有关处课对账及联系很感不便，请设法增设电话一具。

25. 典膳所路现无路灯，工人夜间行动不便，提请通知电业处速恢复旧有路灯。

26. 公司消费合作社配粮数量太少，按何种规定计算应由消费社广播周知。

27. 公司消费社通知退股之社员既取消在消费社入股资格，又不能在街合作社入股，是否可为转股请广播。[1]

第二节　推行"向下看"运动

西北实业公司于 1947 年制定"向下看"实施方案，拟掀起"向下看"运动，为期一年，即从 1948 年 1 月 1 日至 12 月 31 日。主要防止共产党的政治渗透，促进各厂努力生产、增产提效。

一　"向下看"实施总方案

按"向下看"办法进度表规定为三期，每期为 4 个月并决定如下：第一期为本年 1 月至 4 月，第二期为 5 月至 8 月，第三期为 9 月至 12 月。"向下看"进度表所列事项决定如下：（1）肃伪：第一期已办三自传训，

---

[1] 《第十九次小组会议临时动议》，1948 年，山西省档案馆藏，档号 B31/1/035。

关于员工思想及观念是否正确，当有初步的了解，第二期仍按三自传训办法继续进行。其注意要点已于4月16日以"西实工一字第179号"函通知各单位遵办在案。第三期应按照实施方案办理。(2) 加大生产：公司各厂自本年2月份起业经加大生产者有兵工各厂、煤矿厂、洋灰厂等所增收入约估可符预定目标，关于第一期调查各单位生产状况拟定生产方案一节，按各单位每月所报生产数量表可资参考，公司不另调查，至各单位生产方案已订有37年度业务计划（即前以"西实工二字第598号"函饬各单位报送之业务计划）不另拟定方案。(3) 节约开支：已拟具实施方案依期推行（方案附后）。(4) 严密管理：第一期工作已于三自传训期间依据进度表内容集体讲解，并在各小组会讨论。至第二三两期另有实施方案（方案附后）。(5) 提高工作情绪：已拟具实施方案（方案附后）。(6) 奖进技术：已拟具实施方案（方案附后）。(7) 解除困难：由工业处、总务处、福利委员会随时注意解除。各项实施方案公司本部及各单位均适用之。关于"向下看"办法规定须注意：(1) 会长为民爱民的革命政治主张（由福利室主办）。(2) 共产党叛乱必失败、戡乱必成功的道理（由福利室主办）。(3) 工厂肃伪的重要性（由福利室主办）。(4) 加大生产与本省戡乱复兴的关系（公司本部由工业处主办，各单位由工务主办）。(5) 劳资双方必须协调工人要拥护工厂的理由（同上）。各分担主讲部分，公司本部利用复兴周日向职员讲说，工役警夫利用上课时间讲说，各单位应利用工余时间自行酌量办理。各单位"向下看"实施办法应查照董事会原颁发之"向下看"办法及所定约谈考查报告表进度表（均于上年10月31日以"西实总二字第829号"函印发在案）及本实施事项彻底实践以收实效。公司本部为促进实践"向下看"办法起见参照董事会"向下看"小组工作实施办法，由有关人员组成"向下看"小组巡回赴各单位以资实施查看。①

二 "肃伪"与严密管理实施方案

1. "向下看""肃伪"实施方案

在完成了两期的"肃伪"工作之后，各单位三自传训队组机构及考

---

① 《本公司向下看办法实施事项》，1947年，山西省档案馆藏，档号B31/1/048。

核人员仍继续存在，由"肃伪"三人小组按照第二期工作原则方式继续进行。各队组对指示工作应积极努力展开竞赛，"肃伪"小组应就成绩优劣分别表扬与惩处。公司向下看小组于本期开始后即出发赴各单位指示工作，必要时向全体员工讲话以加强认识增进效率。公司"向下看"小组于期满前一月赴各单位检查工作，就交付任务视其成绩优劣分别评定等级。"向下看"小组于检查后应就优劣情形分别予以奖惩。本期终了后，各单位应将"肃伪"工作情形报公司备查，其内容与第二期同。[1]

2. "向下看"严密管理实施方案

为严防"伪装"分子混入并彻底制止工潮发生特制定本方案。各单位负责人对政治上新号召应每周讲解一次，员工于工余并应搜集研读以坚定与匪势不两立决定。各单位应将工委会所发"肃伪"小册子按时散发，员工阅读以增强认识。三自传训期中所编谈谈组织继续存在，随时出动对员工讲说"伪装"打入路线、方法及怠工、罢工与公私两方之害处。密报箱应继续安设，并长期保留以便员工随时密报检举，主办人并布置密报员，作严密管理之耳目。加强教育使人人作个宪兵、做个警察，时时注意、处处在意，协助管理工作。新补员工应先经调查考虑后认为无问题时，始可补用。[2]

三 节约开支、奖进技术与提高情绪实施方案

1. "向下看"节约开支实施方案

"向下看"节约开支实施方案实施期限自 1948 年 1 月 1 日至同年 12 月 31 日，依进度表之规定共分三期，每期 4 个月，按期实施。实施途径：（1）节省人力：职员薪津按事务之繁简做合理之分划，各项事务责以重人担任，如发觉事之重复，人之闲散即行裁减节省开支。夫役工资其做法与意义同上。（2）节省物资：尽量节省各种日用品、尽量利用废物、免除不必要之修理、停止不重要之设施。（3）减低成本：设法节省原材料以不妨工作、不减产量为原则；设法研求代替料品以不妨工作、不减

---

[1] 《西北实业建设公司向下看肃伪工作第三期实施方案》，1947 年，山西省档案馆藏，档号 B31/1/048。

[2] 《向下看严密管理实施方案》，1947 年，山西省档案馆藏，档号 B31/1/048。

产量为原则；设法利用废坏料以不妨工作、不减产量为原则；设法节省人工亦以不减产量为原则。实施进度：第一期填报开支表、拟定节约方案；第二期按照拟定方案逐步实行；第三期检点是否做到预定目标。节省原材料与研求代替料品由总务方面负责，设法利用废坏料与节省人工由工务方面负责。①

2. "向下看"奖进技术实施方案

"向下看"奖进技术实施方案目的在于提高技术能力，查自工矿业奖进委员会成立以来公司各厂员工获奖者已十数起，掀起研究热潮，于提高技术已收相当效果。实施进度：第一期举办者：部分或个人竞赛（产品比较），特殊竞赛（发明创造或改进向奖进会请奖），各种技能训练（成立技工训练班）。第二期举办者：团体竞赛（举办展览会）。②

3. "向下看"提高工作情绪实施方案

"向下看"提高工作情绪实施方案目的在于使员工人人有生活、维持最低生活水准并乐于服务。内容是切实执行员工各项待遇并举办各项福利事业。进度为：第一期：成立西北俱乐部以资员工娱乐，工友工资半数改发食粮安定生活。第二期：整理澡堂以重卫生，提高员工待遇安定生活，建筑宿舍，尽可能早日拨发工友工资，廉价配售生活必须用品，成立职工子弟学校，按期开发员工薪饷工资，复兴周各上级精神训话，充实图书室设备，加强第一期工作。第三期：第二期未完成者继续完成，发动检查竞赛，好的奖励，不够的加强，坏的惩处。③

第三节　会计账簿检查

西北实业公司会计处每年组织专业人员对所属各厂之会计账簿进行检查，发现问题通过公司会计会议进行通报，公司勒令各厂加以整改。

---

① 《西北实业建设公司向下看节约开支实施方案》，1947 年，山西省档案馆藏，档号 B31/1/048。

② 《西北实业建设公司向下看奖进技术实施方案》，1947 年，山西省档案馆藏，档号 B31/1/048。

③ 《西北实业建设公司向下看提高工作情绪实施方案》，1947 年，山西省档案馆藏，档号 B31/1/048。

1947年8月25日，公司第31次会计会议上，会计处张处长通报了1946年各厂会计账簿的检查结果。张处长指出，公司会计处自责成会三课派员赴各单位检阅1946年度账簿以来，该课即迭派专人分赴各单位确实详细检阅，经月余之努力，除煤矿各厂、洋灰厂及榆次各厂外，截至当前计已核阅单位共23个。

就检阅结果而言，各单位工作成绩大致尚可，但不可讳言的就是各单位努力不够的地方也还不少。首先，一般通病是对于所颁发之会计章则法令未能深刻研读并彻底查照实行，不能不引为遗憾。大家要知道会计工作是丝毫不能苟且的，工作唯一的依据就是各种会计章则法令，只有对一切章则法令无论巨细同样确实注重，本能对于自己所负的工作胜任愉快。其次，各单位对传票、账簿、表单之保管因限于设备之简陋，遂之目前已有破坏不堪者，这实在值得注意。因传票、账簿都是公司最重要的文件凭据，而需要保存的年限又相当长，因此深望各会计负责同人返厂后，赶快将所有以前传票、账簿、表单要为整装，务须储藏于适当处所，以免遭受损毁。再次，账簿、传票目录表，其重要性各同人早已洞悉并经函着造报，而于迭次召开会计会议时亦曾再三说过，但迄今多未遵照规定办理。终有按照规定办理者，其不合规定的仍然不少，应即各自注意检点。查照规定办理务须于短期间内赶办齐后，返还公司备查，所有检阅结果除公司以"西实会三字第7号"函通知外，悉再分别列表附后一份各自检点办理为要。①

公司会计处1947年8月5日将下属23个工厂1946年度会计账簿检查情况汇总成《检阅账簿总报告书》，报告指出会计处将已检阅23单位35年度会计账簿结果就其问题较大者作综合之报告，复为提醒各单位会计负责人员注意起见特将各厂所犯之弊病分条叙述如下：

1. 综合报告：（1）会计章则法令之执行：各单位账簿经详细检阅，认为各单位会计负责人大多均能确实研读所颁一切有关会计章则法令，并严饬所属一体遵行此种奉公守法之精神，诚为公司会计进步之所赖，惟公司单位既多，人员参差，自难期全盘一致，其中难免有少数单位对

---

① 《西北实业建设公司第三十一次会计会议记录》，1947年，山西省档案馆藏，档号B31/1/066。

会计章则法令之研读与执行未能做到预期之境地，此则有待再接再厉，提高工作精神，确实注重努力遵行也。(2) 各单位会计职责无划一标准：公司各单位会计方面担任职责无明确之划分标准，故所任工作之多寡参差不齐，遂致各单位会计工作之勤惰失却考核之标准，且人事配备因之亦难期适当公允，此种情事之存在难免影响会计人员工作情绪，使工作竞赛亦无法展开，故划一公司各单位会计之职责，实为刻不容缓之任务。(3) 活页账应严格管理：活页账之应用流弊最多，在会计实务上人多力求避免应用，不得已倘加采用亦须严格管理。公司往日对其管理似欠严密，因之流弊难免发生，此后似宜缩小应用范围，并加严格管理。(4) 传票账簿表单之妥善保管：传票账簿表单之保存年限有长至一二十年者，适当之保管亟待寻求，而各单位多有因设备简陋未能有一定之适当储藏处所，以致刻已破损，故嗣后除对传票账簿表单之装订及包装应力求坚固耐久外，宜就实际情形添置储藏用箱与柜子，务求所有传票账簿表单免遭损毁。

  2. 一般错误：(1) 启用账簿手续：账簿上未依法粘贴足额印花或贴而又销。账簿末页经管本账簿人员一览表及账面单一页之未加填写或填写不全。账簿内之户名及所在页数未载明于目录页。账面、账背未注明账簿名称。总分类账目录未按科目次序排列。现金出纳账不按规定继续使用，且其未用空白之第一页之末书名"目此以下作废"字样，并由记账员盖章证明。(2) 关于记账规则之实施：账簿传票表单画线更正后，未盖记账员名章或仅用名或字及其他别号印章。活页账账页未依次编号，并加盖课长、记账员名章。账簿传票表单之有刀刮、皮擦、涂改不清情况。账簿传票表单每页记完转记另页时，未注明"接次页""接前页"字样，每月终了结余数额移转下月时漏写"结转下月"字样。传票附件及传票之改作附件者，未加盖"附件"及"改作附件"戳记。现金传票漏盖"付讫"等戳记。传票编号不合规定或附有单据未于传票上注明。传票有附件金额不符而附件内有未书金额却加盖"付讫"戳记。转账传票漏编对方传票号数。现金库存表未经厂长、课长复核盖章或结存数未用红笔填写。科目日结表用铅笔缮写模糊不清，数字排列不整，结总时未划单红线表示，相加双红线表示，结断划单斜线销去空白。科目日结表未经厂长、课长制表盖章或现金结存数未用红笔填写。账簿传票表单上应行加盖名章而漏盖或仅用名或字及其他别号印章。（3）关于传票账簿保存方法：传票账簿、目录簿未填造者及填写不完善者或不领用公司印制之统一表式填报。传票装订后背面骑缝处未加盖课长厂长印章，及未将纸捻或线脚装订以皮纸粘贴封固。账簿传票表单因包裹欠妥或储藏不适以致破损。传票面应填写各项不完备，如附件栏未填，装订人未盖章等。①

小　结

本章阐述西北实业公司对各环节之督查。公司成立了工作责任化督进会，时时处处对公司各个方面进行监督检查，实现人人负责、层层检点、事有专任、人有专责，发现问题及时反馈及时纠正。督进会常召开专题会议和临时会议。专题会议有涉及整肃仪表、精神及工作、整肃环境等，临时会议讨论的事情十分广泛，涉及公司各个方面。公司掀起了"向下看"运动，对公司的防共"肃伪"、严密管理、节约开支、奖进技术及提高工作热情等方面制定有详尽的实施方案。此外，公司注重对会计账簿之检查，从账簿的保管、记账方式到制度执行、职责划分等方面进行检查与督导。

---

① 《检阅账簿总报告书》，1947 年，山西省档案馆藏，档号 B31/1/066。

结　　语

本书在公司制度下，审视西北实业公司的治理与管理。通过对西北实业公司大量现存档案与资料的整理分析，发现阎锡山在企业治理与管理方面有其独特的思考。20世纪30年代，世界性的经济危机刚刚结束，工业生态逐渐向好，刚刚经历过中原大战的山西政局渐趋稳定。国民政府为了应对经济紧张局面，采取统制经济。1929年新的《公司法》颁布。在这一切有利条件下，阎锡山充分利用山西丰富的自然资源和独特的区位优势，整顿金融秩序、筹集建设资本，广泛搜罗人才，在"造产救国"的口号下，制定《十年省政建设计划》，通过改组山西省银行、修建同蒲铁路、建设西北实业公司等一系列大工程，实现山西经济的发展。阎锡山将这一系列事业采用股份有限公司模式统一治理。而其又对股份有限公司这一体制有所变通，在董事会、监察会、各县监进会（代表全体股东）的基础上增设督理委员会，而其本人一直担任首席督理委员。此"四会"治理模式由阎锡山首创，即实现了经理、董事会、监察会、各县监进会层层监督，又实现了其本人的大权独揽。西北实业公司1932年1月筹备建设，1933年8月开始运营，1936年划归山西省人民公营事业董事会管辖，至1937年时，公司无论工人数量、资本额均处于全国前列，遗憾的是其迅猛发展势头被日寇侵略打断，原工厂被日军占领，阎锡山避于晋西陕东一隅，陆续建设几个工厂，勉强维持军需。抗日战争胜利后，阎锡山捷足先登，抢先占领太原，重建西北实业公司，此时公司才得以恢复并发展，然阎锡山政府脱离人民群众，公司随着阎锡山政权的覆亡而退出历史舞台。

本书基本将西北实业公司的治理与管理阐释清楚，也找到了该公司特殊的治理模式与管理特点。但笔者认为此仅为研究之开始，日后还需从以下几个方面开展深入研究：

1. 西北实业公司是中国近代企业发展史中的一环，应该放到企业发展史中去审视。将其与同时期之国民政府企业以及南方大型民营企业进行对比，发现它们的不同，寻找它们的共性，从而找到中国近代企业一般的、普遍的发展规律。

2. 西北实业公司是近代山西政治、经济、军事、社会等环境发展的产物，它同时也反作用于周围环境。它不是一个孤立的存在，应该把它放到当时的历史背景中，结合当时的政治、经济、军事、社会发展环境进行全面审视。

3. 西北实业公司是阎锡山思想的产物，因而需要结合阎锡山思想进行深入研究。阎锡山是一个富有建设思想的政治人物，他曾提出资公有、产私有的按劳分配制度等一系列独特的建设思想，而西北实业公司该是其实现大同世界梦想之重要一步。

企业发展史、山西历史环境、阎锡山建设思想分别是三条直线，西北实业公司是三条直线的交点，沿着三条直线继续深入研究，将建立起三维立体式的、更加全面真实的西北实业公司。

参考文献

一　资料汇编

《山西工业的新姿》，山西省档案馆藏资料。
《西北实业公司概况》（1937年），山西省档案馆藏资料。
《西北实业公司各厂概况》（1947年），山西省档案馆藏资料。
《西北实业公司历年概况》（1946年），山西省档案馆藏资料。
《西北实业公司铸造厂第一周年纪念刊》，山西省档案馆藏资料。
《西北实业建设公司概况》（1948年），山西省档案馆藏资料。
曹文焕：《太原工业史料》，太原城市委员会出版社1955年版。
陈真、姚洛：《中国近代工业史资料》，三联书店1957年版。
丁天顺、徐冰：《山西近现代人物辞典》，山西古籍出版社1999年版。
郭彬蔚译编：《日阎勾结实录》，人民出版社1983年版。
李松林、齐福麟等：《中国国民党大事记》，解放军出版社1988年8月版。
刘继曾、张葆华：《中国国民党名人录》，湖北人民出版社1991年版。
山西经济年鉴编辑委员会：《山西经济年鉴·2013》，山西经济出版社2014年版。
山西省地方志办公室、山西省政协文史资料委员会编：《阎锡山日记》，社会科学文献出版社2011年版。
山西省政协文史资料研究委员会、定襄县政协文史资料研究委员会合编：《阎锡山与家乡》，山西省政协文史资料研委会1990年版。
山西省政协文史资料研究委员会：《山西文史资料》，山西人民出版社1994年版。
山西省政协文史资料研究委员会：《阎锡山统治山西史实》，山西人民出版社 1984 年版。

山西文史资料编辑部：《山西文史精选：阎锡山垄断经济》，山西高校联合出版社 1992 年版。

山西文史资料编辑部：《中原大战内幕》，山西人民出版社 1994 年。

汪敬虞：《中国近代工业史资料》，科学出版社 1957 年版。

严中平：《中国近代经济史统计资料选集》，中国社会科学出版社 2012 年版。

中国第二历史档案馆编：《中华民国档案资料汇编》（第五辑），江苏古籍出版社 1991 年版。

二 著作

艾尔弗雷德·D. 钱德勒（Alfred D. Chandler）：《战略与结构——美国工商企业成长的若干篇章》，孟昕译，云南人民出版社 2002 年版。

艾尔弗雷德·D. 钱德勒（Alfred D. Chandler）：《规模与范围：工业资本主义的原动力》，张逸人等译，华夏出版社 2006 年版。

艾尔弗雷德·D. 钱德勒（Alfred D. Chandler）：《看得见的手——美国企业的管理革命》，重武译，商务印书馆出版 1987 年版。

薄一波：《七十年奋斗与思考（上卷）》，中共党史出版社 1996 年版。

曾华璧：《民初时期的阎锡山》，"国立"台湾大学出版委员会 1981 年版。

陈旭麓：《近代中国社会的新陈代谢》，中国人民大学出版社 2012 年版。

程秀龙、吕福利：《解放太原之战》，山西人民出版社 2016 年版。

高新伟：《中国近代公司治理（1872—1949 年）》，社会科学文献出版社 2009 年版。

嵇尚洲：《中国企业制度变迁研究》，经济管理出版社 2010 年版。

江满情：《中国近代股份有限公司形态的演变：刘鸿生企业组织发展史研究》，华中师范大学出版社 2007 年版。

蒋兴顺、李良玉：《山西王阎锡山》，海南人民出版社 1990 年版。

景占魁、孔繁珠：《阎锡山官僚资本研究》，山西经济出版社 1993 年版。

景占魁：《阎锡山与西北实业公司》，山西经济出版社 1991 年版。

柯华：《荣家企业制度变迁（1896—1937 年）》，上海财经大学出版社 2020 年版。

李茂盛、雒春普、杨建中:《阎锡山全传》,当代中国出版社1997年版。

李茂盛:《阎锡山晚年》,安徽人民出版社1995年版。

李茂盛:《阎锡山大传》,山西人民出版社2010年版。

李志英:《近代中国股份公司制度探源》,河南人民出版社2019年版。

刘存善、刘大明、刘晓光:《阎锡山的经济谋略与诀窍》,山西经济出版社1994年版。

刘存善:《山西辛亥革命史》,山西人民出版社1991年版。

刘贯文等:《三晋历史人物》第四册(民国时期),中国文联出版公司1996年版。

刘国铭:《中华民国国民政府军政职官人物志》,春秋出版社1989年版。

刘建生、刘鹏生:《山西近代经济史》,山西经济出版社1995年版。

刘以顺、童志强:《外战中的内战》,春秋出版社1987年版。

雒春普:《阎锡山传》,国际文化出版社2011年版。

雒春普:《阎锡山和他的幕僚们》,团结出版社2013年版。

宓汝成、邢菁子:《中国近代经济史研究综述》,天津教育出版社1989年版。

乔希章:《大三角中的阎锡山》,济南出版社1991年8月版。

乔希章:《阎锡山》,华艺出版社1992年版。

唐纳德·G. 季林(Donald. G. Dilin):《阎锡山研究》,牛长岁等译,黑龙江教育出版社1990年7月版。

陶宏伟:《民国时期统治经济思想与实践》,经济管理出版社2008年版。

王爱萍、张玉兰:《太原工业百年回眸》,太原市新闻出版社2009年版。

王庭栋:《山西人名大辞典》,山西人民出版社1991年版。

王翔:《阎锡山与晋系》,江苏古籍出版社1999年版。

王振华:《阎锡山传》,团结出版社1998年版。

吴承明、江泰新:《中国企业史(近代卷)》,企业管理出版社2004年版。

吴炯:《公司治理》,北京大学出版社2014年版。

相从智:《中外学者论张学良杨虎城和阎锡山》,人民出版社1995年版。

徐敦楷:《民国时期企业经营管理思想史》,武汉大学出版社2014年版。

徐月文、张郑生、杨纯渊:《山西经济开发史》,山西经济出版社1992年版。

杨勇:《近代中国公司治理:思想演变与制度变迁》,上海世纪出版集团 2007 年版。

张忠民:《艰难的变迁:近代中国公司制度研究》,上海社会科学院出版社 2002 年版。

赵靖:《穆藕初文集》,北京大学出版社 1995 年版。

朱建华:《蒋介石与阎锡山》,吉林文史出版社 1994 年版。

朱荫贵:《中国近代股份制企业研究》,上海财经大学出版社 2008 年版。

三 通史方志

费正清:《剑桥中华民国史》第 1 部,章建刚译,上海人民出版社 1991 年版。

山西省地方志办公室:《民国山西史》,山西人民出版社 2011 年版。

山西省地方志办公室:《山西民初散记》,山西人民出版社 2014 年版。

王桧林、郭大钧、鲁振祥:《中国通史·第 12 卷·近代后编 (1919—1949)(下)》2015 年版。

五台县志编纂委员会编:《五台县志》,山西人民出版社 1988 年版。

忻县地方志编纂委员会编:《忻县志》,中国科学技术出版社 1993 年版。

张宪文等:《中华民国史(第二卷)》,南京大学出版社 2012 年版。

四 报纸杂志

《会计杂志》

《商职月刊》

《西北实业月刊》

《西北实业周刊》

《中华实业月刊》

《组织简讯》

五 期刊论文

彩变:《山西省工矿业技术奖进委员会》,《山西档案》1993 年第 5 期。

崔海霞、丁新艳:《阎锡山与山西的工业近代化(1912—1930)》,《晋阳学刊》2003 年第 1 期。

董全庚：《彭士弘与西北实业公司》，《文史月刊》2002年第8期。

豆建民：《近代中国的股权限制和家族公司思想》，《甘肃社会科学》2000年第1期。

高超群：《中国近代企业史的研究范式及其转型》，《清华大学学报》（哲学社会科学版）2015年第6期。

高新伟：《近代家族公司的治理结构、家族伦理及泛家族伦理》，《西南大学学报》（社会科学版）2008年第2期。

高新伟：《近代中国公司治理的"社会资本"分析》，《福建师范大学学报》2009年第1期。

高新伟：《南京国民政府时期国有公司之行政化治理问题考察》，《江西社会科学》2010年第2期。

宫玉松：《近代中国公司制度不发达原因探析》，《文史哲》1996年第6期。

管汉辉：《20世纪30年代大萧条中的中国宏观经济》，《经济研究》2007年第2期。

韩玲梅：《阎锡山研究综述：以政治思想为主线》，《历史研究》2004年第4期。

何光宇：《钱德勒企业史研究方法的综述》，《湖北师范学院学报》（哲学社会科学版）2012年第3期。

黄少安：《中国股份公司产生和发展的历史考察》，《河北财经学院学报》1994年第5期。

霍红梅：《析阎锡山的经济思想》，《山西档案》2011年第2期。

金敏：《近代公司治理结构变迁：基于公司法律的视角》，《湖北社会科学》2009年第3期。

景占魁：《阎锡山经济思想简论》，《晋阳学刊》1991年第5期。

景占魁：《简论阎锡山在山西的经济建设》，《晋阳学刊》1994年第3期。

景占魁：《论阎锡山的军火工业》，《晋阳学刊》2000年第4期。

景占魁：《评辛亥革命后的阎锡山》，《晋阳学刊》2002年第6期。

李玉、熊秋良：《中国近代公司制度史：史学领域的一块处女地》，《社会科学研究》1997年第4期。

李玉：《中国近代企业史研究概述》，《史学月刊》2004年第4期。

李玉:《北洋政府时期企业制度建设总论》,《江苏社会科学》2005年第5期。

李玉:《北洋时期股份有限公司的股份制度述论》,《民国档案》2006年第3期。

李玉:《北洋时期公司制度建设的外在制约因素》,《民国档案》2008年第3期。

梁娜:《民国时期内地企业制度近代化问题研究:以山西省斌记商行产权主体与组织架构变迁为例》,《中国社会经济史研究》2015年第4期。

梁四宝、刘卓珺:《从西北实业公司看阎锡山的用人思想与实践》,《晋阳学刊》2001年第3期。

刘建生、刘鹏生:《试论"西北实业公司"的经营管理特色及历史启示》,《经济师》1996年第2期。

刘立敏、徐中林:《阎锡山与山西近代化》,《晋阳学刊》2003年第6期。

卢学礼:《阎锡山与"山西全省民营事业"》,《山西大学学报》(哲学社会科学版)1996年第2期。

汪旭晖:《家族公司资源配置效率与治理机制优化》,《管理科学》2003年第5期。

王梦庆:《阎锡山与旧山西的经济架构》,《生产力研究》2004年第4期。

王佩琼:《留学归晋人员对民国时期山西工业建设的历史性贡献》,《徐州师范大学学报》2004年第5期。

王玉茹、赵劲松:《亲族关系与近代企业组织形式:交易费用解释框架》,《山西大学学报》(哲学社会科学版)2010年第3期。

魏晓锴:《抗战胜利后山西地区工业接收研究:以西北实业公司为中心》,《民国档案》2015年第3期。

文道贵、邓正兵:《地方主义与阎锡山治晋》,《武汉理工大学学报》2002年第6期。

向玉成:《中国近代军事工业布局的发展变化述论》,《四川师范大学学报》1997年第2期。

熊甫:《民生公司的企业管理与行为科学》,《中国社会经济史研究》1985年第2期。

徐建生:《抗战前中国机械工业的发展与萎缩》,《中国经济史研究》2008

年第4期。

阎钟、刘书礼：《略论阎锡山与山西的军事工业》，《山西大学学报》（哲学社会科学版）1996年第4期。

杨在军、丁长清：《20世纪90年代以来中国近代公司史研究述评》，《江西社会科学》2004年第7期。

叶昌纲、刘书礼：《四十年来阎锡山研究概观》，《山西大学学报》（哲学社会科学版）1994年第2期。

张伟东：《近代中国企业研究的回顾与前瞻》，《生产力研究》2013年第12期。

张晓辉：《民国时期地方大型国有企业制度研究——以广东实业有限公司为例》，《民国档案》2003年第4期。

张秀英：《近代中国公司制度的发展历程》，《广西师范大学学报》2001年第2期。

张忠民：《近代中国"公司法"与公司制度》，《上海社会科学院学术季刊》1997年第4期。

张忠民：《近代中国公司制度的逻辑演进及其历史启示》，《改革》1996年第5期。

张忠民：《近代中国公司的类型及其特点》，《上海经济研究》1999年第2期。

赵军、杨小明：《1932—1945年间山西纺织行业的经营与管理——以西北毛织厂为例》，《经济问题》2014年第7期。

赵军、杨小明：《解放战争期间西北实业公司纺织技术的改进与发明》，《科学技术哲学研究》2014年第3期。

赵伟：《民国苏南企业史研究动态及思考》，《民国研究》2013年第2期。

周旭峰：《浅析阎锡山金融思想的成因与影响》，《中国市场》2013年第5期。

六　学位论文

方强：《中比合办时期秦皇岛耀华玻璃公司研究（1921—1936）》，博士学位论文，河北大学，2015年。

高新伟：《中国近代公司治理（1872—1949）》，博士学位论文，中国人民大学，2007年。

李健:《近代中国公司法律制度演化研究》，博士学位论文，辽宁大学，2020年。

李玉梅:《民国时期北京电车公司研究》，博士学位论文，河北大学，2012年。

王斐:《西北实业公司产权制度演化研究（1933—1949）》，博士学位论文，上海社会科学院，2019年。

杨勇:《近代中国公司治理思想研究》，博士学位论文，复旦大学，2005年。

张兵:《近代中国公司制度的移植性制度变迁研究》，博士学位论文，辽宁大学，2008年。

张晓宇:《20世纪30年代世界经济大萧条对近代中国经济的影响：萧条的传导、影响以及应对》，博士学位论文，南开大学，2011年。

赵军:《近代山西机器纺织业发展的考察：以西北实业公司纺织工业为中心》，博士学位论文，东华大学，2014年。

赵伟:《近代苏南企业集团的一体化战略研究（1895—1937）：以近代中国企业战略史为视角的探讨》，博士学位论文，苏州大学，2011年。

致　　谢

　　本书改编自我的博士学位论文，选题是由导师岳谦厚教授所定，许是恩师认为山西国企改革仍需加强、治理效能仍需提升、经济结构转型步伐仍需加快，山西近代企业的体系化研究亟待完善。我对此研究方向亦饶有兴趣，一是振兴家乡、贡献史学的责任在肩，二是家父在企务工及相关管理工作的影响。掌握翔实的史料是史学研究的基础工作。我先后到山西省档案馆、山西省图书馆、太原市档案馆等地搜集关于民国山西工业的史料。西北实业公司是民国山西工业的集大成者。幸运的是，山西省档案馆存有较为完备且单独归类的西北实业公司档案。尽管较为琐碎，但只要肯下功夫，就会有所收获。寒来暑往，经过一年多的史料收集，我摘抄回20多万字的档案文字，复印回20多万字的铅印资料。这为我深入研究西北实业公司并完成博士论文奠定了坚实的基础。在掌握翔实资料的基础上，我用其中最有价值的史料整理出三篇文章：《山西省人民公营事业及其治理模式——兼述其在太原城市近代化中的作用》提出了阎锡山在工业方面特殊的"四会"治理模式及山西省人民公营事业在太原城市近代化中的作用；《阎锡山的西北实业公司何以几无工潮》分析了阎锡山对"工人"特殊的管理策略；《阎锡山接收日伪企业后的经营策略》阐述了阎锡山对企业的经营策略。三篇文章为姊妹篇，分别从宏观治理、对工人的管理、对企业的经营三个方面开展系统研究，基本上讲清楚了西北实业公司的管理体系以及阎锡山本人的企业管理思想。

　　在成文成书过程中，我首先应该感谢我的博士生导师岳谦厚教授，从论文的选题、完稿到出书无不渗透着导师的智慧和心血。岳老师总能一针见血地指出论文的瑕疵，亦能高屋建瓴地提出独到的见解，岳老师深厚的知识积累、严谨的治学态度深深地影响着我。小到学术规范、大到史学理论总能给我很大启发，尤其是在具体一篇文章的系统修改中，让我懂得如何构思、如何行文。最难忘论文攻坚阶段，岳老师的午夜督促电话。在论文即将付梓之际，真诚地感谢岳老师的指导与督促。岳老师不仅关心学生的学业，而且关注学生的生活与事业，总是想尽办法为学生节约上学成本，为学生规划更好的发展平台。我的师母张玮教授，虽未直接指导我的论文写作，但她总是如亲人般关心我，在最艰难的时候鼓励我坚持下去。

此外，还得益于诸多良师益友的帮助。感谢我的硕士生导师陈平水教授，在陈老师指导下，我经过硕士三年的学习，掌握了人文社科研究基本的思路和方法，为我后期的学习研究奠定了一个坚实的基础。我与陈老师相处多年，已情同家人，陈老师时时处处关心我的生活和事业，并尽其所能地帮助我。感谢杨继平教授，杨老师视我如自己弟子，在学业上、工作上给我巨大帮助。感谢梁四宝教授真诚的栽培与指导，承蒙梁老师协助，我获得大量有价值的资料。感谢石冰教授，在我工作、家庭、学业千头万绪、分身乏术之际，为我提供很大便利。感谢王江红老师、桑煦丽老师，相识至今二十余载，亦师亦友，总是在最关键的时候鼎力相助。感谢山西大学周山仁博士、张文俊博士、柳德军博士、王亚莉博士、辛萌博士、李可博士、赵莹博士等的指点。感谢同窗学友郝东升、禇孝文、张国华、吕戎念、海珍、王莉莉、原汇蔷、李瑞峰等的帮助。感谢山西省档案馆龚建平、师毓秀、赵惠、辛自为等多位同志的协助。

感谢我的父母，在我多年求学、工作过程中，为我持家带娃。感谢我的爱人戎珍，忍受我多年的穷困与繁忙。感谢我两个天使般的宝宝为我增添前进的动力。大宝在我博士入学时出生，二宝在我毕业时降临，她们用甜美的笑声为我减少学业与生活的压力。我亏欠亲人太多，唯以奋斗报答。